JN268027

ひきこもり支援ガイド

森口秀志
奈浦なほ
川口和正 編著

晶文社

ブックデザイン　晶文社装丁室

ひきこもり支援ガイド　目次

はじめに　9

1 ひきこもり問題Q&A　13

2 ひきこもりと取り組む人びと──支援団体活動ルポ

家族だけで抱えこむのはやめよう──全国引きこもりKHJ親の会（家族会連合会）　24

「出す」ことが最終目的じゃない──青少年自立援助センター家庭訪問同行記　32

自分の好きなことを見つけてほしい──フレンドスペース訪問記　39

根気よく続ければ必ず回復できる──爽風会佐々木病院（斎藤環さん）　47

3 こうしてひきこもりから脱出した──体験者の証言

ひきこもりという感性を生きて──和田俊彦（31歳）　54

親は、命がけで本気で子どもと向きあってほしい──山田隆行（仮名・31歳）　61

ひきこもりの悪循環を断ち切るために──水瀬麻紀（仮名・34歳）　66

息子がひきこもっていたのも個性だと、わたしは思っている──田川登志子（仮名・69歳）　71

4 わたしのひきこもり支援プラン

他者に依存せずに、まず「いま」を認めること——石川憲彦（児童精神科医） 78

子どもには親のサポートが必要。だから、あきらめないで——久田恵（作家） 82

ひきこもりは無意味じゃない——山下英三郎（スクールソーシャルワーカー） 85

自分の物語をこじつけて作りあげても明日にはつながらない——滝本竜彦（作家） 89

5 国や行政が行なっているひきこもり支援 93

【情報編】

ひきこもり支援団体ガイド 2

全国精神保健福祉センター一覧 128

全国児童相談所一覧 135

ひきこもり関連ブックガイド 149

＊以下横組みですので、後からはじまります。
＊ゴシック数字は横組ページの数字です。

はじめに

　一説では全国に百万人いるともいわれ、今や大きな社会問題とされる「ひきこもり」。厚生労働省の調査でも、一九九九年度の一年間に全国の保健所などに寄せられた相談は六千件以上にのぼるという。そのうち二十一歳以上が六割近くあり、十年以上の長期にわたって自宅や自室にひきこもる例も多くみられたという。
　こうした「ひきこもり」問題が顕在化するとともに、近年さまざまな支援活動が紹介されるようになってきた。しかし、ひきこもり状態から脱したい本人や家族にとってみれば、いまだに「いったいどこに相談したらいいかわからない」、あるいは「どこに相談したらいいか迷う」状態が続いているようだ。

　同調査でも、多くの相談が寄せられる一方で、ケアに有効とされるひきこもり専門のグループ交流活動をしている保健所などの公的施設は全国でわずか十八ヶ所しかなく、行政対応の遅れも指摘されていた。
　いったいどこの行政窓口で対応してくれるのか？　親身に相談にのってくれる民間支援団体はどこか？　あるいは専門家や医療機関を探したほうがいいのか？　自分の住んでいる地域にあるのか？　費用はどのくらいかかるのか？　本人が家を出られないときは訪問してくれるのか？　親はどうすべきなのか？　ホームページで調べることはできるのか？　etc…　ワラにもすがりたい思いでいる家族の

不安や迷いは尽きない。

こうした、渾沌としたひきこもり支援に関するさまざまな情報を整理・分析し、できるだけ正確かつ適切な支援情報を本人や家族に届けるガイドブックが必要とされているのではないか。

そう考えた私たちライターチームは、ひきこもりの体験者や家族の声はもとより、行政対応の現状や各地の支援団体の活動紹介、専門家や医療関係者の対応、支援ホームページ、ホットラインなどを網羅した、ひきこもっている本人や家族の立場に立った多角的でわかりやすく、しかも使いやすいガイドを目指して本書を企画し、取材をはじめた。

しかし、さまざまなひきこもり当事者や家族、支援者などとの出会いを重ねるうちに、私たちは改めて「支援」の意味について考え込んでしまった。当初は単純にひきこもりの状態から救出する、脱ひきこもりこそが「支援」と考えていた私たちだが、次第に「ひきこもりの支援とはなにか」「引き出すことだけが支援なのか」と考えるようになっていった。

あるいはまた「ひきこもりは悪なのか」「ひきこもっていてはいけないのか」といった根本的な疑問も生まれてきた。

たしかにひきこもりに苦しむ人たちは厳然と存在する。救いを求めている人たちがいる。ぜひそういった人たちの力になりたい。しかし、ひきこもりの状態や状況が多種多様であるように、その「支援」のあり方もまたさまざまであってもいいのではないか。私たちは立場の違う多くの人たちの声に耳を傾け、話し合いを重ねるうちに、そう考えるようになっていった。

したがって本書で取りあげている「支援」には、医療・カウンセリングから電話・メール相談、家庭訪問、宿泊施設での共同生活、フリースペースなどの居場所提供、就労支援、親の会や自助グループでの活動、インターネットによる情報提供まで、あらゆる形態の「支援」が含まれている。自宅・自室での閉じこもり状態からの「引き出し」もあれば、ときには「静かに見守る」という支援の仕方もあるのではないか、というのが今の私たちの考えである。

はじめに

また本書では、「三〇代後半までの若者が半年以上社会参加しない状態が続いていて、ほかの精神障害が原因とは考えにくいケース」などと定義される「社会的ひきこもり」だけでなく、学校(勉強)や仕事が長続きしない、なんとなく人づきあいが苦手などのいわゆる「ひきこもり系」の人たちも含んだ幅広い「ひきこもり」の人たちや家族を対象にしていることも断っておきたい。

本書の内容についても少し触れておきたい。

第1章の「ひきこもり問題Q&A」では、ひきこもり問題の概略をわかりやすく解説するとともに、私たちのひきこもりに対する考えも込めて述べている。

第2章では、現在ひきこもり支援に積極的に取り組む四つの団体の活動をルポした。各団体とも多岐にわたる活動を繰り広げているが、ここでは親同士の交流、訪問活動、フリースペース、医療ケアに絞ってその支援内容をつまびらかにしている。

一方、第3章ではこうした団体に関わり、支援を受けたひきこもり当事者と家族の声を掲載している。つまりサポートする側とサポートされる側の双方の取材をすることで、ひきこもり支援の両側面を紹介しようという試みである。

第4章の、さまざまな分野の四人の方たちに、ひきこもり問題に対するお考えや支援プランを発言していただいたインタビューも、「支援」を考えるうえでの一つのヒントになるのではないだろうか。

また第5章では、民間に比べて「立ち遅れている」と言われる国や行政の支援がどこまで進んでいるのかを取材した。

そして「情報編」の「ひきこもり支援団体ガイド」では、北海道から九州・沖縄までひきこもり当事者や家族に対する支援活動を行なっている約一四〇の団体・個人を紹介している。

本書を出版するまでに、およそ一年の歳月を要した。その間、私たちは少しずつ取材をすすめ、構成を練り直し、意見をたたかわせた。「支援ガイド」としてはその内容もデータ量もまだまだ不十分であ

ることは重々承知しているが、「支援」を必要とする人たちの手に少しでも早く旬(しゅん)の情報を届けたいと思い、出版に踏み切った。批判や意見は甘んじて受けるつもりだが、とにかく少しでも本書がひきこもり問題の「支援」につながることを私たちはせつに願っている。

最後になったが、本書を企画編集するうえで、多くの人たちから取材協力やデータ提供をいただき、またアドバイスなどのさまざまなお力添えをいただいた。この場を借りて改めてお礼を申しあげたい。

二〇〇二年　酷暑の八月に
　　編著者を代表して　森口秀志

1 ひきこもり問題Q&A

Q・ひきこもりとは何か？

『社会的ひきこもり』（PHP新書）の著者で精神科医の斎藤環氏は、「ひきこもり」を二〇代後半までの若者が半年以上社会参加しない状態が続いていて、ほかの精神障害が原因とは考えにくいケース、と定義している。同様に厚生労働省でも「六カ月以上自宅にひきこもって社会参加しない状態」として調査などを行なっている。

このように、一般的にはある一定期間、社会参加しない「状態」をひきこもりとする専門家が多い。しかし、その一方で必ずしも「状態」ではなく他人への信頼感の欠如など「内面の問題」ととらえる人もいる。また、年齢的にも一度社会に出て、三十代になってからひきこもるなどのケースもある。

実際に、「ひきこもり」という言葉が一般化するにつれて、家族との関係も断ちトイレなど以外はほとんど自室から出ない「完全（純粋）ひきこもり」から、近所のコンビニなどには行ける人、家族やごく親密な人以外の他人とのつきあいが苦手で学校や会社に行けないといった「ひきこもりがち」な人や、対人恐怖などの心の病を持つ人まで、混在して語られているのが実情だ。

そうした現状を踏まえて、本書も、自身で「ひきこもりかな？」と戸惑っている人たちなども含めた幅広い「ひきこもり」の人とその家族を対象にしている。また、ひきこもりを単なる個人や家族の問題ととらえるのではなく、だれにも起こりうる社会全体の問題ととらえた支援（サポート）を目指している。

いずれにせよ、「ひきこもり」の当事者たちにとって最大の問題は対人関係だろう。社会参加できずに焦燥感をつのらせたり、自責の念にかられて、どうしても家のなかにとじこもりがちになる。ひきこもり状態から脱したいと思いながらこじれ、長期化していく。なかには十年以上にわたってひきこもり続けている人もいる。

Q・どのくらいいるの？　年齢・性別は？

斎藤氏の推測では、現在日本には数十万人から、

1 ひきこもり問題Q&A

一〇〇万人以上のひきこもりの人がいるだろうとしている。また、「全国引きこもりKHJ親の会」では八〇万人と推計している。

ちなみに厚生労働省の調査では、九九年に全国の保健所などに寄せられた相談は年間六千件以上にのぼり、二十代以上が全体の六割近くを占めていた。「KHJ」が二〇〇〇年に家族会会員を対象に行なったアンケート(有効回答一一六家族、本人数一二〇人)によると、十八歳から二十八歳が全体の六八％を占め、ひきこもり当人の平均年齢は二十二歳九カ月だった。また、男女比は男性七十五％、女性二十五％で、四人に三人は男性だった。

また、「NPO法人青少年自立援助センター(タメ塾)」に、二〇〇〇年四月~二〇〇一年三月の間に寄せられた相談の手紙千四百通の内訳でも、十代が三五〇人(25％)、二十代が七〇〇人(50％)、三十代以上三五〇人(25％)とここでも圧倒的に二十代が多い。また、男女比は七対三でこちらもやはり男性が多い。

「ひきこもり」を十年間で二〇〇例」かかわった

という斎藤氏も「圧倒的に男性に多い」としたうえで、さらに「長男が多くみられる」と指摘している。「KHJ」調査でも、六十一・七％が長男だった。

これはあくまでも推測だが、女性は家のなかにこもっていても(古い表現だが)「家事手伝い」などの説明が(本人も周囲にも)つけやすいが、男性の場合、不就労が社会的に認められずに周囲からより強いプレッシャーを受けがちなためではないか。ひきこもりを「個人の病理」ではなく、家族や社会から成る「システムの病理」(斎藤氏)ととらえるなら、家族からの期待や責任感が求められる「長男」によりあらわれるというのも頷けるのではないか。

Q. どうしてひきこもりになるの?

根底にあるのは「思春期の長期化」の問題があるといわれる。年齢にかかわらず思春期特有の思考や心の矛盾を持ち続けることが多いために、いじめや学業不振、仕事上の失敗など、なんらかの挫折体験がきっかけに「ひきこもり」になることが多いとさ

れる。

もっとも、きっかけは人それぞれであるにしろ、なぜそれでひきこもり続けるようになるのかは、まだまだわからない点が多い。ひきこもるうちに、さまざまな要因が絡みあって、ますますこじれてしまう場合も少なくない。

ひきこもりの家族の特徴として、両親とも高学歴で中流以上の家庭が多く、仕事熱心で子どもの養育に無関心な父親と過干渉気味の母親という組み合わせが多いなどという人もいる。これは不登校の家族を語るときもしばしば用いられる表現だが、一方でそういった「典型例」を否定する人もいる。「貧富や両親の状態にかかわらず、ひきこもりはどんな家族、どんな地域でも起こる」というのだ。

このように原因やその症状も含めて、専門家ですらまだまだ「わからない」のが「ひきこもり」なのだ。

ただ、「ひきこもり」は、その国の文化的、社会的な状況を反映するといわれる。ほかの国にも見られる「ひきこもり」と比べて、日本が深刻化しやすいのは、世間体を気にして外部に相談せずに家族で抱えこんでしまうなどの日本的な「家族システム」の問題などが指摘されている。

そういった意味でもやはり「ひきこもり」は、個人や家族の問題ではなく、社会的な病理としてとらえるのが自然ではないだろうか。

Q. 病気とは違うの？

「ひきこもり」とはあくまでも「状態」を示す言葉で、それ自体が病気というわけではない。うつ病や統合失調症といった心の病、また心理学などで対人恐怖症、人格障害などと分類される病理が原因となってひきこもり「状態」としてあらわれることはあるが、「ひきこもり＝精神病」という考え方は間違いだ。

ただし、長期間孤立した状態にあることで、幻想や幻聴、幻覚などの症状があらわれてくることはありえる。つまり精神病などを原因としない「ひきこもり」の場合でも、それが長期化するなかで精神病などに特有の症状が出てくることもあるということ

1 ひきこもり問題Q&A

たとえば、多くのひきこもりに伴う症状として「対人恐怖症状」があるが、家族やごく親しい人にはほとんど緊張は起こらないのに、近隣の住民やかつての同級生などを恐れたりする。

あるいは自分の身体から嫌な臭いが出ているとする「自己臭」や、公共の場で周囲の視線を気にする「視線恐怖」、あるいは自分は醜い顔をしていると思い込む「醜形恐怖」、極端な潔癖性になって手洗いなどをくり返す強迫症状などもよく見られるようだ。

しかしこうした症状も、「ひきこもり」の状態から脱するにともなって、軽減したり消失したりする。というように「ひきこもり」の人も、きっかけさえあれば外に出て他人とかかわったり、経済的にも自立できる人たちなのだ(それを本人が望むかどうかは別としてだが)。

だからこそ、「ひきこもり」を脱したいと願っている当事者や家族にとって、周囲の支援(サポート)や働きかけがやはり重要となってくるのだろう。

Q. 親が甘やかしているんじゃない?

たしかにそうした意見があることはたしかだが、じつはひきこもり経験者の多くが「親からの自立のプレッシャーは強かった」と告白している。「学校に行きなさい」「仕事はどうするんだ」と言われ続けて、本人も焦り、自信を失い、ますます孤立状態に陥ってしまったという。

ひきこもりには、さまざまな要因が考えられるが、むしろ幼児期に十分甘えさせてもらえずに、親から「受容」された経験のないままに自立を迫られたことが原因だとする人もいる。

二〇〇一年五月に厚生労働省が全国の市町村、保健所、精神保健センターにおろした「社会的ひきこもり」への対応ガイドライン(後出95頁参照)でも、

(1) ひきこもりがだれにでも起きうる事態であること (2) なまけや反抗でないこと (3) 過保護や放任など過去の家族の問題が原因とは決めつけない (4) 対処の仕方次第で解決できる問題——との援助の原則を明確にしている。

「親が悪い」「本人の性格が悪い」などと〝犯人探

し"をしていても解決にはつながらない。まずは、ひきこもっている現実を認めることから始めるしかないのではないか。

「親が甘やかして」というひと言が、どれだけその家族と本人を追い込み、ますます出口のない「ひきこもり家族」状態をつくり出してしまうか、よく考えてみなくてはならないだろう。

Q. 不登校との関連は？

文部科学省によると、二〇〇一年度の小中学校の不登校・児童数は十三万四千人を超え、さらに増え続けているという。たしかに未成年者の場合、不登校がひきこもりの「きっかけ」になるケースは多いようだ。斎藤氏が九八年にまとめた調査でも、七割が不登校から始まっているという。

不登校になることで、周囲の目が気になり、どうしても家にこもりがちになる。同世代の子どもたちが学校で過ごしている時間帯に出歩けば、近所の大人たちから奇異の目で見られる。場合によっては「家出」と間違われたり、「補導」されてしま

うことだってある。家では親などから「学校はどうした？」と責められ、家族と顔を合わせることも避けようとって昼夜逆転の生活がはじまり、ますます孤立感を深める。話し相手や相談する人も見つけられずにずるずるとひきこもり状態が長引いてしまうこともあるようだ。

その一方で、学校を卒業したり、成人して就職した後にひきこもってしまう場合も少なくない。前出の「青少年自立援助センター」への手紙の内訳でも、「社会に出ての挫折」が「不登校経験者」と並んで「思春期の長期化（遅れてきた反抗期）」の三分の一を占めている。

最近では大学生の不登校も増えており、不登校＝ひきこもり、ひきこもりの原因＝不登校という図式は必ずしも当てはまらない。

Q. 犯罪の引き金にならない？

二〇〇〇年に起きたバスジャック事件や新潟の少女監禁事件の犯人がたまたまひきこもり「状態」で

1　ひきこもり問題Q&A

あったために、ひきこもり＝犯罪者になりやすいという見方が広まったが、これはあまりに短絡的。厚生労働省の調査でも、親への暴力が二割ほどあったもののひきこもり体験者の大半は、もともと内向的で、真面目で几帳面などのいわゆる「よい子」が多いと言われている。

対人恐怖が障害となって家の外へ出るのさえ難儀なひきこもりの人が、犯罪に結びつくことはごく稀だろう。バスジャック事件などもひきこもりだから事件を起こしたのではなく、たまたまひきこもりだった子が事件を起こした、と考えるべきだ。

また、ひきこもりで精神科の病院などに通院している人もいるが、そもそも精神病者の犯罪率は健常者より低いといわれているので、たとえ精神病などに起因するひきこもり「状態」の人にもこれは当てはまるはずだ。

その意味で、事件が起こるたびに「精神病院への通院歴があった」「ひきこもり状態だった」などと報じる報道姿勢にも問題があるといえる。

ただ、ひとたびひきこもりの状態に陥ると、ほとんど外出しないまま昼夜逆転の生活になる。自室に閉じこもって、テレビ、ビデオ、ゲーム、パソコンなどにふける……といった起伏のない日常がくり返される。多くの人たちが社会のなかで生きているなかで、孤独な生活が続く。時間の感覚もなくなり、数ヵ月、一年があっという間に過ぎていく。そうした孤独な生活が長期化すれば、さまざまな病理を引き起こし、対人恐怖、不眠、家庭内暴力、自殺未遂などにつながっていくこともある。

そうした不幸を招かないために、やはり社会的な支援体制を考えていく必要があるだろう。

Q．ひきこもりは本当に悪いのか？

よく言われるのは「ひきこもりは贅沢だ」という批判だ。もちろん「ひきこもり」は衣食住足りた成熟社会でなければ起こらない現象だろう。だが「贅沢」というなら不登校も、摂食障害などの心の病気も、みな贅沢病だ。痛風も肥満もしかり。やはりそうした見方は「偏見」というものだろう。だれしも「ひきこもりたい」という気持ちを持っ

たことはあるはずだ。とりわけ気持ちの振幅の激しい思春期には、多かれ少なかれみな経験があると思う。独りで悩むこともときには必要だ。そうした体験が自己形成や創造の源になることもある。

また、なかには読書や思索にふけったり、自作のゲームソフトの制作に打ち込むなどの「生産的で」「健全な」ひきこもりもいるはずだ。ひきこもりを一方的によくないイメージでとらえたり、ましてや犯罪と結びつけるのは明らかな誤りだ。

ましてや本人が「ひきこもりたい」と思い、その状態を本人が心地よいと感じ、さらに本人や家族などの（経済的などの）事情が許し、その状態でも「問題ない」と考えているのならば、他人（とりわけ国や行政が）がとやかく言う筋合いはない。

ところが、ひきこもり当事者や家族が、人間らしく自尊心を持ちながら、心安らかに過ごせるような社会環境はいまの日本にはない。「問題ない」状態にはなれない現実があるからこそ、ひきこもり当事者や家族に対する支援が必要とされているのだ。

Q. どんな専門家や支援団体があるの？

ひきこもりに対する社会的な関心は高まっているが、当事者やその家族に対する支援はまだまだ十分ではない。最近になってようやく、ひきこもりに対応している民間団体などが知られるようになり、行政も取り組み始めているが、当事者や家族からはまだまだ「どこに相談したらいいか、わからない」「どんな対応をしてくれるのか？」という声が強い。

具体的な相談先については、本書の「ひきこもり支援団体ガイド」を参考にしてほしいが、ここでは大まかにどんな相談機関があるのかを記しておきたい。

まず相談機関を大別すると、公的機関と民間とに分けられる。

公的機関では、厚生労働省が全国の児童相談所を窓口にして「ひきこもり対策事業」を行なってきたが、十八歳以上は対象外だった。そうしたこともあって、二〇〇一年五月に「社会的ひきこもり」対応ガイドラインを全国の精神保健福祉センターと保健

1 ひきこもり問題Q&A

所におろし、成人も含めて対応するようになった。この場合本人が行けなくても、家族でも相談を受けられる。

とはいっても、どこまで対応してくれるかは各機関によってまちまちのようだ。当事者グループや親の会などを組織し、あるいは関係機関と連携をとるなど積極的にこの問題に取り組んでいる県や地域もあれば、専門的な知識のないままにとりあえず相談窓口だけ開いているという所もあるようだ。

また公的機関では費用などはほとんど無料のようだが、それだけに家から出られないひきこもりのための訪問相談や居場所（フリースペース）、宿泊施設などの人的・施設的に十分なケアはあまり望めない。

一方民間の場合は、ひとくちにひきこもり支援といっても、電話・メール相談から、カウンセリング、訪問相談（メンタルフレンド）やフリースペース、宿泊施設など、多種多様な形態がある。また、その組織形態も民間ボランティアやNPO、事業体、親の会や当事者グループ、インターネット上の集まりなどさまざまだ。

費用もまちまちで、とくにお金のかからない所もあれば、月十数万円の費用で専門のスタッフが二十四時間体制で「ひきこもり」当事者や家族の支援を行なっている施設もある。

また、医療機関にしても、ひきこもりの症例を数多く診てきた専門医もいれば、「本人以外は診ない」と家族が相談に行っても門前払いのクリニックもある。こうした各団体・機関の違いや特色をある程度理解したうえで、相談に行ったほうがいいだろう。いずれにせよ「ひきこもり」の問題解決は、家族だけの対応では難しいと言われる。必要を感じたときには、家族以外のサポートをぜひ選択肢に入れておきたい。

また、どんな専門家や相談機関を選ぶにせよ、そうそう簡単にこじれてしまったひきこもり問題が解決されるわけではない。絡んだ糸は一本一本時間をかけて、解きほぐしていくしかない。ことを急いては本人を傷つけてしまったり、関係を悪くしてしまえば、ますます解決からは遠のいてしまうだろう。

「ひきこもり」の問題は、最後まで希望を捨てずに本人も家族も焦らず、ゆっくり、じっくりと取り組みたい。

＊以上の回答は、後出の「ひきこもり関連ブックガイド」に紹介した書籍・資料や、取材を通じた当事者や家族などの発言・体験などをもとに、森口、奈浦、川口が協議のうえに作成した。

2 ひきこもりと取り組む人びと
―― 支援団体活動ルポ

家族だけで抱えこむのはやめよう

全国引きこもりKHJ親の会（家族会連合会）

埼玉県の岩槻市に本部のある「全国引きこもりKHJ親の会」は、小さな四つのサークルが母体となって二〇〇〇年六月に始まった。活動を始めて一年もたたないうちに全国規模となり、会員数も四一五〇家族（二〇〇二年七月現在）を越えている。

会の代表奥山雅久氏は、自らもひきこもりの息子を持つ。家庭内暴力などのために、自宅を出て、アパートで暮らしている。仕事を辞め、自宅も手放し、今は親の会の専従だ。

「らうんじ」と呼ばれる岩槻の本部には、なるべく毎日顔を出す。副代表の中村進氏とふたりで事務処理などを切り盛りしている。だが、奥山氏は地方の講演会や政府や行政への陳情などで日々東奔西走

しているため、常時「らうんじ」にいることはできない。それでも相談のファクシミリや手紙が毎日山のように届くため、チェックは欠かせない。

この会は、名前が示すとおり親が自ら活動するための会。奥山氏は、「長い家族ではこの問題に二〇年以上苦しんでいる。家族だけで解決しようとがんばってきたが、もう限界まで来ている。ひきこもりは親子の愛情でどうにかできるという人もいるが、全国で八〇万人といわれている今、親子だけの問題ではすまなくなってきているんです」と語る。

本部の月例会で、初めて出席した六〇代の母親に「お母さん、あなたはもうじゅうぶんに苦しんだ。よくここまでがんばってきた。親戚にも近所にも言

えずがんばってきたけれども、もうこれからは家族だけで抱え込むのはやめましょう。ひきこもりの子どもを持つわたしたち親同士が力をあわせて解決への道を探って行きましょう」と強くやさしく語りかける奥山氏。その言葉に涙ぐみながらうなづく母親、そして、会場の他の親たちからまばらながら拍手もわく。

「わたしたちの会は、家族だけではない第三者の支援が必要なのだということを社会にアピールしつづけているのです」と、奥山氏は月例会の講演で結んだ。月にひとつずつ地方の親の会を立ち上げるために全国を飛び回るのも「長い間孤立して苦しんできた日本中の家族が、今こそ手を取り合って立ち上がるべきだと思う」からに他ならない。

本人と家族を支援するネットワークづくり

取材のために奥山氏と一日行動をともにしただけで、どれほどたくさんの人がこの問題に苦しんでいるかが分かってしまう。本部に届くファクシミリや手紙の量だけでなく、奥山氏の二つの携帯電話も鳴りっぱなしだからだ。

「相談活動は本来わたしの仕事ではありません。わたしもひきこもりの息子を持つ親であって、みなさんと同じ立場。ただ何千というひきこもりのケースを知っているので、そこからアドバイスできることもある。でも、それより、わたしが心がけているのは、そうした全国の相談者にカウンセラーや訪問サポート、グループホーム、若者の居場所、場合によっては精神科医など、各ケースに合った第三者を紹介することなんです」

奥山氏のいうそうしたひきこもり本人とその家族を支援するネットワーク作りが、この会の重要な仕事のひとつなのである。四一五〇家族の会員には、四一五〇通りの異なった支援が必要であり、そのためにはさまざまな専門家や団体のネットワークが不可欠なのだ。

会が発行しているニュース「旅立ち」にも「医師・カウンセラー　ネットワーク」というページがあり、全国のアドレスが掲載されている。また、京都の

「ライファート」(若者の居場所)や盛岡の「ポランの広場」(青少年自立支援センター)など各地の支援団体との連絡も密で、ニュースでも随時紹介している。

「親の会というと、親同士がなぐさめあうだけに終始してしまいがちだが、なぐさめあい肩の荷をおろした後に、わたしたちにはいくつもの大きな仕事がある。ひとつには本当の意味で救いとなるような情報を集め提供して行くこと」というように、実質的で役立つ情報を多く提供しているのもこの会の特徴だ。

では、会の活動をおおざっぱに説明してみよう。現在全国各地に二十七ヶ所の親の会をもつ(青森県「アップルの会」。東北若者を援助する会。山形県「サークルあすなろ」。宮城県「タオ」。福島県。関東本部。東東京「楽の会」。西東京「ひだまり」。長野さざんかの会。静岡県「いっぷく会」。オレンヂの会東海。東海なでしこの会。にいがた「秋桜の会」。北陸会。とやま大地の会。京都オレンジの会。大阪オレンジの会。大阪高槻市オレンジの会。エスポワール(大阪)。神戸オレンジの会。岡山県「きびの会」。広島県「もみじの会」。香川県「楠の会」。熊本県「楠の会」。宮崎県「楠の会」。鹿児島県「楠の会」)。

各会は本部と連携しながら、それぞれ活動しているが、主には月に一度の月例会(講演会や会員同士の親睦会、専門家とのグループ相談などを含む)、役員会、カウンセラーとの家族教室などである。ちなみに関東本部の家族教室は毎月二回、岩槻駅前の「ワッツ東館」のボランティアルームで行われる。複数の家族がそれに参加し、困っていることなどを出し他の家族がそれに対してアイディアを出していく。

専門家として東京九段下の「カウンセリングルームひだまり」の伊藤恵造氏がアドバイス。その他に各会独自にメニューを持つ。また、行政の管轄にある精神保健福祉センターや、医療機関などと連絡を取り合い、ともに学習を深めている。

「ふたつめの大きな仕事は行政や政府に働きかけて、支援策を出させること。みっつめはメディアに訴え、世間が持っているひきこもりへの偏見をなくすこと

です」という奥山氏は、二〇〇〇年八月、十月に厚生省(当時)を訪れ、国の支援を求める要望書を提出。厚生省は三年をかけて実態調査を行うと約束。その後も厚生省に訴え続け、二〇〇一年五月に厚生労働省は「社会的ひきこもり」に対応するガイドラインをおろした。

県レベルでは、本部のある埼玉県に足を運び要望書を提出。それを受けて県は「庁内連絡会議」を発足した。地元岩槻市でもひきこもり相談のたらいまわしをなくすために相談窓口を一本化する意向を表明。岩槻市立保健センターがその窓口となる。こちらが取材のお願いを申し入れた際も、奥山氏は「メディアは大きな力。ひとりでも多くの親や当事者の助けになるのであれば」と快く承諾してくれた。

もう世間体は捨てなくちゃダメです

会の本部であるKHJ関東の月例会の月例会を訪ねてみた。月に一度埼玉県で行われる月例会には毎回一〇〇名以上の出席があるという。埼玉県の東大宮コミュニティセンターで行われたこの日の月例会にも一〇八名のひとりが集まっていた。

主に親が多く、中にはきょうだい、親戚といった参加者もいる。このうち十名は初めての出席者だ。参加者の平均年齢は五十歳から六十歳といったところだろうか。七十歳代の参加者ももちろんいる。他にひきこもり本人でここまで来ることのできた人のために、「若者の部屋」が用意されていた。

暗い雰囲気の集会を単純にも想像していたのだが、そうではなかった。月に一度のこの会が親たちの心の支えになっていることが、会場を訪れた人々の表情で分かる。受付で顔見知りに会い、笑顔で挨拶する人。会場の窓辺で互いの子どもの近況を報告しあう人。

第一部は、まず今回出席の専門家の紹介と短いスピーチから始まった。代表の奥山氏、司会で副代表の中村進氏、セラピストの服部雄一氏、「カウンセリングよろずや」のカウンセラー熊谷節子氏、「訪問自立サポート事務局」の広岡充氏、若者の居場所

「ぱいでぃあ広場」の馬場章氏、「SCS（自己実現カウンセリング研究会）」の臨床心理士の池田佳世氏。

それぞれの立場からの発言は、ひきこもりへの対応の違いもそれぞれであることがわかる。つまりこのことが、奥山氏の「ひきこもりの対処はひとくくりにはできない」ということなのだろう。

「自分の子どもに合うカウンセラーもいればそうでないカウンセラーもいる。また、その子どもに必要なのは訪問サポートの場合もあるし、別の子には精神科医の場合もある」と、あとの講演で奥山氏は言った。

奥山氏の講演は三十分ほどで、主に親の会の膨大なデータをもとに考えた「ひきこもりを抱えた家族の陥りやすい一般的な流れと、望ましい対応」について。その内容を要約してみよう──。多くの親はまずうろたえ混乱してしまう。その不安から常識的な立場から子どもを非難してしまいがちだ。本人がいちばん苦しいのに親は世間体でものをいって、余計に子どもを傷つける。いくら怒っても状態は良く

ならないため、学校や保健所などに相談に行くが、多くは対応に消極的で言うこともまちまち。医療機関も専門家不足で有効なアドバイスを得られない。その繰り返しの中で本人はあせりと不安をますます強め、ひきこもりは長期にわたっていく。

「最初は、なぜわが子かと驚きあわててしまうのは当然ですが、親は努めて冷静にゆったりと子どもに対処してほしい。ここで親が子の苦しみを理解せずに、復学や職場復帰を強要してしまうと、子どもは親なのにわかってくれないと親への不信感を増幅させて、恨みの感情を持つようになる」。その親への恨みが、家庭内暴力の一因となると奥山氏はいう。会場に来ている多くの家庭で繰り返されているわが子の暴力を思い起こすのか、親のため息ともつかない声がもれる。

「また、異常行動などが顕著な場合は精神病圏であるかどうかを識別しなくてはいけません。統合失調症やアスペルガー症候群などはふさわしい医療的な対応が必要です。わたしたち親の会が抱えているひきこもりは精神病圏ではなく、神経症圏のひきこも

2 ひきこもりと取り組む人びと

りと考えています。神経症は健常な人でもなり得るもので、KHJのKである強迫性障害や、Hの被害妄想、Jの人格障害などや摂食障害、パーソナル障害などです」

親は子どもの行動に神経症などが出てくるとますます近所や親戚にはいえなくなり、親自身も追い込まれる現状が、奥山氏の話から見えてくる。親子ともに二重のひきこもりになってしまうケースが後をたたないのだ。そこで、奥山氏の声に熱がこもる。

「お父さん、お母さん、もう世間体は捨てなくちゃダメです。他人はいろんなことを言いますよ。わたしも親戚からそんな子どもを育てて恥さらしだとのしられました。でもね、誰がなんと言ったっていいんです。救いたいのはわが子なんです。

ヒトサマの人生でなく、己の人生を生きなくちゃ。世間体を捨てて、これも人生だと腹をくくり、親のわたしたちも残り少ない人生を大切にイキイキと生きようではありませんか。そうして親が変わることで、家の中も子どもも変わってゆくことがあるんです。

こうして親の会で励ましあえる仲間と出会って、心の澱をおろしてください。そして、わが子に合う居場所やカウンセラーなど第三者を見つけることで、ひきこもりからの脱却者のほとんどは、何らかの方法で親と離れてから、第三者をよすがに脱却しています」

奥山氏の講演の後には、セラピストの服部雄一氏の講演があった。氏は、PTSD（心的外傷後ストレス障害）とひきこもりの類似性について語った。月例会ではひきこもりをテーマに毎回さまざまな講師が招かれる。

休憩をはさんだ月例会の第二部では、ひきこもりの期間や状態を六つのレベルに分け、専門家を行ったグループセッションとなった。別室では初めての参加者のために、カウンセラーがガイダンスを行っていた。緊張した雰囲気で始まったが、ひとりふたりと自分の子どものことを話し始める。これからのことやカウンセリングをどこでどう受ければいいかなどが話し合われる。

熊本で親の会を立ち上げる

熊本で親の会の立ち上げのためのセミナーが催されると聞いて、さっそく九州へ飛んだ。奥山氏は前々日に福岡入りし、役員会などに出席。九州にはすでに福岡と宮崎に親の会がある。広々とした道路が伸びる熊本市の中心地にある県立熊本劇場で、セミナーは開かれた。福岡の「楠の会」の代表村上友利氏や熊本県精神保健福祉センターの所長や県会議員・市会議員らも駆けつけていた。

参加者は六十名。奥山氏の講演のあと、ひきこもり体験者の和田俊彦氏（後出54頁参照）が講演。奥山氏いわく「ひきこもりから脱却した当事者の話を生で聞くことは大きな意味があるんです」。いつ終わるともしれない長いトンネルの中にいる家族にとって、目の前に立って大勢の聴衆を前にきちんと自分の話をしてのける青年を見るのは、驚きであり、感動でもあるのだろう。和田氏は、その期待に十分に応えていた。

この青年がわずか半年前までひきこもりだったなんて信じられない、そんな会場の親たちの心の声が聞こえてきそうだった。

講演のあとの質疑応答では会場からこんな質問が出る。「うちの息子は五年間ひきこもりをしているが、この頃はたまに外へ出られるようになってきた。親としてはせっかくここまで立ち直ってきたのだから、もっと外へ出てみてはどうかといいたい。でも、そういうことはいわないほうがいいのだろうか」

奥山氏はその質問に「あと一歩という人が長引いてしまうこともありますね。本当に脱却できるかどうかは、ひきこもりの期間や状態の重い軽いではないようです。本人も行きつ戻りつして、あと一歩だということはわかっている。でも、どこへ行けばいいんだよという気持ちだと思うんです。だから、いくら親が励ましても難しい。やはり訪問サポートや居場所などの力を借りてほしいですね。それと本人の好きなこと、趣味でもいいし、そうしたことをうまく生かせるようなきっかけを作るしかない」と答える。

2 ひきこもりと取り組む人びと

熊本での親の会立ち上げは無事に成功し、またここに新しい親の会がひとつ誕生したことになる。この会合が終わってから、奥山氏は宮崎県で近くグループホームを始める予定の「徳弘会」の松岡秀暢氏と打ち合わせに同席させてもらった。

このグループホームは宮崎県の南郷町にあるもとは民宿だった施設を改造して準備している（取材後、二〇〇一年暮れにオープンしている）。ひきこもりの若者を、最終的には五十名定員で預かる予定だ。部屋はすべて個室。宮崎の明るい海が目の前に広がるロケーションで、共同生活をしながら、自立のために暮らす。カウンセラーや精神科医、スポーツインストラクターなどさまざまな人がスタッフとして支える。代表の松岡氏は「成人した自己として、親から離れ、自分で生きていく自信を持ってくれたらと思います。宮崎の豊かな自然の中でいろいろな体験ができるはずです」

こうしたグループホームが全国各地にできることを奥山氏は期待している。グループホームだけでなく、会では若者が気軽に立ち寄れる場所としての居場所の設立にも積極的に取り組んでいる。現在関東地区には、KHJみなおし館がオープン。他に「ウイング」や南浦和「ぱいでぃあ広場」などとも連携している。関東以外にも、「名古屋オレンジの広場」、「大阪オレンジの広場」、「盛岡ポランからの会なごや」、「京都ライフアート」など多数の居場所と関連して活動している。

最後に会費は、全国各地の会によって異なるが、ちなみに関東本部は月例会の参加費一回ごとに五〇〇円のみとなっている。また地域に支部のない県などの人には年会費三〇〇〇円で本部より機関紙などが送付される。会の運営はつねに資金面で困難な状態ではあるが、多くの親と本人の支援のために「なんとしてもがんばりますよ」と代表の奥山氏は言う。

（二〇〇一年十月～二〇〇二年八月まで取材）

＊ 「全国引きこもりKHJ親の会」の詳細については、本書「ひきこもり支援団体ガイド」22頁参照。
（ゴシック数字は本書後半の横組ページの数字です）

「出す」ことが最終目的じゃない

青少年自立援助センター家庭訪問同行記

東京・福生にある特定非営利活動法人（NPO）・青少年自立援助センターは、理事長である「タメさん」こと工藤定次さんが一九七六年に始めた私塾を活動の起点にしている。「タメ塾」と呼ばれるその塾は、地域ではかなりユニークな存在だったようで、ツッパリから障害児、不登校児までまさにさまざまな子どもたちが集まる場として知られていた。

そんな噂をどこかで聞きつけたのだろう。ある母親から、タメさんは相談を持ちかけられる。母親には、小二のときから不登校になり、それ以来ずっと家のなかにこもったままの中三の娘がいた。

「家から出られないんじゃしょうがない。じゃ、会いにいこうかって、車とばして行ったよ。それが会ってみたら普通の子なんだ。ただちょっと人見知りが激しいというかシャイな子。でも自閉症とか情緒障害とか、この子がそんな病気のわけないよと思ったね」

もう二〇年以上も前の話だが、それがタメさんと「ひきこもり」の最初の出会いだった。

それ以来、この「家庭訪問」というスタイルは、タメさんの長年にわたるひきこもり支援活動の大きな柱の一つになった。

「なぜ会いに行くかといえば、だって出てこれないんだからこっちから行くしかない。当たり前の発想だよ」とタメさんは言う。

最初に出会った少女もタメさんの数回にわたる訪

問に心を開き、「中三をもう一度やり直したい」と親子ともどもタメ塾の近くに引っ越してきた。やがてそれが「遊游館」などの宿泊施設をともなう活動へとつながっていく。タメさんはそうやって数えきれないひきこもりの子どもや大人たちに支援の手をさしのべてきた。

今回、幸運なことにその家庭訪問に同行させてもらえる機会を得た。ただ、あとで詳しく触れるがタメ塾（このセンターをいまだにこう呼ぶ人は多い）の活動はじつに多岐にわたり、「家庭訪問」はそのなかの一つの方法論でしかない。それを念頭に置いたうえで、まずはこの同行記を読んでいただきたい。（取材は二〇〇一年十月）

今回の訪問は関西地方の二件。家庭訪問はすべて車なので、出発地である福生のタメ塾に朝七時に集合。さっそくタメさんとともに若いスタッフの河野久忠さん（現青少年自立援助センター北斗寮・センター長）が運転するワゴン車に乗り込み、出発。

「うん、おれたちはどこへ行くのにも車だね。北海道から沖縄まで全部、車。というのはこういう訪問をやっているとなにが起こるかわからないからね。突然、家を出たいなんていうこともあるわけで、どんな状況にでも対応できるようにしておく必要があるわけさ」

午前八時、ドライブインで朝食。時間が惜しいのか車に乗ってしまえば、給油以外はほとんどノンストップで突っ走る。昼食もとらない。

いまタメさんたちが抱えている家庭訪問は約六〇件。三チームで対応しているがタメさんは主に年齢が高い人を受け持っている。

「十代から二十代前後までは比較的ラクだからね。原因もはっきりしているし、体も動きやすいし、精神的にも柔らかいからね。ところが三十歳を超えた人たちは、正直言ってオレでも手探りだからさ」

今日の訪問も一件目は、中学時代に不登校になりそのままひきこもってしまった十代の女の子だが、二件目は三十代後半の男性だという。

車に乗っておよそ六時間。ようやく一件目の家庭訪問先に着いた。

「ここはもう四回行っているから、四〜五カ月のつきあいになるね。訪問は月に一回が基本だから。まだ本人とは会えていないけどね。タメ塾のことは本とかテレビで知ったんじゃないかな。親から電話か手紙が来て、一度うちで面接をやって、それから家に行ったかな。あのときは訪問がいっぱいあって、引き受けないはずだったんだけど」と苦笑いする。

玄関でのあいさつもそこそこにタメさんは、ズカズカと家のなかに入っていく。これはタメさん流の戦術でもある。

「べつに外交辞令を言ってもしょうがないし、こちらがヤアヤアといかないと向こうも腹割ってつきあってくれないじゃない」

もう一つは来訪したことを本人にもわからせるためだ。タメさんたちは、訪問する際には事前に来ることを必ず本人に伝えてもらう。そうすることで、訪問に慣れてもらい本人もタメさんと会ってみようかという気になるのだという。

居間にドカッと腰をおろしたタメさんは、テンポよくさまざまな事例や体験談など次々に持ち出して

とうとう語っていく。

「こういう訪問でなにが辛いって、親と喋って間を持たせることだからね（笑）。なにしろ本人が出てこないのがほとんどだからさ。しかも世間一般みたいな話はなかなかできないから。やっぱり親に安心感を持ってもらうことが第一だからね。正確な情報を伝えなくちゃいけないし、かなり言葉には注意して話さないとね」

話の途中で隣に座っていた河野さんが、「じゃ、ボクはちょっと本人と話してきますから」と席をはずす。「話す」といってもドア越しの一方的な語りかけだ。

「語りかけの内容ですか？　無理に引っ張り出そうと思っているわけじゃないよとか。これからのことを一緒に考えていければいいねとか。今日はまだ情報を伝えるだけですけど、慣れてもらうためのアナウンス効果もあるんですよ。ええ、反応はありましたよ。部屋のなかでミシミシ音がしていましたから」と河野さん。

2 ひきこもりと取り組む人びと

音をさせているのは「私はあなた方を拒否していないよ」というメッセージなのだという。それを受けてタメさんはこう話す。

「ひきこもりとか不登校の人たちっていうのは鋭い勘を持っているんだな。だからこっちも電波を発して感応しているわけ。理屈じゃないよ。わからなくたって、佇まいでだいたいわかる。だからなったらこんな商売やってられないよ。ワハハハ」

ご両親は心配でならない様子だが、タメさんが「大丈夫、絶対出せるから。お宅のお子さんを出せなかったらプロじゃないよ」とカカッと笑うと、両親の顔がパッと明るくなった。

かっきり二時間。パッと話を切り上げたタメさんは、これまた辞去の挨拶もそこそこに車に乗り込む。

「べつに時間を決めているわけじゃないけど、あのお宅はお母さんのケアもあるから時間かかっちゃう。それはもうケースバイケースで三〇分のときもあるし、逆に五時間のときもある。でも時間の長短が重要なわけじゃないから」

タメさんに言わせると、家庭訪問にも序盤、中盤、終盤があって相手の様子を見ながらアプローチを変えるのだという。

「最初はともかく無理に本人に会おうとしないで、たいていお茶飲んで帰るだけ(笑)。強引に連れ出す連中ではないことを知ってもらって、家族や本人と信頼関係を築くのが序盤戦。それから手紙を書いて置いていったり、部屋から出てこなければドア越しに話しかけたりするのが中盤。そして、いよいよ終盤にさしかかると思いきって部屋まで踏み込んで直接語りかける。それでこのままじゃマズイよねという話をして外に出す」

この三段階でどれぐらい時間をかけるか、切り替えの時期をどうするか一人ひとり違う。「親のなかには『早く出してくれ』という人もいるけど、それを早まるとかえって出てからこじれる。早く出せばいいってもんじゃない」

それこそ一回の訪問で外に出たケースもあれば、二年半かかったこともあるという。

「やっぱり三〇歳を越すと引き出す時間もかかるよね。本人がふんぎりがつかなくて、『腰が痛い』と

か『髪の毛が薄いから』とかいろいろな理由をつけて出たがらない。でも、今まで、外に出せなかった人間はほとんどいないなぁ」

タメさんの話を聞いていて、疑問に思ったことがある。「ひきこもり」の原因・理由などについてほとんど言及しないことだ。

「ひきこもりはだれでもなるよ。オレはひきこもりというのは『はまり』の構造と同じだと思っているんだよ。バクチにはまるとかいろいろあるじゃない(笑)。それがたまたま青年時代に起こる『こもる』というものにはまってしまったんだね。だからとりたてて理由もないし、オレの経験からいえばひきこもっているからって、ふつうの人間と別に違いが見つからない。だから、たまたまそうなってしまっただけなんだから、あとはそこからどうやって抜け出すかを考えればいいんだよ。それも釣りが好きだったら釣りに誘ってもいいし、一週間だけ体験入寮してみたとか、こんな催しがあるから来てみないとか、アプローチの仕方はたくさんある」

だが、そういうタメさんでも対応できないケースがあるという。神経・精神系の病気や障害をともなうひきこもりの場合だ。

「ひきこもりにもいくつかの段階があって、まずったく家から出られない『完全ひきこもり』がいる。一方で、外には出られるけど仕事には就けない人もいるし、さらには『パラサイト』と呼ばれる親に寄生している人もいる。いまはこれらすべてを含めて『ひきこもり』と呼んでいるけど、少なくともそれぞれの対応方法は絶対にみな違うんだよ。まずはその見極めが必要。そしてオレらが専門にしているのは、このなかでも『完全ひきこもり』の人たち。だから家庭訪問という方法が有効になってくる。ところが病気や障害をもった人たちへの対応はまたまったく違う。そういう人たちは、オレらも判断できないから医療機関などを紹介するようにしている」

二件目の訪問先も、タメさんのいう「完全ひきこもり」とはやや異なるケース。年齢も三〇代後半ということもあって、タメさんも先ほどの態度とは大きく違い、両親の話を聞きながらしきりに首をかしげ考えこむ。ここでも本人とは会えないが、家のな

2 ひきこもりと取り組む人びと

かの様子や匂い、音にまで神経を研ぎすましながら言葉をつむぐ。

しばらく話したあと、タメさんは言葉を選びながら両親に「オレの経験値にないケースだから、慎重に見極めたい」と言い残して、辞した。その後、しばらく車中で河野さんと意見交換。

「家庭訪問を複眼で行くのは、やっぱり間違いがないようにさ。オレはこう思うけど、お前どう？　みたいな。でも大枠のところで意見が食い違うことはまずないな」

こうして二件の家庭訪問が終わった。タメさんたちは、こうした根気も気も使う訪問を日々繰りかえしているのだろうか。いつの間にか外は夕闇に包まれ、シトシトと雨も降り出していた。

「オレたちはよく〝一発出し〟とか〝戸塚ヨットスクール〟とか誤解されているみたいだけど、それは実態を知らない人たちが言うことだよね。そんなことをしたらあとが面倒くさい。実際には時間もかかるし、こんなに非効率的なものはないよ。でも自分から動けない人を動かすにはこの方法しかないし、

現実に出た連中はみな『出てよかった』って言っている。それは間違いないよ」

その言葉を裏づけるように、タメ塾の活動はけっして「出す」ことが最終目的ではない。

「家庭訪問というのは一見、ハデだけど本当に重要なのはそこからなんだよ。ひきこもりの人間には三つの壁があって、まずは家から出るということ。それから自分の感情や表現を自分のカラを破って素直に出せるようになること。そして最後のカベを乗り越えるには、実際にカネを稼がせてやるしかないんだよ。だから、オレは寮をつくって仕事もつくってそういう不安を取り除くこと。一人で生きていけるのか、自分で社会で通用するのか、この最後のカベが一番大きな問題なんだな。ある意味で外に出すだけだったらホント楽だよ。そして、この最後のカベを乗

タメさんが共同生活寮「遊游館」を開設したのが一九七九年。その後、ひきこもりの青少年のための自立援助のためにさまざまな事業に取り組み、野菜の加工工場を皮切りにハウスクリーニング、漬け物

野菜の加工、リサイクル資源回収・分別事業など行なってきた。寮生たちはこうした「仕事」や「学習」を経験しながら、やがて自立への自信を取り戻し社会へ巣立っていく。

タメさんは笑いながらこう言う。

「一人一部屋だから拡大傾向はとりたくないんだけどさ。一時は家庭訪問も断っていたんだけど、九九年には特定非営利活動法人（NPO）となり、より地域に根ざした活動を推し進めている。ようがないから工場の上をまた借りて部屋をつくるしかないよなぁ……」

現在、寮生は約六〇名、通いの塾生も二〇名いる。そして彼らをサポートするスタッフも約二〇名いる。

なかには寮の生活が居心地よくて出ていかない人もいるのではと水を向けると——

「いるいる。もう外で働いているのにいるから、バカヤローって無理やり追い出した奴もいる（笑）。外に出てもたいていこちらの周辺に住んで、たまに来てグチこぼしていったりね。反対にまだ出るのは

早いぞと言っても、自分で稼げたから一人で生きていけるぞと錯覚して、出戻ってくるのもいる。やっぱり、人間の不安がそんなに簡単にとれるんだったらこんなにめでたいことないものね」とタメさんは手にしたタバコを深く吸った。

「だいたいひきこもりだの不登校だのに関係を持とうという人間は、よほど根性据えて生涯つきあっていくんだと腹くくらないとホントできないよ」

さまざまな活動を続けるタメ塾。そのなかで男子寮である「遊游館」はその中心でもある。ふだんは女子寮にいる女子寮生も食事のときは、ここの食堂に集まってくる。そして夜ともなれば、思い思いに集まった寮生たちのにぎやかな声に包まれる。そのなかでカラカラと笑うタメさんの姿が浮かぶ。ときにはタメさんの友人たちと寮生による宴会が繰り広げられることもあるという。

＊「青少年自立援助センター」の詳細については、本書「ひきこもり支援団体ガイド」66頁参照。

2 ひきこもりと取り組む人びと

自分の好きなことを見つけてほしい

フレンドスペース訪問記

千葉県松戸市のJR北松戸駅からほど近い建物の一室。その部屋のドアを開けたとたん、まるで学校のクラブの部室か大学の寮の一室のような雑然とした光景が飛び込んできた。畳敷きの二十畳ほどのスペースには、中央にテーブル（座卓）、壁際にはソファー、そしてマンガや雑誌がぎっしりと詰まった本だな。壁にはアニメのポスターが貼られ、テレコやギター、CDも無造作に置かれている。テーブルの上には飲みかけのコップやらノート、紙屑のたぐいが散乱している。

だが、この気取りのない雑然さが、家族や肉親を含めた周囲との人間関係がつくれずに不登校や出社拒否になったり、社会に適応できずに家にひきこもったりする若者たちに安心感を与えているのかもしれない。そんな気持ちにさせてくれる不思議な空間だ。

ここ「フレンドスペース」は、不登校やひきこもりの若者たちが集まってくる"居場所"として、民間心理相談機関である東京メンタルヘルスアカデミー（TMA・武藤清栄所長・八四年設立）が九〇年に開設した。

TMAは約四十名のカウンセラーを擁し、月間相談件数六百件と国内最大級の民間心理相談機関。不登校、ひきこもりをはじめ、職場のメンタルヘルス、育児などさまざまな悩みの相談に応じてきたが、こうした居場所づくりは、ひきこもり対策の施設とし

39

て早くから注目を集めていた。「フレンドスペース」は日曜、祝日と水曜日を除く毎日、午前十時から夜七時の間、開かれている。個別カウンセリング（TMAでは面接という）はもとより、就職相談や学習指導のほかに、日替わりや月例でさまざまなサークル活動やイベントが行なわれている。

たとえば、月曜日は「お花」や独り暮らしを楽しく快適にする「独楽の会」、火曜日は女の子の会「虹色」やバトミントン。木曜日は「気功・太極拳」に気ままに絵を描く「アート」、音楽について話したり演奏する「アンサンブル」。金曜日は社会や身近な話題を話し合う「青年塾」、野球、テニス、バスケットなどのスポーツイベントに毎月一回日常について語り合う「合同ミーティング」、飲んで歌って楽しい時間を過ごそうという「ちどり足サークル」なんていうのもある。土曜日はレクリエーション中心に「ボウリング」「カラオケ」「ビリヤード」、二カ月に一度の「誕生日会」といったぐあいだ。

このほかにも年間スケジュールとして、一月の初もうで、三月・スキー合宿、四月・お花見、八月・花火大会、十一月は作品展「FSフェスタ」、そして十二月のクリスマス会、忘年会、大掃除と続く。さらには、月・火・金曜日の午後一時から四時までの「学習サークル」や、会社や工場を見学する「社会見学」もあり、じつにさまざまなメニューが用意されているが、このように集団のなかで人間関係を学べる工夫がなされている。

この「フレンドスペース」の代表を務める荒井俊さんは、このスペースの意味についてこう説明する。

「私はここで今までに何百人という人たちと出会っていますが、本当に人との関わりを拒否した人はたった一人しか知りません。ひきこもりの若者たちも同世代とかかわりを求めていて、関係をつくりたいと思っている。そのためにこのスペースをつくったんです」

不登校・ひきこもりなど、同じような体験をもつ同世代の若者たちだからこそ、たがいに共感できる部分があるのだろう。

「各個人の持っているいい部分を伸ばしてほしい。それを生かせる場をつくりたいと思っているんです」

40

そのためにもまず『動く』ことが大切なんです」

「動く」とは社会や人との関わりを求めて自らが動くことを意味している。

「外から押しつけるのではなく、本人が自分の特性を見つけてくれたらいい。そのためにいろいろな切り口でメニューを用意しているのです」というように「スペース」のさまざまな活動が、若者たちが「動く」きっかけになっている。たとえば……

「あるとき十二、三人のメンバーで山登りに行ったんですね。三時間ぐらいで着けるだろうと思って歩きはじめて、三時間経って地図を見たらまだコースの半分ぐらいだったんですね。どうしようかとみんなに相談したら、せっかくここまで来たのだからこのまま進もうということになって、結局六時間以上かかった(笑)。でもその間、みんな不満も言わずに歩き通したんです。そのときのみんなはふだんスペースで見せない顔をしていました」と、荒井さんは話す。

この場を通じて、とにかく何でもいいから好きなことを見つけてほしい。そして「動き」はじ

めた若者を支援する。それが荒井さんたちスタッフの役割だという。

もう一つ、こんなエピソードを話してくれた。

「以前、養護学校に通っていたある若者がここに来たんですね。彼は作業所に行ってもなかなか仕事が覚えられない。だから周りの人間は、親も含めてだれもが『彼は能力がない』と思い込んでいた。でも私は『能力がない奴ではない』と思ったんですね。あるとき、彼が面接の時間に一時間早く来たので、私は『手伝ってくれないか？』と、ある仕事を頼んだんですね。それはふつう一時間で二〇個やって十個ぐらいできるはずの作業でした。それで彼にやり方を説明してやらせてみたら、一時間で八個つくったんです。それもミスもなく丁寧につくってある。つまり能力的には普通の人よりもやや落ちるかもしれないが、けっして能力がないわけではないんですね。また別の機会に、私は『急いで五個つくってほしい』と彼に頼んでみました。ところがしばらくして彼のところに行ってみると、一つもつくっていないんです。どうしてだと思いますか？そ

れは彼の能力が『急いで』というプレッシャーでつぶされてしまったからなんですね。それから私たちは、彼の持っている緊張感を解きほぐしてあげて、能力が発揮できるように取り組み、彼もだんだん自信をもって顔つきまで変わってきました」

つまり、不登校の子どももひきこもりの若者も「能力」がないわけではない。さまざまなプレッシャーによって能力が発揮できないだけだ――荒井さんはそう思っている。

後日参加させてもらった近くの公民館を借りてのクリスマス会では、OBも含めてフレンドスペースに通う数十名の若者たちが、楽しそうにパーティーを楽しむ様子を目にした。ステージでギター演奏を披露したり、ハンドベル演奏などにはにかみながら参加する彼ら（彼女ら）の姿を見ると、人見知りがちではあっても、世間一般にいるふつうの若者たちと少しも変わりないことがわかる。

それでもなかなか雰囲気にとけ込めない参加者には、スタッフが気をつかい声をかける。そうしてようやく仲間たちの輪のなかに入っていく人もい

れば、静かに会場の隅で仲間たちの楽しそうな様子を眺めている人もいる。それぞれが自分のペースで自由にこの時間・空間を共有しているのだろう。

現在会員は約六〇名だが、何曜日のどの時間に来ようが基本的に自由なので「毎日のように来る人もいれば、たまに顔を出すだけの人もいる」（荒井さん）。したがって、集まる若者たちも「日によって数十人のときもあれば、二十数人のときもある」という。

なかには、片道三時間かけて通ってくる人や、「スペース」に通うために名古屋や大阪から近くのアパートに引っ越してきた会員もいるという。もっとも「スペース」に集まってくるのは、ひとくちに「不登校・ひきこもりの若者」といっても、仕事が続けられない、大学や専門学校に通えない、人とうまくコミュニケーションがとれないなど、さまざまなケースがある。平均年齢は二十四歳ぐらいで、男女比は8対2ぐらいだという。

また「スペース」は若者たちだけの「場」ではな

い。ひきこもりの子どもを持つ親や家族にとっても大切な「場」であることは、親向けのさまざまな「講座」が用意されていることでもわかる。

「母親講座」「父親講座」をはじめ、「土曜・父母の会」やひきこもり当事者もまじえての「回復と改善の扉」など、各種の講座が用意されている。このように「フレンドスペース」のもう一つの特徴は、ひきこもり当事者だけでなく、親への取り組みも積極的に行なっていることがある。

「ひきこもりの原因は、子どもに対する親の態度や価値観が影響していることが多いんです。そういう意味では親が変わらないと子どもも変わらない。それで親向けの講座をたくさん用意しているんです」

参加させていただいた月例の「回復と改善の扉」では、ひきこもり体験者の若い女性とその両親も参加して、話し合いがもたれていた。女性が、熱や吐き気などの症状とたたかいながら「スペース」をきっかけにして少しずつ社会との接点を模索しているさまを報告。ご両親も熱心にその話に耳を傾けていた。

また、「ひきこもりの子どもを怠け者だという目で見ていた」という父親が、「問題から逃げていた」「母親に責任を押しつけていた」などと自分の失敗談も含めて話し、会場の参加者の共感を得ていた。親自身が変わらないと本人も変わっていけない——という例として荒井さんはこんな体験を話してくれた。

「ひきこもりの子をつある母親からこんな話を聞きました。あるとき子どもから『両親がいつ離婚するか小さい頃からずっと不安だった』と言われたそうです。ところが自分たちは仲がいいとは思わないが、離婚などはまったく考えなかったというのです。でも、よくよく考えてみると自分たちは仲がよくないことをわからないようにとりつくろって生きてきた。そのことに気がつかなかった。それが半年かかってようやくわかったというように、ひきこもりの問題を掘り下げていくと、親自身さえ忘れてしまっている、自分たちで合理化している部分が引き出されてしまう。そこまで親が覚悟して問題を解決しようとするかどうか。当然、時間もかか

ります。でもそこまでやらないと本質的な問題は解決しないんです」

なかには一度も本人に会わなくても、親が変わるだけで回復する例もあるという。そのため、本人よりも親の面接のほうがエネルギーを要する場合もある。

さらにもう一例。

「たとえば、子どもの頃から文章を書くのが苦手で、それがトラウマとして残っている親がいるとします。そうすると子どもに苦労させたくないと思い、文章を書かせようとする。子どもは親に認めてほしいからそれに一生懸命応えようとするけど、うまくいかない……。それが原因で親子関係がこじれてしまったり、不登校になったりといった例はたくさんあります。そんなときこそ、親が変わることで子どもも立ち直ることができるんです。『お母さんも苦労したけど、仕方ないよね』と言ってあげることが大切です。自分や子どもが持っているほかの価値や役割を見つけることができれば、変わっていけるんですから私たちはいつも本人だけでなく、親や家族

も一緒にサポートしていこうと考えています」

もちろん親子自身がここで面接を受けることもできるし、親子一緒でのカウンセリングも可能だ。

「カウンセリングというのは、基本的にはクライアント（相談者）の時間ですから、その人がその時間にどうしたいかなんです。たとえば『話を聞いてほしい』ということであれば、私たちはクライアントの話に耳をずっと傾けますし、極端にいえばクライアントがその時間に寝ていたいと言えばそれもいいわけです（笑）。カウンセラーが親や子を変えるのではなく、本人たちに何かに気づいてもらうための時間なんです」

荒井さんにお話をうかがったのも、ふだんは面接に使っているという部屋だった。「フレンドスペース」とは別の建物にあり、小さな部屋だったがソファーに腰かけて、ゆったりと話をすることができる。話をしている間、外部の音はほとんど入ってこないし、こちらの声が外に漏れるようなこともない。というように相談者が安心してカウンセリングが受けられるように配慮がされている。

「フレンドスペース」のスタッフは荒井さんを含めて六名。二〇代の若いスタッフから五〇代のベテラン・カウンセラーまでさまざまな世代がいて、会員一人ひとりの個別の相談カウンセリングにも応じている。基本的には、同じ担当者が継続してカウンセリングを行なっているが、週一回のスタッフミーティングなどで「会員の情報を共有している」のだという。

また、家から出られないひきこもりの人に対しては、訪問カウンセリングも行なっている。ちなみに荒井さんが現在担当しているのは二ケースで、一人は二〇代前半で部屋からまったく出てこない若者。荒井さんも五、六回通ってようやく部屋に入って話ができるようになったという。もう一人はひきこもって十年になる三〇代の人。以前は四〇代の人を訪問していたこともあるという。

こうして訪問カウンセリングを続け、家から出られるようになった人に対して、「こんな場所があるよ」と居場所を提供できるのもこの「フレンドスペース」の強みであり、特長なのだろう。

ほかにも電話で応対する「引きこもりホットライン」（月・火・木・金曜日の午前十時〜午後六時）やFAXで心のつぶやきを届けてもらう「引きこもり"つぶやき"FAX」、若者たちが社会へ動き出す一歩になるようにと車検代行や洗車を行なう「カーフレンド」の試みにも着手している。また現在は北松戸以外に、大阪や名古屋にもスペースを開いており、福岡や長野でも定期的に親の講座を開催している。

利用方法と利用料金については別記（後出36頁）を参考にしてほしいが、いずれにせよ頻繁にスペースを利用したり、カウンセリングを受ければ結構な金額となってくる。ケースによっては月に十万円以上かかるだろう。「フレンドスペース」では、面接をくり返しながら少しずつ本人の回復をはかる手法をとっているために時間がかかる。なかには七〜八年も通い続けている人もいるのだ。さらに、先に触れたように本人よりも「親が変わる」ことに時間がかかる場合もある。

「フレンドスペース」も決して万能ではない。性急

に原因や治療法を求めるのではなく、じっくりと腰を据えて回復の道をさぐれるかどうか。本人だけでなく、親や家族の受け入れ体制が必要だろう。

(二〇〇一年十月、十二月取材)

＊「フレンドスペース」の詳細については、本書「ひきこもり支援団体ガイド」36頁参照。

根気よく続ければ必ず回復できる

爽風会佐々木病院（斎藤環さん）

千葉県船橋市の爽風会佐々木病院で、ひきこもりの治療にとりくんでいる精神科医・斎藤環さん。現在、二〇〇〜三〇〇組の患者を受け持ち、三ヵ月先まで診療の予約がいっぱいだという。さらに仕事のあいまにも、ひきこもり問題の解決に向けて、新聞や雑誌などに執筆し、各地で毎週のように講演会も行なうなど精力的に活動している。

とりわけ、斎藤さんの名を世間に広めたのは、一九九八年に書かれた著書『社会的ひきこもり』（PHP新書）だ。二〇〇二年六月現在、約十万部の売行きにのぼるこの本は、十年以上にわたる臨床経験をもとに、ひきこもりの症状やひきこもりを生み出す構造（個人・家族・社会の三つのシステムの病理）を分析。そして、ひきこもっている子どもに対して親がどう接すればいいか、どんな心構えを持てばいいのかなど、回復に向けた具体的なアドバイスも記されている。

その一部を箇条書き風に記すと——

・子どもがひきこもりはじめたら、まず、その理由をたずねてみる。少なくとも一度はじっくり説得にあたる。
・「働かざるもの食うべからず」などと正論やお説教を言ってはいけない。それはひきこもっている子どもを傷つけるだけだ。
・できるだけ多く「口を利く」機会をつくる。ただし、ひきこもっている本人の身になって話すこ

と。将来の話や同世代の友人の話など、本人が気にしていることは決して話題にしない。

「親御さんがこの本を読んで実践してくれれば、少しでも状況がよくなるのでは、と思って書きました」と斎藤さん。実際、読者からも「本の通りにやってみたら、おかげさまで子どもが元気になりました」とお礼の手紙が舞い込んでくることも。

「要するに、私はひきこもり治療のための方法論のマニュアル化と普及をめざしてるんですよ」と斎藤さんは言う。

安心してひきこもることができる環境を

JR船橋駅からバスで約十分ほどのところにある爽風会佐々木病院は、一九六八年に開院した精神科の専門病院である。赤茶色の壁と白い柱がひときわ目立つ、二階建ての洋風建築。中に入ると、じゅうたんのやわらかな感触が心地いい。館内には適度に日光が入り、間接照明の白熱灯にほんのり照らされている。インストゥルメンタルのBGMが静かに流れ、とても落ちついた雰囲気だ。病棟は完全開放制で、入口にもカギはかかっていない。

一階に設けられている診察のための面接室は、患者のプライバシーを守るため部屋の話し声がまわりには聞こえないつくりになっている。斎藤さんの面接室にも、ほぼ十分おきに十〜二十代の若者やその親たちが訪れていた。

斎藤さんの診療は、「家族指導」「個人指導」「集団適応」の大きく三つの段階に分かれる。ひきこもりの診療という場合、当初、ほとんどのケースで本人が外出を拒むため、親が最初に通院することになる。その親に対して行なうのが「家族指導」だ。斎藤さんはまず親に対してこう尋ねる。「子どもさんをほんとうに治してほしいと思ってますか？」

親たちは「ひきこもっている子どもを何とかしてほしい」と病院にかけこんでくるはず。あらためて確かめるまでもないのでは……？。

「『私自身が子どもを治療してほしいと選んだんだ』と親にしっかりと決意してもらうためです。放っておくとか、家から追い出すという他の選択肢がある

2 ひきこもりと取り組む人びと

にもかかわらず、私は治療という道を選んだのだと。そういう覚悟をしたからには、あとは有言実行で、治療のためにあらゆる努力をしてくださいというわけです」

さらに、これにつづけて斎藤さんの投げかける言葉に、これまた親は驚かされるかもしれない。「子どもさんが安心して、ひきこもることができる環境をつくってください」

そんなことをしたら、子どもはずっとひきこもってしまうのではないかと、心配になる向きもあろう。だが、そうした受けとめ方は、ひきこもりを理解していない証拠だと斎藤さんは言う。

「ひきこもっている本人は、まわりにどんなことをしてもらっても、不安なものなんです。『将来、自分はどうなるんだろうか』と本人がいちばん辛く思っている。だから、子どもがこれ以上、自分を責めないように、せめて親は子どもが少しでも安心するよう努力してほしい」

つまり、両親がひきこもりについて十分に理解し、

認識すること。それが、治療への第一歩だと斎藤さんは言うのである。そのうえでそれぞれの状況に応じてアドバイスをしていく。とりわけ斎藤さんが強調するのは親子関係の距離の問題だ。

「親が『子どものためにすべてをなげうつ』なんていうのは、治療のうえで決してしていいことはありません。子どもに説教するなど治療を妨げてしまう場合が多いんです。むしろ親自身が自分の好きなことをするべきだと思いますね。たとえば旅行に出かけたり、趣味に没頭して、『生きるのはこんなに楽しいんだ』という姿を子どもに見せるほうが、ずっといい影響を与えるんです。だから私は親御さんによく言うんですよ。『子どものそばにいて、そっぽを向いててくれ』って(笑)」

通院も含めて、治療については母親ひとりだけで背負い込んでしまう場合が多いが、父親も熱心に関わるケースほど子どもも回復しやすいという。「家族の協力なくして、ひきこもりの治療はほとんど不可能なんです」と斎藤さん。夫婦仲が良いことが治

療にもいい影響を与えるため、夫婦カウンセリングを勧めることもあるそうだ。

親と日頃、どんな会話をしているか？

 家族指導を行ないながら、同時に本人も通院するように、斎藤さんは親の働きかけも促す。「今日、診療の日だけど、いっしょに行かない？」と本人を誘ってほしいと。
「声をかけるのは、診療当日の朝がいいでしょうね。前日だと本人は微妙にプレッシャーを感じて、当日になって『やっぱり行きたくない』と言い出すこともあります。でも、決して押しつけてはいけません。嫌がるようなら無理強いはしないで、親だけで通院して、家に帰ってきたら診察結果と次の通院日を知らせる。これを根気よくつづけていると、次第に本人の心も動いてくるものなんです」
 言葉だけでなく、病院に通う姿を親が子どもに見せること。ここでも、親の「有言実行」が求められるわけだ。その結果、本人が通院するようになると、

「個人指導」が始まる。斎藤さんは体調を確認しながら、「なにか困ってることはありますか？」「これから、どんなことをしたいですか？」などと淡々とたずねていく。
「あまり迎合的に関わると彼らは警戒します。『こいつは果たして信頼できるだろうか』とも思ってる。だから、あえて堅めに接しながら、少しずつ信頼関係をつくっていくわけです」
 親と日頃、どんな会話をしているかも聞き出していく。たとえば「親に説教されてイヤな思いをした」と本人が言えば、親を問いただし、本人を傷つけることはやめるよう指導することもある。本人と家族がコミュニケーションをとることが、ひきこもりの回復につながるというのが斎藤さんの考え方だ。冗談を言い合えるようになれば、理想的だという。
 これら家族指導と個人指導は、いずれも通院は二週間〜一ヵ月に一回の割合。診療時間は毎回およそ十分だ。
「十分というと、短く感じられるかもしれませんが、もともと私

やる気になれば相当なことが話せます。

2 ひきこもりと取り組む人びと

は早口なほうですしね（笑）。『どうしたらいいでしょう？』と質問されれば、時間内にできるだけ明快に答えてます」

ただ、親は「答え」よりも「共感」を欲していることがある。ゆっくり話を聞いてほしい、わたしの気持ちをわかってほしいと。そういう場合、斎藤さんは診療とは別に、カウンセリングを紹介することにしている。

ひきこもりのためのデイケア

個人指導の際には、本人の様子を見て必要と判断すれば、抗ウツ薬や抗不安薬を少量、処方したり、あるいは対人恐怖などひきこもりに伴って現れる症状が重い場合は、入院を勧めることもある。

「だけど、治療の上でもっとも成果をあげているのはデイケア活動でしょうね。ひきこもりのデイケアというのは、民間の病院としてはおそらく初めての試みなんじゃないでしょうか」

ここでいうデイケアとは、病院の一階に設けられているデイケアの部屋に通い、家族以外の人間関係に慣れて、社会復帰の足がかりにしてもらおうというもの。斎藤さんの診療の流れでいうと、「集団適応」の段階をさす。現在、二十人の若者（男性十五人、女性五人）が通っている。

デイケアが行なわれているのは、月曜、水曜、土曜の週三日、午前九時四十五分～午後三時四十五分まで。看護婦と臨床心理士のスタッフ三人が加わり、おしゃべりやゲーム、スポーツなどをして楽しむ。そして最後にミーティングを行なうというのが一日の流れだ。

部屋は二〇〇㎡ほどの広いスペース。訪れた日はクリスマスを間近に控えたころで、クリスマスツリーも飾られていた。七、八人がテーブルを囲み、和気あいあいとおしゃべりをしている。「クリスマスには、みんなで豚汁をつくって食べようね」と若い女性スタッフが言うと、「ええっ？　クリスマスなのに豚汁なの？」と参加者の男性からのツッコミが入り、一同笑いに包まれている。その一方でソファに寝転がっている人もいれば、新聞を読んでいる人、

51

パソコンの画面に向かっている人もいる。まわりを見渡すと、テレビやカラオケ機器、ピアノもある。卓球台、マージャン台、陶器を焼く窯もあれば、調理室もある。畳敷きの和室コーナーにはマンガ本も置かれている（ちなみにマンガ本は、本業のかたわらサブカルチャー評論の執筆も手がけている斎藤さん自身が選んだものも多い）。芝生のグラウンドで、ミニサッカーをやることもあるそうだ。

「ここでは自分の好きなように過ごしてもらってるんです」と女性スタッフ。まったりとした時間が流れていて、とても居心地のいい場所だと感じた。

唯一、デイケアで決まりごとになっているミーティングは、毎回一時間ほど雑談するというもの。「夏の思い出」「自分の部屋でいつもどんなことをしているか」など、テーマは斎藤さんがあらかじめ決める。「最初のうちはなかなか話ができない人もいますが、次第に打ち解けていきますね。デイケアの後、誘い合って食事や飲み会に行ったり、連絡をとりあってデイケアのない日に会うようになる。そこまでいけば、私の仕事はもうおしまいです（笑）」

参加者は多少の差はあるものの、二年ぐらいかけてデイケアを「卒業」し、学校に行ったり、バイトを始めるなどして、自ら立ち直っていくという。こうした仲間づくりを通してめばえた本人の自発性を、斎藤さんは何よりも大事に考えている。

その一方で、ひきこもりというのは、長期戦を覚悟しなければいけないことも強調する。現に斎藤さんのもとにも、十五年間、治療のために通いつづけている男性もいる。

「ひきこもりの状態から立ち直るまで、つまり本人が社会の中で自分の居場所を見つけるまでには、少なくとも年単位はかかると思ったほうがいい。でも、適切な対応を根気よくつづけていけば、必ず回復できるということも親御さんには理解していただきたいですね」と斎藤さんは語った。

（二〇〇一年十一月、十二月取材）

＊「爽風会佐々木病院」の詳細については、本書「ひきこもり支援団体ガイド」35頁参照。

3 こうしてひきこもりから脱出した

――体験者の証言

ひきこもりという感性を生きて

和田俊彦（31歳）

福岡県生まれ。ひきこもり歴七年（大学四年から三十歳まで）。現在はひきこもり者の支援活動として、訪問サポートや講演活動などを精力的に行なっている。

生きるために死んでいた子ども時代

小学校時代はありのままに普通にしてたんですが、どうしても目立っていたようですね。自分を持っていたからかな。小さな頃はそれで問題は特になかったんですが、だんだん大きくなるにつれてそれが親との関係の中で、問題になってきた。僕の両親はふたりとも公立校の教師です。親戚も教師や公務員が多く、いわゆる考えかたの堅い家。たとえば、僕は野球が好きで、それなりに上手でした。上手だとみんなの中でも目立つでしょう。すると親が心配して、野球を辞めた方がいいのでは……などと言い出しまして。野球ばかりしていると勉強がおろそかになるとかそれだけでなくて、何て言うのか、僕がおもいきりやりたいことをしてしまったら親の範疇を超えてしまうだろうということなんですね。

同じ頃、友達何人かと万引きをしたりタバコを吸ったりして見つかったことがあるんです。何をいつ盗ったか紙に書かされたのですが、他の子は少ししか書かないのに、僕は盗った物すべてをまじめに申

3 こうしてひきこもりから脱出した

告してしまって。おまけにだれとやったか聞かれても絶対口を割らなかった。けっきょくいちばん多く盗っているぼくがいちばん悪いということになって。親は「発覚してよかった。発覚しなければ将来犯罪者かとんでもない奴になってしまうところだった」と。今もそう思ってるんですよ。僕はそれよりも友達を裏切らなかったことをほめてほしかった。万引きという行為自体はよくないことだと思いますよ。でも、どこか親父の時代の柿泥棒と同じで、ある意味で子どもたちの通過儀礼のようなものでもあると思うんです。でも、うちの親は自分と異なることはまったく理解できないんです。というか子どもの気持ちを理解しようと努力しない。

そういうわけで野球もそうだし、好きな友達とつきあうことや不良みたいなことをすることは、親の範疇を超えることで、そうなると親はものすごくあたふたして仕事も手につかなくなってしまうということがいやというほどわかった僕は、野球も自分のしたいこともあきらめました。それが小学五年生のときでした。

けっきょく親が耐えられないのだから、僕ががまんしよう。そうするしかないといつも思っていました。生きるために死んでいた。そういう感じでした。

このままではもたないと思った

親は自分が学校の教師で公務員、だから息子の僕が同じような公務員になるのだったら、たくさん助けてあげられると思っていたんでしょうね。勘違いですよ。自分を基準にしか子どもを見られない。だから、うちの母なんか自分が運動神経悪いのだから、息子が野球が上手なわけがないと。なのに僕が意外に上手だったので、あわててしまった妙な期待も入ってしまった。

そんな調子で中学生になると、自分はこのままではもたないなという感じがしてました。受験勉強などそれほどしなくてもできたのに、母いわく、あなたのやり方ではダメだから、わたしが見てあげるとおしつけてくる。でも、母のいうなりにやっていくと逆に成績が落ちて。でも、母は落ちたのはあなたの努力

が足りないからだというんです。家が大きくて経済的に豊かだからあなたはがんばれないのだとか。

つきあいたい友達ともつきあえず、自分からみんなに嫌われるようなことをしてみたり、僕がすごくいらついているのを実は塾の先生が気がついたのもこの頃です。その先生にいわれたのは「和田くん家は、親が四角四面の小さなところにきみを押し込もうとしているから、きみは家を出た方がいい」と。僕はいいことをいってもらったと思ってうれしくてすごく怒りました。そこでまた僕は「こんなことをいってはいけなかったんだな」と後悔しました。

それでも高校はどうにかして家を離れようと全寮制の高校に入りました。その高校は私立の進学校でしたが、基本的には自由なところで多くの生徒は楽しんでいました。みんなで夜、寮を抜け出したり。でも、僕はなじめなかったし楽しむことができなかった。親にお金を出してもらっている結果(＝大学進学)を出さなくてはいけないと思いこんでいたんです。他の人は自分を出して奔放に高校生

活を楽しんでも他の人の親は許すだろうけれど、自分の親は許さないだろうと……。

僕の場合、小学五年生のときの騒動での親への負い目がずっと尾をひいていたんですね。あの事件で母は勤め先の学校をかわることになってしまったから。そのときも母は何も言わなかったんですが、父の悲しそうな顔がショックでね。母からはそれ以降「あんたがそんなことをすると、仕事をかえなくてはいけなくなる」といつもいわれて。

父は九州男児というタイプではなくて、どちらかというと控えめな何かあってもあまりしゃべらない人で、黙って胃を悪くしてしまうような人でした。母は母で、ないものを大きくして自分の不安ばかり増大させてしまう。そして、それをこっちにぶつける。

ひきこもりのどん底で

人間とつきあうのが怖かったんじゃなくて、自分を出したらいけないと思って生きてきたんです。ひきこもりの人は対人恐怖なのではないかと思われが

ちなんですが、僕は違うと思います。恐怖なのではなくて、一時的にせよ自分から関わってはいけないと何かが発してる。関わらないようにして、自分を守っているように思えます。

九州から関西の大学に行って、親元を離れたけれど、やはり呪縛は解けませんでした。大学を出て、ちゃんと就職しなくてはと……。そのいっぽうで自分のやりたいことは本当はとてもはっきりしてたんです(結局、言いだせませんでしたが)。けれど、将来の話や交際している彼女のことなどをめぐって、相変わらず親とは衝突ばかりで。理解してもらえない、ありのままにうけとめてくれないということがどんどん僕の中にたまっていきました。

その頃からですね、外へ出られなくなってきたのは。大学三年生後半から、だんだんバイトにも外にも行かなくなりました。体もだるく、疲れやすくなって。それでも四年になって就職活動をしなくてはいけなくなり、九州へ戻ったのですが、今思うと体が何か外へ出たら危険だといっているようでした。くりかえしになるけど、あの頃の感じを言葉で表

現するのはとても難しいんです。出たいのに出られないというのではなく、出ない方がいいんだろうなと体がいっているというような……。やわらかい感性をもっているのが、ひきこもりの人だと思うんです。その感性は、自分の危険を鋭敏に感じとる。出たら、危ない。自分がバラバラになる。また僕は、親からもらった生活費もなるべく使わないように、あまり動かない、外出しない、食べないようにしていたというところもありました。

大学四年、五年、六年と休学しました。昔の友達から電話があるとその後落ち込んで。何かしなきゃ何かしなきゃとあせり、けっきょく取り残された気持ちになって。八方塞がりといった感じなんです。本当の自分を実はちゃんと持っているのに、それを出せない。つらくてひとりで抱え込むしかない。出せないからひきこもるしかない。そして何かに当たる。(当たるのは僕の場合、実は何かのせいにしてもしてないと耐えられない、それまでは全部自分のせいだと思ってましたから、オヤジ、母さん、あんたらも少しは背負ってくれよと、実はたよれるのは

最後は親だったんです。）当たるというか、「やっぱりこうなったでしょ」といいたかったのかもしれない。あなたたちは本当の僕をまったく受け入れようとはしなかったと。

大学の除籍後も、ずっとひとりで暮らしていたのですが、夜中に母に電話をして「こうなったのは、お前たちのせいだ」とどなったりしました。親に対しての言葉に気遣うなんてこともまるでできなくなり、「お前」呼ばわりは当たり前。お決まりの昼夜逆転生活で、本当は眠るのも苦痛なんです。その頃よく見た夢では、僕は小学五年の自分。楽しく友達と遊んだりしている夢を見るいっぽうで、友達になじられる夢もよく見ました。

大学はその後、どうにか復学して九年目に卒業まではしました。それが二十七歳のときです。でも、卒業はしてもひきこもり状態は続いていて、というか三十歳近くなった頃からますます煮詰まってしまったんです。二年近くだれともしゃべりませんでした。

自分の意志で自分をコントロールできなくなりそ

うでした。初めて精神科に行って薬をもらってきたんですが、うまく効かない。七階のマンションのベランダからもうすぐ飛び降りるだろうという気持ちになっていました。それが去年の四月初旬です。このままではゴールデンウイークを越せないだろうと思っていました。

生きていても良かったのだなあ

母もさすがにこれが限界だと思ったようで、カウンセリングに通い出し、自分なりに学び始めたんですね。僕がのっしても母が受け入れるようになってきた。四月末に福岡でひきこもり者の親の会が発足を目指してセミナーを催した時、母もそれに参加し、抜き差しならないところまできている僕の状況を親の会の方に相談したそうです。そして、その方からあるひきこもりの若者の居場所を紹介してもらったんです。

その居場所を運営している人の人柄に母は深く感ずるものがあったらしく、僕に電話で「やっと

3 こうしてひきこもりから脱出した

わたしも気が楽になった」といいました。その声がこれまでとは違うことに、僕も気づきました。僕自身は地獄の底にいたのですが、変わりはじめた母の声に少し気持ちが緩み、思い切って五月の連休後に京都の居場所を訪ねてみました。

他人に助けてもらってはいけないという気持ちがひきこもりの人にはあると思います。つまり、ひきこもるという行為自体が外への「助けて」というメッセージなのに、親は「ひきこもるなんて甘えだ」といって理解してくれない。そもそもなぜなのかもわからない。そこで「親だって助けてなんてしてはいけないんだ」と思ってしまうのかな。あんなに苦しくて「助けて」といっていたのに、何もしてくれなかった。やはり一人でどうにかしなくてはいけないんだと、僕も七年間思っていました。

だから、自分から支援団体へコンタクトを取ったり、医療機関へ行くことがなかなかできなかった。僕がもう死んでしまうかもしれないと思った最後のその時期に、やっと母が変わってくれた。それで随分気が楽になりました。(何か変われそう、いや何かが変わるんだと素直に思えました。)それでも、支援団体に行けば、また親に経済的な負担をかけてしまうのではないかとか、常に不安なんです。

僕は母がなりふりかまわずにやっと気持ちを外に出してくれたから、僕もだれかに助けを求めてもいいんだと思えるようになったんです。そうした第三者のところへ本人を行かせたいと思ったときは、「行きなさい」ではなく「自分で合うかどうか確かめてきたら」といった方がいいのかもしれません。死ぬ前に一度行ってみようかという気持ちで連休明けに訪れて、つき物が落ちたようにふっと楽になりました。生きてても良かったんだなあと。いた人たちは僕を待っていてくれたというか、僕にも何かそこでできることがあると実感できたんですね。

僕にとって七年間のひきこもりの時間は、生きていくために本当に必要な時間だったと思えるようになりました。だから、今、ひきこもっていて外へ一歩踏み出すのをためらっている人がいたら、み

んながきみの力、きみの存在を必要としているよと言いたい。きみがみんなに助けられるだけじゃなく、みんなもきみに救われるんだよと。

それが自助グループなんです。合わないこともあるかもしれないけれど、たくさんのグループがあるから、自分に合うところはきっと見つかると思う。

父も母も自分自身を生きてほしい

ひきこもりの当事者をかかえる親御さんや、いわゆる世間一般的な人の中には、どこか自分の子どもがうらやましい、甘えてるから許せないという感情があるのかもしれません。おれは家族のために働いて、おれだってこんなつらい世の中いやだから、本当はひきこもりたいよと。なのに、この人はひきこもっている。それはとうてい直視できる事ではないはずだと思いますよ。だから、自分を守るためにひきこもっているわが子を否定してしまうのかもしれない。

お父さんも会社や仕事の悩みを家族にはいわずに

ひとりでがんばってきた。お母さんも子育ての悩みをひとりで抱えて夫にぐちもこぼせずがんばってきた。家族のために、子どものためにがんじがらめで生きてきた。でも、本当はもっとお互い自分の苦しさを出し合って、いっしょに悩んでもいいんじゃないのか。だから、僕はたくさんのお父さんとお母さんたちに言いたいですね。自分の言葉で話してください。「時代が」とか「世の中は」とか「お父さんが」とか「主人が」じゃなく、「わたしは」で話してほしい。

親が本音で生きてくれれば、きっと子どもありのままの自分を出して生きていけるようになると思います。

親は、命がけで本気で子どもと向きあってほしい

山田隆行（仮名・31歳）

なにしろ十年以上こもっていたわけですから、家から出たときは本当に気分は浦島太郎でした（笑）。テレビは観ていましたけど、家のまわりがこんなに変わったのか、コンビニがこんなに増えたのかって、驚くことばかり。

なにしろ寝て起きて、テレビや本、ビデオを観たりと毎日同じことのくり返しですから、時間の感覚がなくなって十年といってもそんなに長く感じられないんです。ところが家を出てからの三年間の長いこと！とにかく次ぎから次ぎへいろんなことがあって、ぼくにとっては十年分生きた感じがしています。

ぼくが「ひきこもり」になったのは、中学生のときの不登校がきっかけでした。父の転勤で転校のくり返し、ずっと友だちもできませんでした。それに勉強、部活、先輩との関係……いろんなことがあって中三のときに学校に行けなくなってしまったんです。それからだんだん家から出なくなって……。あとはお決まりの昼夜逆転生活になって、自分の部屋で本を読んだり、テレビやビデオを観たりして毎日を過ごしていました。

それでも毎年大晦日になると「来年の一月一日からはやり直すぞ」とか思うんですけど、やっぱりダメですよね（笑）。これはなかなか理解してもらえないと思うんですけど、こもっているともう今までの生活スタイルが当たり前の感覚になっちゃうんで

すよ。だから自分から動きだそうというエネルギーもないんです。

そういう生活がずっと続いていて、もちろん親も心配していたと思います。あれをやったらどうかあそこへ行ったらどうかともさんざん言われたし、泣かれることもありました。それでぼくが二十八歳のときに、母親がタメ塾（本書32ページ以下参照）のことをたまたま本で知って、タメ（工藤）さんに会いに行ったんです。ええ、母親も必死だったんだと思います。それでぼくにタメ塾の本を渡して、「今度タメさんが家に来るよ」って。それからはもうあっという間でしたね（笑）。

最初はぼくもちょっぴりはありましたけど、でも心のなかでは自分でも何とかしなくちゃと思っていたんです。ですからタメさんが来るときには、もう家を出るつもりで、着替えを入れたバッグを用意して到着を待っていました。

タメさんたちが来た日のことですか？　そりゃあもう、めちゃくちゃ緊張しましたよ（笑）。なにし

ろ十数年、家族以外の人間と会ったことがないわけですからね。前の晩はさすがに眠れませんでした。でもここでくじけたらあとはもうチャンスはないんじゃないかという気持ちがありました。タメさんとタメ塾のスタッフの人に車で迎えに来てもらって、すぐに「じゃ、行こうか」という感じで家を出ました。うーん、母親はこれでようやくという感じで、ホッとしていたんじゃないかな。

あとから考えると、車だから家を出られたんですね。電車だったらきっとムリだったでしょう。車に乗っていたのは二時間ほどでしたけど、その間はやっぱり不安でしたよー。でもなにしろ浦島太郎でしたから、ずっと外ばっかり見ていました。

タメ塾に着いたらすぐに寮の近くのアパートに案内されました。タメ塾には個室の寮があるんですが、当時はまだぼくのような年齢の高い人は少なくて、そういう配慮もあってかアパートを用意してくれたようです。

なにしろ前日寝ていなかったので、「少し寝かせてくれませんか？」と言って、用意してくれた昼食

3 こうしてひきこもりから脱出した

——仕事ですか？　そりゃ、きつかったですよ（苦笑）。漬け物をつくる工場でしたので、野菜の皮むきからはじまって、袋詰めをしたり、配送したり、あらゆることをやらされました。いわゆる3K労働でしたけど、とにかく年齢のこともあって追いつめられていたんだと思います。もうタメ塾に来るときは全面的にここに自分を預けようという気持ちでしたし、ここがダメだったら自分はもう一生どうにもならないんじゃないかって、すごい危機感があった。だから必死で続けられたんだと思います。

　タメ塾のほかの若い寮生たちは、外で働こうと思ったらコンビニとかビデオ屋の店員とかすぐに仕事を見つけられるんです。でもぼくの場合、年齢が年齢ですからそう簡単には見つけられない。その追いつめられ方はすごかったですね。だからぼくも家にはほとんど帰らなかったし、親にも「一人で頑張るから来なくていい」と言っていました。

　それで三カ月くらい働いたら、いつの間にか正社員みたいな扱いになっていました。それはやっぱり自信になりました。ぼくにとってこの会社で働いた

のお弁当を食べたあとに部屋で少し休みました。それからしばらくしてスタッフが夕食に呼びに来てくれたんですけど、これがまた大変だったんですよ（笑）。タメ塾では寮生はみな寮のなかにある食堂で食事をとるんですけど、そこに行くのがイヤでね。さんざん説得されてようやく食堂まで行って、そこではじめてほかの寮生たちと会いました。当時、寮生は今みたいに多くなくて三十人ぐらいかな。ぼくが一番年上でした。だから最初はなにしろ若い人ばっかりで、とてもひきこもりには見えないイマふうの子ばかりなのでちょっと圧倒されましたね（笑）。

　翌日からすぐにタメ塾に隣接している野菜のカット工場に入りました。ここで午前中の数時間、ゴボウやカブの皮をむいたりして仕事に慣れていくんです。ここが第一ステップで、十日ほどしてから、今度はやはりタメ塾と提携している食品会社で働くようになりました。そこで夜とか朝まで働いて、タメ塾で食事してアパートに帰る。そういう生活にだんだん慣れていったんです。このときは月曜から土曜まで毎日仕事で、あまり楽しみもなかったなぁ。

63

ことは大きかったです。その時は一生ここで働こうかなとも思っていたくらいです。

タメ塾のアパートを出たのは二〇〇〇年の春でした。本当はもうちょっといたかったんですけど、「もう働いているんだから出ろ」というプレッシャーがきつくて(笑)。タメ塾に来て二年が過ぎていました。それで、タメ塾の近くに部屋を借りて引っ越しました。やっぱりタメ塾からは離れないですよ。みんなそうじゃないかな。離れられないのは、やっぱり「人」だと思うんですよね。ぼくもタメ塾のスタッフとは将来のこととかずいぶんいろんな話もしたし、励まされもしました。なにしろ今まで、友だちと呼べる人がだれもいなかったわけですからね。それはやっぱり嬉しかった。年が違うのでほかの寮生とはあまり友だちになれませんでしたけど、スタッフとは今でもずっとつきあいがあります。

そのあと上司とぶつかって食品会社は辞めてしまいましたが、タメ塾のスタッフの紹介で水道工事関係の会社に勤めることができました。(ふっーと大きく息を吐きながら)考えてみるとこの三年間に本

当にいろんなことがありましたよね。さっきもお話ししたように、一度こもってしまうと、毎日同じことのくり返しなので平気で三〜五年はあっという間に過ぎてしまうんですよ。時間の感覚が全然違うんですね。だからぼくにとってはタメ塾に来てからは、まさに激動の三年間だったんです。三年がこんなに長いなんて初めて知りました(笑)。

今はまだ、単にひきこもり状態ではなくなったというだけで、毎日がバラ色かというとそんなことはないですよね。ただ家にこもっていたときよりも、もちろん今のほうがいい。それはもちろん!つらいこともあるけど、楽しいこともある。少しずつ友だちもできたし、彼女もいるのでようやく将来のことも考えられるようになってきました。親には本当に心配をかけたと思うけど、いまはようやく少し安心して見てくれているんじゃないかな。

ひきこもりの子どもを持った親たちに言いたいことですか? 親はやっぱり、命がけで本気で子どもと向き合ってほしい。ぼくだって、もし父親が自分と刺し違える覚悟で向き合ってくれていたら、もっ

と早く家から出ていたかもしれない……。ひきこもっていた十数年間はやっぱりムダな時間だったと思います。だって人生いきていくなかで、苦しいことも楽しいことも一番経験できる時期じゃないですか。それをまったく家のなかで過ごしてしまったわけですからね。

タメさんが家に来てくれなかったら、きっとまだ家にいたと思います。ぼくは、家を出てタメ塾に来たことは本当によかったと思っているし、感謝しています。ただ、家を出てタメ塾に来たからといって、魔法みたいに全員がいわゆる人並みに生活していけるようになるわけじゃない。でもほかのどんな立派な組織でも出来ないと思う。そのうち四、五人でも可能性があればやっぱりタメ塾のようなところは、ぼくは絶対必要だと思います。
人立ち直れなくても、そのうち四、五人でも五十人が五十

ひきこもりの悪循環を断ち切るために

水瀬麻紀（仮名・34歳）

それは一九九二年六月二日のことでした。乗っていた電車のブレーキがきかずに、関東鉄道の常総線取手駅の駅ビルに突っ込むという事故に遭ったんです。駅に近づいた時から車内には「ブレーキがききません」というアナウンスが流れて、ぼくも含めて乗客はみなパニック状態になりました。追突の瞬間は「ドーン」という大きな音とともに車内が真っ暗になり、軽油の臭いが立ちこめました。ぼくは左手首と額に裂傷を負い、念のために入院。病室にあったテレビのニュースで改めて事故の大きさを知って、恐怖で体が震えたことを覚えています。

事故のあともしばらくは夢のなかに事故の様子が出てきたりして、相当落ち込みました。一番前の車両に乗っていて事故にあったので、それ以来今でも電車の一番前の車両には乗ることができません。大きな音を聞いても事故の恐怖が蘇ってくるんです。テレビを観ていても、罵倒したり、殺し合いなど暴力シーンが出てくるともうダメです。あんなに好きだったアニメすら観られなくなってしまいました。あとでこれが心的外傷後ストレス障害（PTSD）の症状だったということを知りました。

事故に遭ったのは、ちょうど大学四年のときで就職活動を始めた矢先でした。ですからこの事故に遭って、出鼻をくじかれたという感じでした。事故のショックで就職活動もできなくなってしまい、大学

3 こうしてひきこもりから脱出した

の授業のない日は昼頃までひたすら寝て、授業がある日も大学と家を往復するだけで、あとはぼんやり過ごすという日々。親からは「就職活動はどうしたのか」とか「いつまで寝ているんだ」とか責められて、つらい毎日でした。

フレンドスペース（本書39ページ以下参照）のことを知ったのは、富田富士也さんの講演会がきっかけでした。家族からみるとやっぱり「ひきこもり」状態に見えたんでしょう。当時、フレンドスペースの代表だった富田さんの本を読んで、ぼくに似ている症状だと思ったようです。それで親から講演会に行くように勧められたんです。

富田さんの話を聞いて、同じような悩みを持っているのは自分だけじゃないんだということがわかって、少しは救われた気がしました。そこで「もしかったら来てみないか」と声をかけられてフレンドスペースにも興味を持ちました。

最初に訪れた時に、麻雀が好きだみたいな話をしたら「麻雀サークルの主宰者です」と紹介されたのが、いま代表をされている荒井俊さんでした。それ

から週一回、最初は麻雀のある日だけフレンドスペースに通うようになりました。やっぱり自分にとっての楽しみである麻雀ができるというのが、大きかったですよね。麻雀ってメンバーが揃わないとできないじゃないですか。自分でメンツを集められなければ、雀荘に行くしかないですからね。それに家にいて親から責められるよりも、出かけていったほうが気が楽でしたから（笑）。

メンバーもだいたい決まっていて、当時のぼくと同じ二十代の人や十代の若い子もいました。最初は井さんとは波長が合うというか、なぜか話しやすいんですね。だから荒井さんが間に入ってくれて、少しずつほかのメンバーとも話せるようになりました。フレンドスペースに行って最初驚いたのは、お互いに警戒心もあったかもしれません。でもぼくは荒言葉も交わさずに黙々と卓を囲んでいました。

フレンドスペースに行って最初驚いたのは、なにかをしなければいけないとか、こうしなければいけないというのが、まったくないことでした。それではいわゆる「すべき」ばかりで暮らしてきましたから、最初は麻雀以外に何をしたらいいかわからな

くて戸惑ったくらいです(笑)。フレンドスペースは自分にとって静かで穏やかな場所、そして安心して試行錯誤ができる場所なんですね。そういう場が保証されているということが、自分にとっては本当に大きかったですね。

フレンドスペースに通うようになって一年ほどして、荒井さんの紹介でスーパーのアルバイトをはじめました。ところが休みが麻雀の日に合わなくて、仕事のストレスもどんどん溜まっていくばかり。そこで、なんとかスペースとも接点を持ちたいと思って、荒井さんに個別の「面接」をお願いしたんです。最初はとにかく仕事のグチとかばかり。それがバイトを辞めて少し余裕ができて、自分のことを振り返れるようになってから、だんだん自分の過去の話をするようになりました。当時はとにかく自分の話を聞いてくれる人がほしかったんですね。自分の気持ちをわかってくれて、自分を認めてほしいという思いがありました。

でも、辛い体験を話すまでに三年ぐらいかかりました。まあ体の傷でも消毒すると少ししみたりしますよね。心の傷を見せるわけですから、それと同じで最初は辛かったですね。それに過去を話してもただ痛みが増すだけで、解決にはつながらないのではないかという迷いもありました。でも、荒井さんに話を聞いてもらううちに、気持ちは少しずつ楽になってきました。

それと同時に、自分探しというか、自分自身に整理をつけたいという気持ちがあって、フレンドスペースの「アクティブ・カウンセリング」の講座に参加するようにもなりました。その講座でいろいろな話を聞いたり専門書を読んだりするうちに、今の自分の状態には過去のこともなにか原因があるんじゃないかと思うようになったんです。それまでは事故のことが自分にとってそんなに大きなこととは思っていませんでした。ところが仕事のストレスも、大きな音で体がこわばってしまうのも、じつはPTSDの症状なんだということがわかってきたんです。

それでカリキュラムが進んで最後にレポートを提出することになったときに、自分のことを発表するのが一番いいんじゃないかと思い、みんなの前で発

3 こうしてひきこもりから脱出した

表しました。それも講座を受けはじめて三年ぐらいしてからのことです。

それまで人前で話すというのはまったく経験がなかったので、それも自信になりました。やっぱり人に話してもわかってもらえないのじゃないか、自分の心の傷を見せたらかえって傷口を広げられて、ぐしゃぐしゃにされてしまうんじゃないかと思って、警戒していたんだと思います。でも、実際にはそんなこともなく、それで思いきってそのレポートを自分のホームページで公開することにしたんです。

なぜ公表する気になったかといえば、こういう人間もいるんだよということを多くの人に知ってほしいという気持ちがあったからです。トラウマで動けないのに、まわりの人からはただ怠けているとか、甘ったれているんじゃないかと言われてしまう。そういう誤解を少しでもなくしたいという気持ちがありました。

それにぼくと同じ状況に置かれている人たちにも「いまは無理して動くことないよ」と助言してあげたいという気持ちもありました。よく「安心感は甘

えにつながる」ということを言う人もいますけど、安心感がなければよくなるはずはないですよね。病院に行くのも医者が治してくれる安心感があるから病院に行くのであって、心の病気も同じだと思うんです。

ひきこもりの人は、家では家族から「学校に行け」とか「働け」とか言われて、外に行けば「いい歳をした大人がフラフラして」みたいに見られる。自分以外はみんな敵だと思ってしまう。どこでその循環をどうやって切るかが重要だと思うんですね。

でも、ひきこもりの人だって講座やカウンセリングに行って、自分と同じ仲間がいることを知るだけで安心感が得られるはずです。同じ境遇の人と接触する場所や集まりに一回でもいいから行けば、やっぱり気持ちも違ってくると思うんです。ぼくも「こういう場があるけどどうだろう」と誘ってくれる人がいたから、その悪循環から抜けだせたと思うんです。そして、ぼくにとってまさにその安心感を与え

てくれたのが、フレンドスペースでした。ひきこもっている本人はインターネットでもやらない限り、外の情報がなかなか入らないし、同じひきこもりの人と出会う機会もありません。だから親やまわりの人は、そういう出会いの場や機会がないか情報を集めてぜひ本人に教えてあげてほしいんですよね。

でも、たとえフレンドスペースのような場があったとしても、最終的には家のなかでも安心していられる環境が必要だと思います。試行錯誤の長い時間を見守ってくれて、安心させてくれる場を家庭でもつくってあげないと本人もきついと思います。だから家族の人たちもなにも言わず、黙って見守ってあげてほしい。親がなにも言わなければ、子どものほうも「あれっ？」と思うはずです。ぼくの親もフレンドスペースの親向けの講座などにも参加していますけど、それで実際にずいぶん対応が違ってきました。いくら本人がよくなっても親が変わらないと、結局そこでまた元に戻ってしまいますからね。

仕事のストレスで体調を崩してしまい、ぼくも今はフルタイムの仕事はとても無理な状態です。でもほかのひきこもり支援団体のＨＰ制作や機関誌の編集の仕事をしながらゆっくりですが、自分のペースを取り戻しつつあります。ひきこもりの問題は、本人も周りも「あせらず、ゆっくりと自分のペースで」というのが大切なんだと思います。

3 こうしてひきこもりから脱出した

息子がひきこもっていたのも個性だと、わたしは思っている

田川登志子（仮名・69歳）

「息子は小さい頃から繊細で優しい子でした。神経質なところもありましたが、それは個性だと思っていたの。今あの人がひきこもっているのも個性だと、わたしは思っているんですよ」

と、インタビューの最初に言った田川さん。「全国引きこもりKHJ親の会」（本書24ページ以下参照）の本部月例会でいつも明るく立ち働いているお母さんだ。69歳。夫の営む塗装会社を陰で支えながら、ふたりの息子を育てた。

「次男のひきこもりの傾向が顕著にあらわれたのは、25歳のときです。次男は早くに結婚して、お嫁さんの実家の家業を継いだんです。結婚する前はファッション関係の仕事をしていて、おしゃれな人だったのよ。

それがお義父さんの水道工事の仕事を継いでからはガラリと生活も変えなくてはいけなくなったのね。そのことだけが理由ではもちろんないのでしょうけれど、仕事が大きなストレスになっていったのは事実のようです」

田川さんの次男秋広さん（仮名、当時25歳）の様子が変だと気づき、電話をするが、本人は「ちょっと疲れてるだけだよ」というばかり。でも、妻子と暮らしているはずなのに、電話の向こうから生活の音がまるでしないのはやはりおかしいと田川さんは思ったという。この時期すでに秋広さんの妻子は家を出ており、別居していたことは後になってわかる。

「そのうちに電話でお腹の具合が悪いとか体の調子

がよくないということを言うようになったので、わたしはこれは体の調子なんじゃなくて何か心の問題なのじゃないかと思ったの」

一人になってしまったアパートから あまり外出せず、仕事もできなくなり、新聞やテレビを見るのもしんどいといい、下痢や腹痛を訴える息子のただならぬ様子に、田川さんは精神科の医師に相談したいと考えるようになった。

「でも、精神科って進んで行きたいと思うところではないでしょ。そこでわたし自身がね、この頃どうも夜は眠れないし、気持ちが落ち込んでだめなのと言ったの。老人性のうつ病っていうものかもしれないから、いっしょに病院に行ってほしいと息子に頼んだんです」

田川さんはこれまでもときどき外出のときに、車の運転のできる秋広さんに送り迎えを頼んだことがあったから、この申し出は不自然ではなかった。ふたりで精神科に行き、「あなたもついでにお薬でももらえば」といって診察を受けさせた。医師からは秋広さんは軽いうつ病だろうと診断された。

離婚した秋広さんは田川さんと父親のいる実家に戻った。

「今ならあの時点で半年位休養させればよかったといえますが、あの頃はわたしもわからなくてね」

薬の服用もあって少し元気を取り戻していたこともあり、職人気質の頑固な父親に「甘ったれるな。いい年をした男が家でゴロゴロしてるんじゃない」といわれ、秋広さんは早く立ち直らなくてはと再就職先を見つける。元妻の実家での仕事と同じ職種を探した。好きな仕事ではなかったけれど、今の自分にはそれしかないと思いつめて会社に入る。

「そこの会社は三年間働いて辞めてしまいました。この三年間でせっかく一時はよくなっていた精神的なものがまた悪くなって。薬の量もどんどん増えてしまったんだけど、どうしても朝起きれなくなんばったんだけど、どうしても朝起きれなくなって」

32歳になり、自宅で父親と兄のやっている塗装の仕事を手伝うようになるが、やはり休みがちとなる。月に十日も仕事に出られればいい方だったが、父親

3 こうしてひきこもりから脱出した

はそんな次男のことが理解できずき怒ることが多かった。「いっそのこともうしばらく仕事は休んでいなさい」と田川さんは言うようになった。「いっしょに働いている長男だって、やっぱり困っているわけでしょ。たまに仕事に秋広が出てきたって、ちょうどいい仕事を与えることなんてできませんから。秋広にしてみればやっとの思いで仕事に行くのだけれど、兄や父親に文句を言われてまた傷ついて。わたしもせつなくてね」

お母さん自身がかなりつらくなってしまったその頃、新聞でたまたま目にしたのが、「全国引きこもりKHJ親の会」の記事だった。秋広さんの場合、まったく家から出られないわけではない。気の向いたときにはコンビニや好きなサッカー観戦に出かけることもできた。

「だから、記事を読んだときにうちの子もひきこもりというのかしら、違うのかもしれないとは思ったんです。でも、その時感じたのは、今秋広は重いひきこもりになるかならないかの瀬戸際にいるのじゃないかということ。境界にいるって思ったんです

よ」

すぐに連絡を取り、関東の月例会に行くことにした。車で会場まで送ってくれた息子に、「あなたも少し寄っていかない？」と言ってみたが、「おれはひきこもりなんかじゃないから」と秋広さんは言ったそうだ。田川さんは自分が勉強するために会に通い続け、以降秋広さんには「お母さんはボランティアのつもりで行っているのよ」と伝えた。あなたのために行っているわけではない、気にしないでという意味で、そう言ったのだ。

九月の半ば、「全国引きこもりKHJ親の会」主催の高野山へのセミナーツアーに、田川さんは参加するかどうか迷った。このツアーは、真言宗総本山である高野山金剛峯寺が、ひきこもりは心の問題であるとの視点から「引きこもり対策準備委員会」を発足させ、KHJに協力依頼が来て実現することになったものだ。KHJ代表の奥山雅久氏が講演をするなどの企画が盛り込まれていた。田川さんは行きたい気持ちがあったが、また夫が反対するかもしれないと思っていた。何気なく夫にツアーのことを言

ってみると、「行ってくればいいじゃないか。秋広といっしょに」と返事してくれた。
「KHJに通うようになってから、会報などを帰宅してからテーブルにポンとさりげなく置くようにしていたんです。お父さんが読みたかったら読めるように。でも、なかなか読まないから、わたし、声を出してひとりごとみたいに読んでいたんです。そのうちにお父さんもお父さんなりに理解しようと努力するようになって。それで『高野山行くなら四、五万円は持っていかなくちゃならないけど』って、わたしが言ったら、『遠くへ行くんだから十五万円は持って行った方がいいよ』って言ってくれたの」
秋広さんにはいつものように、「お母さんの荷物持ちでつきあってくれないかなあ」と声をかけ、本人も承諾。行きの電車の中でたまたまKHJの代表の奥山さんが隣の座席になり、秋広さんは「ひきこもりの若者のための居場所を始めるつもりはないか」と打診された。高野山では他の人たちと大部屋に泊まり、マスコミの取材も受けた秋広さん。自分はひきこもりではないとお母さんに言っていたけれ
ど、取材にはきちんと自分のことを語っていたという。「この旅が終わったら、就職の準備を始めようかなと思って」と答えていた秋広さんに田川さんも驚いた。一泊の旅だったが親子ふたりにとっては意味のある旅になったようだ。
帰って来てから「この頃急に元気になってきたの居場所が見つかったからだよ」と秋広さんは答えた。
「居場所はもとからあったでしょ」と聞き返すと、「二階のおれの部屋は居場所だったわけじゃない。今は家全体がおれの居場所だって思えるようになったんだ」。そして、高野山から帰って一ヶ月もたたない十月に、秋広さんは自宅を開放してひきこもりの若者のための居場所を始めた。
「お父さんもね、一応わかってくれたみたいです。この間も、息子が『世間体が悪いから、なんとなく昼間は表に出にくいんだ』って言ったんです。そしたら、お父さんが『世間様がお前のことを食わしてくれるのか。世間体なんか気にすんな』って。そう

3 こうしてひきこもりから脱出した

いうひとことに息子もすごく救われたと思うの。前は『飯ばっか食ってゴロゴロして』っていつも怒っていたのに、最近は息子に『お前、ちょっと痩せたか?』なんて言ったりして。お父さんもだんだんに変わってきたんです」

今では訪問サポートも始めた秋広さん。気疲れすることもあるが、毎日が充実しているようだ。田川さん自身も家族教室で学んだり、会で知り合った家族の相談を受けたりと忙しい日々を送っている。

4 わたしのひきこもり支援プラン

他者に依存せずに、まず「いま」を認めること

石川憲彦（児童精神科医）

　私はかつては病院で、いまは大学のなかで、たくさんの子どもや若いひとたちとかかわってきました。なかには三十年も家から出ない人とのつきあいもあります。十歳くらいで出会って、そのあとひきこもって手紙だけのつきあいとかね。ただ、家から出ない生活が三十年にもなると、それはそれでもう安定してしまって、その人にとっての一つの生き方になっているんですね。
　もちろん本人からすれば外に出られなかった悔やみはあるだろうし、途中でさまざまな葛藤もあったでしょう。でも、じゃあ出ていたらよかったかというと、私はそうは言い切れないと思うんですね。というのも私が知るかぎり、病気の場合は除いてです

が、十年、二十年ひきこもっていて本当に悔やんでいる人は見当たらないんですよ。そういう人たちはある意味で、自分でいまの状態に納得している。たとえひきこもっていても、私はそうした自己肯定感が持てることが大切だと思っています。ところが外へ出て働いている人がみな自己肯定感を持てているかといえば、そうも言い切れないと思うんですね。
　もちろん私も基本的には出てきてほしいと思っています。でもそれは私にとっての都合なんです。私は医者ですから、プライバシーや人権侵害の問題があって、無理やり家まで押しかけていくわけにいかない。つまり出てきてくれないとその人と関係を持てないんです。私はできればその人と会って直接関

係を結んで、もし問題があれば一緒に考え、一緒に解決に向けてやっていきたいと思っているんです。いまは大学にいて学生たちの相談にのっているので、学校に出て来られない人には、手紙を書いたりメールを送ったり、ときには家まで訪ねていくこともあります。なかには会いには来られるけれど、それ以外は家にいてなにもしていないという人もいます。そういう学生には、その人のためにアルバイトの仕事をつくっておいて手伝わせてみたり、あるいは私が知っている障害者のグループや施設を紹介してボランティアに行ってもらうこともあります。そうすると今までひきこもっていた人が、意外にそこで新しい人生を発見して、すごく積極的に楽しそうにやっているなんてこともあるわけです。

そういう意味では私も「ひきだし屋さん」なんです（笑）。でもそういう働きかけはするけど、無理に出そうとは思わないんですね。おそらく私がやっていることは社会にひきだすことではなくて、その人が社会に対して送ろうとしているメッセージを、いまはとりあえずそのかたちでいいんだよ、と肯定

してあげることなんです。そのメッセージのかたちがダメだなんて言わない。でも、それとちがうかたちと出会って、自分にしっくり合えばそれはもうけものじゃない、という考え方なんです。今まで持っていた関係性や価値観がひろがって、自分にとってもっと納得のできるものになってくれればいいと思っているんです。

私がかかわってきた子どもや学生たちに言ってきたのは、いま生きていることを大切にしたいね、大事にしようね、ということで、かたちにこだわるのはやめようということなんです。いま生きているこ とが大事で、その大事さを続けていくことに意味を感じてひきこもっているなら、私はそれでいいと思うんですね。でももっと大事なことがあると思うなら、「いま」の自分からそれがゆっくり広がっていければいいと思うんです。

だって「社会とのかかわり」なんていうのは、いろいろなかたちがあるわけじゃないですか。たとえば、言葉を発しなくても手紙やメールだってあるし、修行僧なんていうのは無言でいても瞑想や祈りで社

会にかかわろうとしている。労働していたり、人びとのなかにいることだけを「社会とのかかわり」というふうに見てしまうかどうかの問題だと思うんですね。

ひきこもりの人や家族に悩みがあれば、どこに相談に行ってもいいと思うんです。そこへ行って、とにかく「助けて！」と叫べばいいんです。そうすれば、いろいろな手助けする人たちが集まってくる。それしかないと思います。それは結局はどこへ行こうと、病院には病院の、「ひきだし屋さん」には「ひきだし屋さん」の論理しかないからです。ただ病院は、成功例、失敗例を明確にして、それを医学的な基準に照らして公認されるかどうかで判断している。失敗のペナルティもある。医療にはそういうはっきりしたルールがあるんです。

ところが民間の支援団体や親の会、自助グループなどは、なにを目指しているのかはっきりしていないところが多いですし、ルールも明確じゃない。ひきこもりが「治る」というのならまず定義をはっきりさせないといけないはずです。ところがそれもはっきりさせないで、「よくなる」とか「治る」とかいうのは、それはそこの業界内の言葉でしかないんです。そこが医療との差だと思います。ただそれをもって、どっちがいいとかそういう問題じゃない。

だから私は、自分の体質に合うかどうかで決めればいいと思うんですね。どんな団体や機関であろうと行ってみて自分に合っていると思えばそこでいいし、合わなければほかに行けばいいと思うんです。人間なんてひと色じゃないから、医者が合う人もいれば、「ひきだし屋さん」が合う人もいると思うんです。

ただ、どこへ行くにしても大切なのは、こっちがなにをしたら、どうしてくれるのか、きっちり話し合って詰めるべきだと思います。たとえば、「ひきだし屋さん」だったら何％の確率で家からひきだして、できなかったらどう責任を取ってくれるのかというように。親がはっきりさせるとともに、当人がはっきりさせる必要があると思うんですよ。むしろ危険だと思うのは、「○○に行ってうまく

いった」とか「うまくいかなかった」などと、最初から相手に依存してしまっている状態ですね。そもそも親の会や自助グループは自分たちで問題を切り開こうという集まりではないんですから、依存するものじゃないでしょ。

どこにすがるではなくて、とりあえず「いま」の状態を認めていく。つまり「いま」を認めないかぎり、「次ぎ」を認めていくのは難しいと思うんです。どんなに危機的な状況でも、「いま」を認めることからはじめる。だって、死ぬことを考えたらまだ「いま」のほうがいいでしょう。そうやって「いま」を認めたうえで、でもこんなこともあるから、あんなこともできるかなと少しずつ可能性を広げていくことでしかないと思うんですよ。

石川憲彦（いしかわ・のりひこ）
一九四六年神戸市生まれ。主として東大病院で臨床を続けたのち、マルタ大学で二年間研究生活を過ごし、現在、静岡大学保健管理センター所長。障害児や親たちと結成した「医療と教育を考える会」の活動は二十年を越える。著書『子育ての精神医学』（ジャパンマシニスト社）ほか。

子どもには親のサポートが必要。だから、あきらめないで

久田恵（ノンフィクション作家）

私も仕事や子育てを通じて、ずいぶんいろいろなひきこもり当事者や親、そして支援者の方たちにお会いしました。そして、今でもひきこもり体験を持つ若者とのつきあいがあります。

そうした経験のなかで感じたのは、社会が恐い、人が恐い、体験が恐いという子どもたちに、他者との関係で生じる外傷への免疫力をつけさせて、自立へ向けて旅立たせなくてはならない。そのためには、傍らで伴走しながら、あうんの呼吸で今！ という時に子どもを手放せる親としての勘がなによりも求められているような気がするんですよ。

ひきこもりの子どもって、ほかの人がなんなくやっていることにつまづくんですよ。たとえば一人で喫茶店に行って、見知らぬウェートレスのお姉さんに「ジュースください」と注文する。こんな簡単なことだけでも、本人にとってはすごい体験なわけです。

それはやっぱり、思春期に一ヶ月でも二ヶ月もひきこもっていると、その期間がブランクになるからなんですね。ところが、そのブランクが親には見えない。でも考えてみれば、私たちが今なんなくやっていることだって、みんな一つ一つの積み重ねじゃないですか。

十八歳になったら普通はこんなことできるはずだとか、イメージだけで思い込んじゃいけないんですね。子どもが自立していくまでには、目に見えない

82

いくつものプロセスがある。そのハードルを一つ一つ超えていって、はじめて親離れができるんですよ。最初は一センチぐらいのハードルを超えて、次に二センチぐらいのハードルを超える。そういうふうにしてやっと一メートルのハードルが超えられるようになるんですね。

だからそのハードルを超えるときに、見えないところでちょっとだけ手を添えてあげる。そうすると本人は自分で飛べたと思うわけですよ。子育てやほかの親とつきあうなかで、そういうサポートが必要なんだということを実感しましたね。それも一回成功すればいいんですよ。一人で喫茶店に行けた。バイトができた。友だちができた。そういう成功体験を一度経験すれば、問題は一挙に解決してしまうんです。

だからブランクがあれば、それを全部埋めていかないといけない。いきなりABCのDを望んで、それがダメだからといって落ち込んじゃダメ。ちゃんとAから一つずつ駒を進めないと。だから時間がかかるんですよ。その一つ一つをクリアしていくため

以前、ひきこもりの取材をしているときに、ある母親からこんな話を聞かされました。「うちの子は真夜中に、『あのクソばばあ、俺の気持ちなんか全然わからないんだ。翼がない人間に飛べといっても飛べるわけないだろう！』とか親に聞こえるように言っているわけですよ。それを聞いたときに、もし私がそのお母さんだったら、チャンスとばかりに叫ぶと思うんですよ。「あなたに翼はあるのよ！ 飛ぼうとしないだけよ」とか「練習が足りないだけよ」とか、子どもがハッとすることを言ってあげる。だけどそのお母さんは聞こえないようにフトンかぶって寝ちゃったというの。

その時に私、言っちゃった。「耳ふさいで寝ちゃダメよ。起きなきゃ」って。だって、その子は親に聞こえるように言っているわけでしょ。そのお母さんはずっと子どもとコミュニケーションとれなくて

悩んでいるのよ。「もう何もできない」じゃなくて、「まだできるんだ。まだそこには希望があるんだ」ということをメッセージにして子どもに伝えなくちゃダメだと思うんですよ。

親はそういうことを辛抱強くやるしかない。だから疲れますよね、子どもをサポートするって（笑）。でも、そこを頑張るとあとは楽になれるのよ。一番悪いのは親が絶望すること。淀んでいる川のゴミをよけるとザーッと水が流れるように、一つクリアできると一気に流れますよ。子どもの力って、本当に不思議。

それと「ひきこもる」若者や親たちを支援する民間レベルでの活動が、いろいろと試みられるようになってきましたね。私が取材した当事者（体験者）たちの多くも、カウンセラーやさまざまな支援活動の「場」に支えられながら、一歩、二歩と社会へ踏み出していました。

でも、注意しなければならないのは、それぞれの支援活動の主宰者の考え方、方針は決して一様ではないんですね。あるケースには効果があっても、別のケースでは危険という場合もある。カリスマ的な指導者から強烈なメッセージを受けて、教祖に殉じる信徒のようになってしまうこともあります。だから親はいろいろな情報を集めて、支援機関の内容を慎重に見極める必要があると思います。

いずれにせよひきこもるきっかけも、年齢もさまざまです。そういう彼らを「巣立ち」できないでいるヒナ鳥として考えるなら、親鳥としては辛抱強く最後まで「巣立ち」を促すのが務めだと思うんです。そして、やっぱりあきらめなかった親が勝つと思う。

だから、お母さんもお父さんもあきらめないで！ 自分の体験からもぜひそれを伝えたいですね。

久田恵（ひさだ・めぐみ）
一九四七年、北海道室蘭市生まれ。上智大学文学部中退。放送ライター、女性誌ライターなどを経て、『フィリッピーナを愛した男たち』（文藝春秋）で、第二十二回大宅壮一ノンフィクション賞を受賞

84

ひきこもりは無意味じゃない

山下英三郎（日本スクールソーシャルワーク協会会長）

私は、最初は不登校やひきこもりといったことにくわしくなくて、立場上かかわるようになったんですね。一九八六年から所沢市の教育委員会委託の相談員（スクールソーシャルワーカー）として、いろんな子どもとかかわるうちに当時、登校拒否といわれる中学生たちのなかに家のなかにずっとひきこもっている子どもたちがいたんですね。そういう子たちのサポートも必要だろうとかかわりはじめて、私も一番最初はやっぱり外に出たほうがいいんじゃないかと思っていたんです。

ところが実際に子どもたちと会ってみると、子どものほうは家にいたいと思っているし、とても出られるような状況じゃない。たとえ頑張って出てみても疲れてまた閉じこもってしまうんですね。そうやって実際に接してみて、子どもたちのニーズは違うんだなということを実感しましたね。そういう子たちは精神的に余裕がないから、人と会うだけで疲れてしまう。刺激が強すぎるんですね。だから本人が出たいという気持ちになるまでは、周りがいろいろとお膳立てをして家から出したとしても、かえって逆効果じゃないかなと思ったんです。

家から出なくても私と会うことはできる子どもたちはいましたから、会えばなんとなくポツリポツリと話しはじめたり、体を動かしたい子なんかは二人でキャッチボールしたり、バトミントンしたりしていましたね。「ゆくゆくどうするの？」なんて話は

一切しないで、たとえばアニメが好きな子ならアニメの話をしたり、動物が好きな子なら動物の話をしたり、その子の趣味の話をしたりしていました。中学生年齢の子たちですから、中学を卒業する時点では本人自身もどうしたらいいか考えはじめますし、どうしたらいいという話はしませんが、選択肢としてたとえば定時制高校があるよとか、高校に行かなくても大検があるよとか、具体的な情報として伝えることはしていましたね。

もちろんなかには卒業した後にも、まだそうした進路を選ぶ余裕もなくて、家に閉じこもったままの子たちもいました。私も教育委員会の枠のなかで動いていましたので、継続的に家庭訪問するようなことはできなかったので、そういう子たちに対しては、私の知っている若い人たちにサポートを頼んだりしていました。外に出るとかそういうことじゃなくて、人が生きていくなかで人間関係というのは欠かせないことだと思うんですね。せっかく私と人間関係ができたのだから、これからもその子たちを受け入れてくれる「いい人間関係」を持ってほしいと思った

からです。それで、定期的に会ってもらうようなことはずいぶんやってきました。

その子たちのその後ですか？　私がかかわった子たちでいまだにひきこもっている子はいませんね（笑）。長い子で六〜七年間ひきこもっていた子とついこ先週も六年間ひきこもっていた子と話していたんですけどね。

その子が言うには、「まわりの大人は自分が一番気にしていることを言う」というんですね。出たいと思っているし、なんとかしたいと思って苦しんでいるのに、大人にこのままじゃいけないんじゃないかとか言われて、「すごくウザったかった」と言ってましたけどね。

その子が出たきっかけですか？　なんかある日ふと、おじいちゃんに会いたくなって「おじいちゃんに会いに行く」と言って家を出たというんですね（笑）。それと中学からずっとひきこもっていて、二十歳になったというのもきっかけだったのかもしれないですけどね。

ただ、私がかかわった子たちで、不登校からひき

こもりになった子たちは非常に少ないですね。つまり不登校からひきこもりになる人もいるし、学校は行ったけれど社会に出てひきこもる人もいる。それはもうさまざまですよね。今や文部科学省でさえ「すべての子は不登校になる可能性がある」と言っているように、私は「すべての人がひきこもりになる可能性がある」と思うんです。「不登校だから即ひきこもり」という考え方は、逆に言えば「自分はひきこもりにならない」ということを想定しているわけです。でもいまは誰だって孤立しているし、誰だってありえることだと思うんです。

でも、それは不安をかきたてるために言っているのではなくて、誰でもあることなんだけど、だからといってたいしたことじゃないんだよ、と私は言いたいですね。要するにひきこもりをたいしたことにしてしまう、深刻な問題にしてしまうのは、「ひきこもりは悪い」という価値観ですよね。

「二十五、六歳になったら社会に出て自分で稼がないといけない」という価値観はものすごく強いですよね。だから、ひきこもっている当事者は周りから

のプレッシャーでものすごく辛い。だからますます落ち込んでいって、身動きがとれなくなっていると思うんです。

でも、ひきこもりをしていたって、その人たちはちゃんと生きているわけだし、社会にも迷惑をかけていないと思うんです。その人に税金をたくさん投入しているというわけでもないし、個人として経済的に自立していなくても家族が自立しているなかでひきこもっているわけですから。家族という単位のなかでやりくりしていることを、第三者がそのやり方はおかしいと決めつけるほうがおかしいと思いますよね。

人はみな仕事をしてお金を稼ぐことがいいことだという幻想がものすごく強いですよね。でもそんなことといったら、障害をかかえた人とか高齢者の人たちなんか生きていけないですよ。経済的に自立できないし、実際に仕事もないわけですから。もちろんひきこもりと障害は違うという人もいますが、でも考え方としてはすべての人がお金を稼がないといけないとすれば、それができない人たちはこの世のな

かで居場所をなくしてしまいますからね。ひきこもっている状態というのはその人にとって切実なんですよね。ひきこもらざるをえないわけでしょ。

もちろん、ひきこもりの子どもを持った親御さんが不安になるのはしかたないと思うんですよ。ただ一つ考えてほしいのは、そこに子どもが現実に存在している事実はなにものにもかえがたいということです。生物的にいえば立派に自立しているわけです。つまり自立していない人間なんていないはずなんです。それを社会の状況によって、経済的に自立していないとダメだと言ったりしているだけなんです。

つまり自立の姿はいろいろあるんだということをまず知ってほしい。いまその状態がその人にとって意味のあることで、ひきこもっていることは無意味なことでないんです。ところがその状態を否定するから、どんどん本人が自分を追い込んでいってしまう。そうではなくて、その状態をサポートするという発想をもってほしいんですよね。

ついこの間も講演会で「うちの子が二十五歳でひきこもっていて、私が死んだら……」という親御さ

んからの相談を受けたんですけど、自分が死んだあとのことを心配してもしょうがないですよ（笑）。将来なんていい意味でも悪い意味でも自分の希望どおりにはならないんですから。将来のことを過度に心配しても意味がないですよ。

なによりも大事なことは、一日一日を当人といい関係をつくっていくことだと思うんですよね。そうやっていい関係を積み重ねることが、その人の将来につながっていくと思うんです。たとえば、親が死んでその人が動かざるをえなくなったときに、きっとそれまでの「いい関係」というのが、その人が動くエネルギーになっていくと思うんですよね。

山下英三郎（やました・えいざぶろう）
一九四六年長崎市生まれ。米ユタ大学院にてソーシャルワークを学び、帰国後、スクールソーシャルワークの第一人者として活動。主に不登校の子どもたちへの訪問相談活動を続ける。日本社会事業大学社会事業研究所助教授、フリースペース「BAKU」共同主宰。

自分の物語をこじつけて作りあげても明日にはつながらない

滝本竜彦（作家）

僕が最初の小説でデビューしたのは一年半前の二十一歳のときですが、それは同時にひきこもりとしての生活がもっとも煮詰まってきていた時期でもあるんです。

大学の一年生の中頃からだんだん休みがちになり、気がつくとどう考えても卒業できないというところへ来ていました。ひきこもる日数が増えれば増えるほど、外には出られなくなり、三年のときにはもうまったく外へは出られなくなっていました。友達もほとんどいなかったので、だれともしゃべらず、できるだけ自分の将来は考えないようにして生きていました。二作目のひきこもりの青年を主人公にした『NHKにようこそ！』の内容通り、一日十六時間は眠ってるという感じでした。

北海道の実家にいる両親には「毎日まじめに大学に通っているよ」と大嘘をついていたのですが、三年で限界が訪れまして、四年生になる前に中退しました。「大学辞めて小説家になるから大丈夫」と、なんの見通しもない夢みたいな言葉で親に言い訳したら、あまりの情けなさに泣かれてしまいましたね（笑）。

僕の場合、親子の関係は日本でもトップクラスにいい関係なんです。家庭に問題はないんですよね。勉強しろと言われたこともない。だから、僕がひきこもりになった外的な要因というのは見当たらないんです。たいていの人はですね、親との関係が原因

なのではないかとか、学校でのことが原因なのではないかとか、どんどん考えてしまうのだと思うのですが、最終的にはけっきょく自分のせいなのだというところまでいってしまう。わかりやすい原因はないことが多いと思う。『NHKにようこそ！』で書いた「正体不明の悪の巨大組織」はやはり正体不明なんです。

自分の物語って、こじつけることができちゃうじゃないですか。家族や社会や生い立ちにトラウマがあるというふうに他の人との差を求めると、ひきこもりのループから永遠に脱け出せなくなってしまう気がするんですよ。だって、外に出ることのできる普通の人たちだってトラウマとかつらいこととかいろいろあるでしょう。でも、彼らは外に出ている。内面的な難しいことばかり考えていても、明日にはつながらない。あまり考えない方がいいですよ。

それより、ひきこもりの人は、まず生活リズムです（笑）。体を鍛えましょう。体がだめになっちゃうと心もとことんだめになる。僕は内面的に深めてゆくより、物理的な方法で生活を立て直すことが優

先だと思います。朝、ちゃんと起きて、夜は早く寝る。ネットで友達作って話もしよう。

でも、本当はパソコン捨てた方がいいのかも知れません。パソコンがあれば死ぬまでひきこもっていられるから。映画もテレビも音楽もどんな情報だってパソコンがあれば得られてしまうでしょう。いまや女の子だって、現実世界よりパソコンの中の方がすてきな子がいて、もうあらゆる欲望が満たせるんです。全能なんですよね。まあ、僕がパソコン取り上げられたらものすごく暴れちゃうとは思いますが（笑）。

「世界一のサッカー選手になりたい」などと無茶な夢を語る小学生がいますが、僕も同じノリで、十二歳頃から小説家になりたいと考えていました。もちろん頭のなかで空想するだけで、実際には何の努力もしません。本当に書き出したのは、二十歳をすぎて、ひきこもり生活を始めてからです。精神的に追いつめられたから書けたのかもしれません。書くことは現実逃避にもなるので。ただひきこもっているとは、書いているだけで何か意味のあることをや

っているような錯覚に浸れるし。ただのひきこもりじゃないぞ、僕は創造活動をしてるんだぞと（笑）。けれど、本が出たからといっても僕の生活は変わりません。僕はいまでもひきこもりがちです。やっぱり外に出るのは面倒です。こうして小説を書いて少しはお金をもらえるようになっても、部屋の中にいるのが一番楽で落ち着きます。月に一回くらいはこうして電車に乗ったりして外へ出ますが、それ以外はむしろ学生時代の方がまだ大学を卒業して就職という感じですね。友人もみな大学を卒業して就職しているので、なかなか会う機会もないし。

ただ、外へ出るのは以前よりは苦痛ではなくなったかな。そろそろ外に出て働こうかなんて思うようになりました。やはりずっと部屋にこもっているとさすがにイヤになってきて。人間らしい生活がわからなくなってきって。フリーターというかアルバイトをしたいなとは思っています。ひきこもっていても小説を一応書いているので仕事をしているといいはることはできるんですが、このままひきこもっていては早々に小説も書けなくな

るなと。まずネタがなくなりますし、生身の人間っていうのがどういうものか忘れてしまう。ひきこもりについて僕が書けることは、『ＮＨＫにようこそ！』で書き尽くしました。主人公が作者によく似たダメ人間だったので、一行書き進めるびに赤面しました。かなり恥ずかしい、苦痛を伴う執筆作業でしたが、物語の面白さとひきこもり生活のリアルさをギリギリのところで両立できたと思います。手持ちのネタも全部使い切ってしまったので、これ以上部屋にこもっていても、新しいことは何も生まれそうにないですね。

一日でもひきこもりが長くなれば長くなるほど脱出は難しくなると思うんです。デフレスパイラルならぬひきこもりスパイラルですか。どうやって外に出ればいいのかわからなくなる。でも、外に出た方がつらいことも楽しいこともある。生々しい人の感情がつらい。そういうのがいやだからひきこもるのだけれど、小説の主人公も立派に成長したので、作者の生活もそろそろ改めるべきなのかなと、最近はそんなことも考えています。

滝本竜彦（たきもと・たつひこ）
一九七八年北海道生まれ。ひきこもりから大学中退。『ネガティブ・ハッピー・チェーンソーエッヂ』で第五回角川学園小説大賞特別賞を受賞し、デビュー。二作目に自らのひきこもり体験をモチーフにした『NHKにようこそ！』（角川書店）がある。NHKとは日本ひきこもり協会の略。現在五刷の話題作。二〇〇二年秋には三作目を発表予定。

5 国や行政が行なっているひきこもり支援

どんな施策があるのか？

NPO、市民グループ、カウンセラー、医療機関など、民間による「ひきこもり」支援の動きは、近年急速に高まってきているが、地域によっては身近に民間の相談機関がない、あるいは費用などの面で、民間団体（個人）には相談しにくいといった現状もある。

実際に、「KHJ親の会」の調査（二〇〇〇年八月現在）では、「相談に行った機関」として病院の七十八件に次いで、保健所（三十九件）、県精神保健福祉センター（三十六件）が多く、警察（十三件）、市役所・県庁（十一件）などとともに、公的機関への相談がかなりの割合を占めていることがわかる。（社）青少年健康センターが行なった「保健所・精神保健福祉センターを対象にした『ひきこもり』の全国調査結果」（二〇〇〇年）でも、調査前一年間に「ひきこもり」の相談を受けたことのある機関は、八十三％にのぼっている。こうした現状や

「ひきこもり」に対する社会的な関心が高まるにつれて、行政もようやく本格的な「ひきこもり」への対応に動きだしている。

もっとも厚生労働省では、九一年（平成三年）度から全国の児童相談所を窓口にして「ひきこもり等児童福祉対策事業」を行なってきた。また、各県の精神保健福祉センターなどでも実際に「ひきこもり」の相談も受けてきたという現状がある。

ただ、児童相談所では十八歳以上は対象外であったり、ひきこもりの定義などもまちまちで、ほかの心の病気を抱えた人との区別なども含めて、「適正な対処方法がわからなかった」というのが現場の実情だったようだ。

たとえば、臨床教育研究所「虹」（尾木直樹所長）がKHJの参加者に行なったアンケート（二〇〇二年一～二月）でも、相談機関（公的機関に限らない）や医療機関などで受けた対応で「嫌だ」「つらい」と感じたことがある、と答えた家族は三十一％いた。その理由として、「母親の育て方が悪いと言われた」「本人を受診させられないことを理解して

5 国や行政が行なっているひきこもり支援

もらえない」「『怠け』と決めつけている」などが挙げられている。

厚生労働省では、二〇〇一年五月に厚生科学研究事業研究班の作成した「社会的ひきこもり」対応ガイドライン(暫定版)を全国の精神保健福祉センターや保健所、児童相談所などに約二万部配布し、成人や当事者以外の家族も含めた対応など相談の充実をはかった。「ガイドライン」では、「ひきこもりは誰にでもおきうる事態」「『なまけ』や『反抗』ではない」として、「治療」ではなく「地域においてまずできることは何か」を力点に置いている。

そのうえで、ひきこもりを抱える家族は社会的に孤立しがちであると指摘。「親の育ての仕方や家庭環境などが原因とはきめつけない」などとして、ひきこもりの援助に際しては、本人のみならず家族自身が困難を抱えた相談の主体であり、支援の対象である、まず家族の支援を第一に行なっていくことが重要であるとしている。というようにこの「ガイドライン」では、家族援助の重要性が強調されており、これまでの本人中心の援助から一歩踏み出した新た

な援助体制を提言している。

ほかにも「相談のなかで家族の罪悪感や無力感を解きほぐす」「(本人が来所できたら)まずはねぎらう」など、具体的な対応法も示されている。

さらには、二〇〇一年(平成十三年)度から思春期精神保健に関する専門家の養成研修を実施している。これは、精神保健福祉センター、児童相談所、保健所、病院などに勤務している医師、保健師、看護師、精神保健福祉士などを対象として行なっているもので、すでに東京・大阪で二回ずつ開催し、のべ四五〇人が参加した。

また、同じく二〇〇一年(平成十三年)度から「思春期精神保健ケースマネジメントモデル事業」も実施している。精神保健福祉センター、児童相談所をはじめ、教育機関や警察などの関係機関が連携をとりつつ、専門家チームを編成して、発見、相談から指導、解決まで総合的な対応を行なうというモデル事業で、千葉、埼玉、東京、愛知、広島、岡山、山口の七都県で実施されている。

ただし、こうしたさまざまな施策がひきこもり相

談者に対して具体的にどのような効果をあげているかについては、厚生労働省では「いまはまだ調査中の段階」(障害保健福祉部精神保健福祉課)と話す。またガイドラインの配布などによって、「ひきこもりの相談に応じない精神保健福祉センターや保健所はあってはならないはず」「ほかの精神障害者同様、ひきこもり本人への訪問相談も行なっているとしているが、実際には相談者から「対応が悪い」という声が寄せられることもあり、その都度指導しているという。また、各機関で具体的にどのような対応策がとられているかについても、地域性や職員の意識や努力などによって、「バラつきがある」ことも認めている。

(社)青少年健康センターが行なった「保健所・精神保健福祉センターを対象にした『ひきこもり』の全国調査結果」(二〇〇〇年)では、「ひきこもりを対象としたデイケア・グループ活動を行なっている」と答えた保健所は六カ所、精神保健福祉センターでは十二カ所のみ。

たしかに全国の精神保健福祉センターのホームペ

ージなどを見ても、「ひきこもり」への対応をはっきりと打ち出し、グループカウンセリングなど、積極的に支援活動を行なっているセンターもあれば、どんな対応をしているのかよくわからない所もある。

たとえば、北海道立精神保健福祉総合センター、神奈川県立精神保健福祉センターでは、当事者のための青年グループカウンセリングを行なっているし、北海道、神奈川、広島、熊本の各センターでは家族会、親の会などを組織している。また、山形、熊本ではデイケアなどを行なっているようだ。

ほかにも、横浜市の泉保健所では、親のための「家族教室」、青年グループの活動。埼玉県の鴻巣保健所でも親の会がある。さらに、神奈川県中央児童相談所や岐阜県子ども相談センターではメンタルフレンド派遣、珍しいところでは広島市教育委員会がひきこもりの中学生を対象にふれあい訪問事業などを行なっている。

もっともホームページを開設していないセンターもあるので、ほかにもさまざまな支援活動が行なわ

5 国や行政が行なっているひきこもり支援

れているのかもしれないし、また「活動している」といっても実際にどの程度ひきこもり当事者や家族にとって有効性をもって活動されているかはわからない部分も多い。このあたりについては、モデル事業の事業成果なども盛り込んだかたちで、二〇〇二年度か二〇〇三年度には「正式」なガイドラインが研究班から発表されるという。

ただ、本書の「ひきこもり支援団体ガイド」でも詳しく触れているが、実際に精神保健福祉センターや保健所などの公的機関がどのような対応や支援をしてくれるのかは、官製の情報を鵜のみにせずに当事者や家族がなるべく直接出向いて、自分の目や耳で確認してほしい。職員の対応や支援の内容、場(会)の雰囲気なども考慮しながら利用したい。本人(子ども)の気持ちなども考慮しながら利用したい。

なお、現在のガイドラインは「暫定版」ということもあって、厚生労働省のホームページには掲載されていないが、希望すれば一般の人でも入手することができる(問い合わせ先は、同省障害保健福祉部精神保健福祉課。国立精神・神経センター精神保健

研究所のホームページ、http://www.ncnp-k.go.jp/division/rehab/sw-guideline.htm でも読める)。

さらに厚生労働省では、ひきこもりの就労支援として「若年者トライアル雇用事業」の活用を呼びかけている。これはハローワークが推薦・紹介する若年者を事業主に三カ月までの短期間、試行的に雇ってもらい、その間に実務能力を高めて「自立」へのステップとしてもらうというもの。企業が該当の若者を雇用した場合に、公共職業安定所から一人一カ月について五万円が支給される。なおこの制度は、NPOでも要件(過去六カ月内に労働者の解雇を行なっていない、労働保険の一般保険料を滞納していない等)を満たせば利用できる。

もともとは大学や高校を卒業しても就職先が決らない未就職者・転職者などの若年失業者や、フリーターなどの増加に伴って施策された制度だったが、二〇〇二年四月に大阪で行なわれた「雇用創出タウンミーティング」で、ひきこもりの支援に取り組む市民団体から出された提案をもとに厚生労働省と話し合うなかから、この制度をひきこもりの就労支援

に活用してもらおうということになった。

ひきこもりから立ち直って就職しようとしても仕事がなく、再びひきこもってしまう例が少なくないという。こうした制度を利用することで、就労を希望する人の機会が増えることは歓迎できる。ただし、この制度が実効性を持つためには、経営者や企業などに「ひきこもり」への理解が求められる。今後の関係者の努力と理解に期待がかかる。

なお、この「トライアル雇用」への問い合わせは、同省職業安定局業務指導課まで。パンフレットなどは、各地のハローワークで入手できる。

いずれにせよ行政によるひきこもり支援はようやく始まったばかりだ。多くを期待してもうまく改善に結びつかない場合もある（それは民間団体や医療機関も同様だが）。その支援内容や制度をよく見きわめながら、あくまでも問題解決のための一つの選択肢としてアクセスしてみてほしい。

○厚生労働省　〒100-8916　東京都千代田区霞が関1-2-2
電話　03-5253-1111（代表）

政治家たちの取り組みは？

社会的な関心の高まりや親の会などの働きかけによって、政治家の間でも少しずつだが「ひきこもり」問題への取り組みが始まっているようだ。そのなかでも、有志の国会議員による「ひきこもり勉強会」を呼びかけ、国会議員などとともに厚生労働省への要望を行なうなど、積極的にこの問題に取り組んでいる土屋品子衆議院議員に話を聞いた。

――「ひきこもり」問題に取り組むようになったきっかけは？

私がホストを務めるテレビ番組「品子のさわやかストーリー」（テレビ埼玉・二〇〇一年一月七日放送分）に、「全国ひきこもりKHJ親の会」代表の奥山雅久さんが出演してくださったんです。じつは私もそれまでは、「ひきこもり」の問題についてそ

5 国や行政が行なっているひきこもり支援

れほど深刻に考えていなくて、「家庭の教育が悪いんじゃないか」という程度にしか思っていなかったんですね。ところが奥山さんを通じていろいろなひきこもりの家族や当事者の方たちとおつきあいを続けていくうちに、これはとても一家族で解決できる問題ではないと思い始めたんです。それに厚生労働省の国会議員に「ひきこもりって知ってる？」と声をかけてみると、ほとんどの人が「なにそれっ？」って知らないんですね。それに厚生労働省に聞いてみても、どうも省内に〝受け皿〟がない。これは省を動かす前に、議員がこの問題について認識がなければ省も動かないだろうと思って、勉強会を呼びかけたんです。

——勉強会（二〇〇一年二月二十二日）の様子はどうでしたか？

自民党の園田博之先生などに呼びかけ人になっていただいて、全議員に呼びかけたんですけど六十六人の先生方に集まっていただきました。それで議員の間でもひきこもりに対する関心が少しずつ高まっていることはわかったんですけど、実際に勉強会を

やったら興味はあっても中身はわからないという状態だったんです。そのときも奥山さんやKHJの家族の方たちに来ていただきましたが、話を聞いて「びっくりした」と言う議員の方もいました。

——勉強会の成果は？

参加された議員のみなさんの間では「これは社会問題である」という認識はできたと思います。それで、勉強の内容をもとにそのあと呼びかけ人の先生方に集まっていただいて、厚生労働省と話し合いをもちました。そのときも、ひきこもり問題に対応できる情報の整備や専門家の養成などのいくつか要望を出したのですが、そのなかでもとにかく「ガイドライン」をきちんとつくってくださいとお願いしました。当初は「ガイドライン」は三年かけて作成するはずだったんですが、私たちが「それでは遅過ぎる」とひと押ししたことで暫定版ができてきたんです。

——土屋さんから見て厚生労働省の動きは？

やっと動きだしたという感じですね。どうも不登校の延長ととらえて、「ひきこもり」に対して前向

きに取り組んでこなかったという印象があります。私も国会質問などで「ひきこもり」問題を取り上げて、厚生労働省だけでなく、文部科学省、総務省といった横の連携が不可欠だと訴えたのですが、どうも反応は鈍いですね。

——現在の施策の問題点は？

どうしても成人の部分の対応が遅れているという感じがします。たとえば、「思春期精神保健ケースマネジメントモデル事業」にしても思春期が対象なんです。ですから私はこの事業も大切だけど、さらに成人のひきこもりへの対応をお願いしているんです。

——各都道府県の関係機関での実際の対応は？

私が見るかぎりでは、もう厚生労働省がどうこうというよりも、各都道府県の対応に任せているんじゃないでしょうか。まだ、正式なガイドラインもつくられていない状態ですから、省が各都道府県に対してこうしなさいというのはないと思いますよね。ですから私は県に対しては、私の場合は埼玉県ですが、いろいろと対策をお願いしています。それ

で「ひきこもり庁内連絡会議ネットワーク」という連携組織もできました。ただ、本来ならひきこもり本人に社会復帰をするための経験を積ませる「中間施設」のようなものをつくりたいのですが、なかなかそこまでは予算などの問題もあって難しいですね。

——政治家の役割は？

国会議員の先生方にお願いしたいのは、ご自分の出身県で行政や県議会議員などに働きかけてほしいということですね。それでお互いに情報交換をして、そのなかで「県が何かするにしても厚生労働省が動かなければできないじゃないか」という話になれば、そこから私たちの仕事になるんじゃないかと思うんですね。

（二〇〇二年五月九日・国会事務所にて）

土屋品子（つちや・しなこ）
衆議院議員（自由民主党）。一九五二年埼玉県生まれ。

映像作品では、まず実際のひきこもり青年を主役に置いた**『青の塔』**（坂口香津美監督）［問合せ：スーパーサウルス　TEL 03-3551-5530　http://www.supersaurus.jp］がある。妹を亡くした罪の意識でひきこもってしまった青年が、ある少女との出会いをきっかけに一歩を踏み出すという物語。母親とのコミュニケーションも断ち、昼夜逆転でミジンコの世話をするという設定がリアルで、海外の映画祭でも評判をとった。
　しかし、やはり「現実」の迫力にはかなわない。日本映画学校の卒業作品として制作されたという『home』（小林貴裕監督）［問合せ：ボックスオフィス　TEL 03-5389-5571　http://www.mmjp.or.jp/BOX/home/］は、監督自身のひきこもる実兄と家族の問題を真正面からとらえた作品。
　兄の暴力ですっかり心身のバランスを崩した母、家を捨てた父、まったく何も知らされていない祖母。問題を解決するために、監督自身がカメラを持って家族のなかに飛び込み、兄の閉ざされた部屋に足を踏み入れる……という驚愕の家族ドキュメンタリー。二本ともまだビデオ化されていないが、機会があればご覧いただきたい。

ひきこもり関連ブックガイド

などを読むと、各地の保健婦や精神保健に関わる人たちが、どのようにひきこもりと向き合い、支援に取り組もうとしているかがわかる。

　また、地域限定ではあるが、神奈川県社会福祉協議会／神奈川ボランティアセンターが作成した『**思春期サポートガイドブック**』は、公的機関だけではなく市民活動も含めたひきこもりの支援組織を紹介している。今後は行政と市民（民間）がいい意味での協力関係を結び、こうした情報公開を広げていくことに期待したい。

　ちなみに文部科学省でも『**思春期の子どもと向き合うために**』という冊子を発行しているが、こちらは公的相談機関のみリストを付している。

小説・映像などに描かれたひきこもり

　最後に、ひきこもりの心情・気持ちを理解するうえで参考になるかもしれないので、ノンフィクションを含めた作品も紹介しておく。
　『**NHKにようこそ！**』（滝本竜彦著・角川書店）は、自身が「ひきこもり中」だという若い著者（本書89ページ参照）によるポップな小説。「NHK」とは「日本ひきこもり協会」の略で、大学中退後四年間アパートにひきこもっているという主人公が、この実在しないNHKとの闘いに神経をすり減らすというもので、ひきこもり青年の生活描写などがリアル。
　「しんぶん赤旗」に連載中から反響の大きかった『**稲の旋律**』（旭爪あかね著・新日本出版社）は、人とのかかわりにおびえる若い女性が農業との関わりのなかで、少しずつ心を開いていくというもの。農家の男性との往復書簡という形式で、小説としても読みごたえがある。
　『**共生虫**』（村上龍著・講談社）、『**コンセント**』.（田口ランディ著・幻冬舎）もともにひきこもりをテーマに大きな話題を呼んだ小説。前者はひきこもりの主人公ウエハラがネット社会で覚醒し、次第に現実と虚構の見境がつかなくなって、暴走していくという物語。後者はひきこもりのまま餓死した兄の死の謎を追う女性が、次第に自分の内面世界に入っていくというストーリーが展開する。
　ただし、前者はどちらかというとひきこもりよりもネット社会が主要なテーマ。むしろ、本作をめぐってネットで交わされたさまざまな議論・意見を一冊にまとめた『**共生虫ドットコム**』（村上龍＋Kyouseichu.com 制作班・講談社）のほうが参考になるかも。

なわれている訪問活動を紹介した一冊。

医療者、カウンセラー、公的機関のかかわり

　精神科医、心理療法士、カウンセラーなど「治療」する側からも、さまざまな発言が聞かれるようになってきた。
　冒頭に挙げた『社会的ひきこもり』はその代表的なものだが、斎藤氏はさらに同書を発展させたかたちで、「ひきこもり」に関するさまざまな疑問にＱ＆Ａ形式で答えた『「ひきこもり」救出マニュアル』（ＰＨＰ研究所）を上梓している。500頁にわたって「ひきこもり」にまつわる、およそ想定できるさまざまな疑問や悩みに答える斎藤氏だが、あくまでも本書は氏による個人的な見解集であることも忘れてはならない。なお本書では、一部から批判された「ひきこもりは治療されるべき」という「べき論」は後退している。
　やはり精神科医の内田千代子氏の『ひきこもりカルテ』（法研）や心理療法士の田中千穂氏の『ひきこもり―「対話する関係」をとり戻すために―』（サイエンス社）、『ひきこもりの家族関係』（講談社）からは当事者に寄り添う気持ちが伝わってくる。ただ、事例も多く読みやすいものの、いずれも医療者・カウンセラーとしてどのような治療・対応をしているかについてはあまり触れてない。むしろカウンセラーとしての素直な心情を綴った『「ひきこもり」たい気持ち』（梶原千遠著・角川書店）などのほうが、カウンセリング現場の「雰囲気」を知るうえで参考になるかもしれない。
　また、『現代のエスプリ403　ひきこもり』（武藤清栄・渡辺健編・至文堂）はやや専門的な内容だが、さまざまな発言者、医療治療者の立場から、ひきこもりがどのように問題にされ、対処されてきたかがわかる。「こころの臨床」（20巻2号）の特集を一冊にまとめた『ひきこもる思春期』（斎藤環編・星和出版）も、精神医療従事者が果たすべき役割など、多領域からの提言をまとめたもの。
　一方で、北海道精神保健福祉センターで青年グループの運営などを実践している蔵本信比古氏（臨床心理士）の『引きこもりと向き合う　その理解と実践的プロセス』（金剛出版）は、おそらく「支援者」向けに書かれたものだろうが、豊富な事例や臨床経験から一般読者にも読みやすい。
　「現場」といえば、『保健婦雑誌』2002年2月号の特集「ひきこもりとその対策」（医学書院）や「REVIEW」22号（精神障害者社会復帰促進センター）

ひきこもり関連ブックガイド

支援活動の現場から

今度は支援する側（民間団体・個人）の視点で。

『**おーい　ひきこもり**』（工藤定次＋スタジオ・ポット著・ポット出版）は、東京・福生にある「タメ塾」（現・青少年自立援助センター）の活動を知りたい方におすすめ。代表の工藤氏の考え方から、家庭訪問、塾生、スタッフ、宿泊施設、就労支援まで、活動の全容がわかる。ただし刊行（1997年）から月日も経ち、現在はさらに塾生を増やしNPO法人となって活動も多岐にわたっているので、その点留意が必要。

その工藤氏と斎藤環氏が、民間支援と医療者の立場から、体験にもとづいて、意見・情報を交わし合ったのが、『**激論！ひきこもり**』（工藤定次・斎藤環著・ポット出版）。それぞれの支援の方法の違いや、ほかの支援団体の活動などもわかり、ひきこもりを取り巻く状況を理解するうえでも有用。

『**引きこもり生還記**』（池上正樹著・小学館）も、ひきこもり問題の現状をルポしたものだが、支援活動、とくにKHJ親の会の活動に頁数を割いている。同会の活動を知りたい方はぜひ。ただ、同会もまたこの作品の記されている時点から、活動の幅を大きく広げている。

先にも挙げた富田富士也氏も、ひきこもりの民間支援ではパイオニア的な存在で、信奉者も多い。1992年に刊行された『**引きこもりからの旅立ち**』（ハート出版／2000年に『**新・引きこもりからの旅立ち**』として増補改訂）を皮きりに、その後この「旅立ち」はシリーズ化され、『**言ってはいけない親のひと言**』『**心のサインを見逃すな**』『**子どもが変わる父のひと言**』など、主に親（家族）の対応をテーマに数多く著作を持つ。手にするならまず『**新・引きこもり〜**』あたりから。最新刊の『**「引きこもり」から、どうぬけだすか**』（講談社）は新書判。

非行や不登校、ひきこもりの子どもや青年たちが共同生活、農業体験などを通して「自立」を獲得していく「ピースフルハウスはぐれ雲」（富山）で起こった実際の物語を作家の目で描いたのが『**ドラマチック・チルドレン**』（乃南アサ著・新潮文庫）。ここにはひきこもりの寮生の姿は描かれていないが、活動（支援）の様子は十分うかがえる。

また、『**こんにちはメンタルフレンド**』（長谷川博一著・日本評論社）は、なかなかその実態が見えにくいひきこもりの不登校児（子ども）を対象に行

当事者からのメッセージ

　次にひきこもり当事者たちの生の声が収められている本を紹介したい。
　『**私がひきこもった理由**』（田辺裕取材・文、ブックマン社編・ブックマン社）は、ひきこもり経験のある15人のインタビューをまとめたもの。この本を読むと、ひきこもりの原因も、経過も、立ち直りのきっかけもじつにさまざまで、改めてその多様性に驚かされる。当事者・経験者の肉声だけに説得力があり、彼（彼女）らがどんな「支援」を求めているかを知るうえでも参考になる。
　『**ひきこもりカレンダー**』（勝山実著・文春ネスコ）と『**「ひきこもり」だった僕から**』（上山和樹著・講談社）は、当事者自身による書き下ろしで、体験者にしか語りえない葛藤と彷徨の記録といえる。とくに後者は、著者自身の焦燥、劣等（優越）感、諦めなど、嵐のように揺れ動く気持ちが綴られ、当事者の内面がズシリと伝わってくる。両親が統一教会信者という家庭に育ち、不登校→ひきこもりと経験した著者による『**「人を好きになってはいけない」といわれて**』（大沼安正著・講談社）も凄まじい内容。
　『**僕らが働く理由、働かない理由、働けない理由**』（稲泉連著・文藝春秋）は、「ひきこもり」の背景にある若者たちの労働観をうかがい知る意味で参考になるだろう。第5章に収められた「引きこもりからの脱出」は、同世代の著者がその内面に迫ったルポ。
　同様に、純粋なひきこもりというより、ひきこもりもどきの若者たちにインタビューした『**俺たち「ひきこもり」なのかな？　みんな、どうなん？**』（川口漕人著・ビイング・ネット・プレス）では、自室にひきこもって音楽制作に没頭する「生産的」なひきこもり像などが紹介されている。
　むしろ、ひきこもりの当事者の声がストレートに聞けるという意味では、月刊誌『Hiki ♥ Com'i』（子どもと教育社）が読み応えがある。「個人メッセージ」などに、ひきこもり肯定論から友だち募集まで、また十代から高齢者までさまざまな人たちの意見、体験がずらりと並び、改めてこの問題の深さを知る。

なく、社会全体の問題であるとして「社会的ひきこもり」という概念を示した『**社会的ひきこもり—終わらない思春期—**』(斎藤環著・ＰＨＰ研究所)は、やはり「ひきこもり」問題を考えるときに最初に読んでおきたい一冊。

第一部「いま何が起こっているか——理論編」で、ひきこもりの現状から背景、問題点を示し、第二部では「『社会的ひきこもり』とどう向き合うか——実践編」として、「家族の基本的な心構え」や（医療者の立場からの）「治療の全体の流れ」など、具体的な支援の方法や実践が詳しく書かれている。また新書版なので手軽で読みやすい。

朝日新聞に連載されて大きな反響を呼んだ記事をもとにまとめた『**引きこもる若者たち**』(塩倉裕著・朝日文庫　＊親本はビレッジセンター出版局)は、ひきこもりの現状をマクロにかつ細やかに捉えたルポ。ひきこもり当事者、家族のインタビュー、自助サークルや支援団体による活動なども紹介されてひきこもり問題の全体像がつかめる。

『**ひきこもり「知る語る考える」**』（ポット出版）は、当事者、家族、支援者、研究者などさまざまな立場の人たちの発言がつまった雑誌スタイルの一冊。当事者たちによる座談会や家族の手記、インタビュー、支援団体による家庭訪問の同行記、アンケートなど雑多な内容だが、充実した一冊。

ほかに、ひきこもり問題を俯瞰できるものとして、『**若者たちの社会的ひきこもり**』(山田博監修・㈳家庭問題情報センター編著・日本加除出版)がある。ひきこもりに関連するさまざまな疑問や問題を同センターのカウンセラーをはじめ、家裁調査官、精神科医など現場の多彩な人たちがＱ＆Ａ形式で回答している。断定的な記述のなかには首を傾げたくなる部分があったり、相談先を精神保健福祉センターなど公的機関に限っているなど不満はあるが、ひきこもり問題を多角的にとらえていて参考になる。

民間・個人の立場でひきこもり問題に関わってきた富田富士也氏による『**引きこもりと登校拒否・就職拒否、いじめ**』（ハート出版）も、やはりＱ＆Ａ形式で読みやすい一冊。

一方、ひきこもり問題のクローズアップや治療の必要性を説く書籍が多いなかで、ひきこもり肯定論、治療否定論ともいうべき論調があることも忘れてはならない。代表的なものに評論家・芹沢俊介氏による『**引きこもるという情熱**』（雲母書房）や、精神科医・高木俊介氏が編んだ『**メンタルヘルス・ライブラリー７　ひきこもり**』（批評社）などがある。

ひきこもり関連ブックガイド

　数年前まで「ひきこもり」問題に関する情報は極端に少なかった。現在のように頻繁にマスコミで「ひきこもり」が取り上げられることもなかったし、関連の書籍なども数えるほどしか出版されていなかった。ところがここ数年、「ひきこもり」が社会的な関心を集めるにしたがって、支援する側や精神科医や治療者の立場から、あるいはまた、ひきこもり当事者や家族の側からなど、さまざまな本や雑誌、関連資料などが次々に刊行されるようになった。
　しかしその実態は、専門用語をちりばめた研究者のためのものから、単に書名に「ひきこもり」を冠した羊頭狗肉と思しきものまで、玉石混淆のまま情報が氾濫している状態といっていいだろう。
　そこで、こうした氾濫する「ひきこもり」情報を一度整理し、当事者や家族、支援者などが情報という森のなかに迷い込まないように、ある程度の道しるべを示そうというのが本章の目的である。
　そのため、紹介するにあたってはなるべく専門書などは避け、あくまでも「当事者や家族が読んで役立つ」という点に重きを置き、読みやすさも考慮しながら選んだ。
　ただし、活字に書かれた情報は、主観的なものであったり、また年月が経過して書かれた当時とは状況が変化してしまっているものもある。したがって、あくまでも支援の「参考」として読んでほしい。また、断るまでもないが紹介文もまた編著者の主観が多分に含まれている。選ぶにあたっては、共同編著者である奈浦、川口の協力を得たが、文責に関してはすべて森口にある。

　ひきこもり問題を知るために

　まず、「ひきこもり」に関する基本文献、入門書的なものから紹介したい。精神科医の立場から「ひきこもり」の定義を明確にし、個人的な病理では

〒891-0175　鹿児島市桜ケ丘6-12　TEL 099-264-3003
鹿児島県大島児童相談所
〒894-0012　名瀬市小俣町20-2　TEL 0997-53-6070
沖縄県中央児童相談所
〒903-0804　那覇市首里石嶺町4-394　TEL 098-886-2900
沖縄県コザ児童相談所
〒904-2143　沖縄市知花529-1　TEL 098-937-0859

福岡県大牟田児童相談所
〒836-0027　大牟田市西浜田町4-1　TEL 0944-54-2344
福岡県田川児童相談所
〒826-0041　田川市弓削田188　TEL 0947-42-0499
福岡県田川児童相談所京築支所
〒828-0021　豊前市大字八屋2007-1　TEL 0979-84-0407
北九州市児童相談所
〒805-0059　北九州市八幡東区尾倉3-4-36　TEL 093-681-8261
福岡市児童相談所
〒815-0082　福岡市南区大楠1-35-17　TEL 092-522-2737
佐賀県中央児童相談所
〒840-0851　佐賀市天祐1-8-5　TEL 0952-26-1212
佐賀県中央児童相談所唐津分室
〒847-0056　唐津市坊主町433-1　TEL 0955-73-1141
長崎県中央児童相談所
〒852-8114　長崎市橋口町21-2　TEL 095-844-6166
長崎県佐世保児童相談所
〒857-0034　佐世保市万徳町10-3　TEL 0956-24-5080
熊本県中央児童相談所
〒862-0932　熊本市長嶺町2-3-3　TEL 096-381-4411
熊本県八代児童相談所
〒866-0811　八代市西片町1660　TEL 0965-33-3111
大分県中央児童相談所
〒870-0889　大分市荏隈5丁目　TEL 0975-44-2016
大分県中津児童相談所
〒871-0024　中津市中央町1-10-22　TEL 0979-22-2025
宮崎県中央福祉相談センター
〒880-0032　宮崎市霧島1-1-2　TEL 0985-26-1551
宮崎県都城児童相談所
〒885-0037　都城市花繰町2-11　TEL 0986-22-4294
宮崎県延岡児童相談所
〒882-0872　延岡市愛宕町2-15　TEL 0982-35-1700
鹿児島県中央児童相談所

〒751-0823 下関市貴船町3-2-2　TEL 0832-23-3191
山口県徳山児童相談所
〒745-0836 徳山市慶万町341-2　TEL 0834-21-0554
山口県萩児童相談所
〒758-0041 萩市江向河添沖田531-1　TEL 0838-22-1150

【四国地方】

徳島県中央児童相談所
〒770-0942 徳島市昭和町5-5-1　TEL 0886-22-2205
香川県子ども女性相談センター
〒760-0004 高松市西宝町2-6-32　TEL 0878-62-8861
香川県西部子ども女性相談センター
〒763-0034 丸亀市大手町2-1-10　TEL 0877-24-3173
愛媛県中央児童相談所
〒790-0824 松山市御幸2-3-45　TEL 089-922-5040
愛媛県東予児童相談所
〒792-0825 新居浜市星原町14-38　TEL 0897-43-3000
愛媛県南予児童相談所
〒798-0060 宇和島市丸之内3-1-19　TEL 0895-22-1245
高知県中央児童相談所
〒781-5102 高知市大津甲770-1　TEL 0888-66-6791
高知県幡多児童相談所
〒787-0019 中村市具同1283　TEL 0880-37-3159

【九州・沖縄地方】

福岡県中央児童相談所
〒816-0804 春日市原町3-1-7　TEL 092-586-0023
福岡県中央児童相談所宗像支所
〒811-3431 宗像市大字田熊1209-2　TEL 0940-37-3255
福岡県久留米児童相談所
〒830-0047 久留米市津福本町281　TEL 0942-32-4458

鳥取県米子児童相談所
〒683-0052　米子市博労町4-50　TEL 0859-33-1471
鳥取県倉吉児童相談所
〒682-0881　倉吉市宮川町2-36　TEL 0858-23-1141
島根県中央児童相談所
〒690-0823　松江市西川津町3090-1　TEL 0852-21-3168
島根県出雲児童相談所
〒693-0051　出雲市小山町70　TEL 0853-21-0007
島根県浜田児童相談所
〒697-0023　浜田市長沢町1428-6　TEL 0855-22-0178
島根県益田児童相談所
〒698-0041　益田市高津町イ2561-2　TEL 0856-22-0083
岡山県中央児童相談所
〒700-0952　岡山市平田407　TEL 086-246-4152
岡山県倉敷児童相談所
〒710-0052　倉敷市美和1-14-31　TEL 086-421-0991
岡山県倉敷児童相談所高梁分室
〒716-8585　高梁市落合町近似256-1　TEL 0866-22-4111
岡山県津山児童相談所
〒708-0004　津山市山北288-1　TEL 0868-23-5131
広島県中央児童相談所
〒734-0003　広島市南区宇品東4-1-28　TEL 082-254-0381
広島県中央児童相談所呉分室
〒737-0811　呉市西中央1-3-25　TEL 0823-22-5400
広島県福山児童相談所
〒720-0838　福山市瀬戸町山北291-1　TEL 0849-51-2340
広島県三次児童相談所
〒728-0013　三次市十日市東4-6-1　TEL 0824-63-5181
広島市児童相談所
〒732-0052　広島市東区光町2-15-55　TEL 082-263-0694
山口県中央児童相談所
〒753-0214　山口市大内御堀922-1　TEL 0839-22-7511
山口県下関児童相談所

全国児童相談所一覧

大阪市中央児童相談所
〒547-0026 大阪市平野区喜連西6-2-55　TEL 06-6797-6520
兵庫県中央こどもセンター
〒673-0021 明石市北王子町13-5　TEL 078-923-9966
兵庫県中央こどもセンター洲本分室
〒656-0021 洲本市塩屋2-4-5　TEL 0799-22-3541
兵庫県西宮こどもセンター
〒662-0862 西宮市青木町3-23　TEL 0798-71-4670
西宮こどもセンター柏原分室
〒669-3309 氷上郡柏原町柏原688　TEL 0795-72-0500
西宮こどもセンター尼崎駐在
〒661-0024 尼崎市三反田町1-1-1　TEL 06-6423-0801
兵庫県姫路こどもセンター
〒670-0092 姫路市新在家本町1-1-58　TEL 0792-97-1261
兵庫県豊岡こどもセンター
〒668-0025 豊岡市幸町1-8　TEL 0796-22-4314
神戸市児童相談所
〒650-0044 神戸市中央区東川崎町1-3-1　TEL 078-382-2525
奈良県中央こども家庭相談センター
〒630-8306 奈良市紀寺町833　TEL 0742-26-3788
奈良県高田こども家庭相談センター
〒635-0095 大和高田市大中17-6　TEL 0745-22-6079
和歌山県中央児童相談所
〒641-0014 和歌山市毛見琴ノ浦1437-218　TEL 0734-45-5312
和歌山県紀南児童相談所
〒646-0053 田辺市元町1849-7　TEL 0739-22-1588
和歌山県紀南児童相談所新宮分室
〒647-0043 新宮市緑ヶ丘2-4-8　TEL 0735-21-9634

【中国地方】

鳥取県中央児童相談所
〒680-0901 鳥取市江津318-1　TEL 0857-23-1031

三重県紀州児童相談所
〒519-3695　尾鷲市坂場西町1-1　TEL 05972-3-3435

【近畿地方】

滋賀県中央子ども家庭相談センター
〒525-0072　滋賀県草津市笠山7-4-45　TEL 0775-62-1121
滋賀県彦根子ども家庭相談センター
〒522-0043　彦根市小泉町832-1　TEL 0749-24-3741
京都府宇治児童相談所
〒611-0033　宇治市大久保町井ノ尻13-1　TEL 0774-44-3340
京都府京都児童相談所
〒602-8075　京都市上京区下小川通中立売下ル下小川町184-1　TEL 075-432-3278
京都府福知山児童相談所
〒620-0881　福知山市堀小字内田1939-1　TEL 0773-22-3623
京都市児童相談所
〒602-8155　京都市上京区竹屋町通千本京入主税町910-25　TEL 075-801-2929
大阪府中央子ども家庭センター
〒572-0838　寝屋川市八坂町28-5　TEL 0720-28-0161
大阪府池田子ども家庭センター
〒563-0041　池田市満寿美町9-17　TEL 0727-51-2858
大阪府吹田子ども家庭センター
〒564-0072　吹田市出口町19-3　TEL 06-6389-3526
大阪府東大阪子ども家庭センター
〒577-0809　東大阪市永和1-7-4　TEL 06-6721-1966
大阪府堺子ども家庭センター
〒593-0801　堺市上野芝町2-4-2　TEL 0722-79-4333
大阪府富田林子ども家庭センター
〒584-0031　富田林市寿町2-6-1　府民センター内　TEL 0721-25-1172
大阪府岸和田子ども家庭センター
〒596-0043　岸和田市宮前町7-30　TEL 0724-45-3977

〒430-0915　浜松市東田町87　　TEL 053-458-7189
静岡県東部児童相談所
〒410-0055　沼津市高島本町1-3　　TEL 0559-20-2086
静岡県伊豆児童相談所
〒415-0016　下田市中531-1　　TEL 0558-24-2038
愛知県中央児童・障害者相談センター
〒460-0001　名古屋市中区三の丸2-6-1　　TEL 052-961-7250
愛知県一宮児童相談センター
〒491-0917　一宮市昭和1-11-11　　TEL 0586-45-1558
愛知県知多児童相談センター
〒475-0902　半田市宮路町1-1　　TEL 0569-22-3939
愛知県西三河児童・障害者相談センター
〒444-0860　岡崎市明大寺本町1-4　　TEL 0564-27-2779
愛知県刈谷児童相談センター
〒448-0851　刈谷市神田町1-3-4　　TEL 0566-22-7111
愛知県豊田加茂児童相談センター
〒471-0035　豊田市錦町1-22-1　　TEL 0565-33-2211
愛知県東三河児童・障害者相談センター
〒440-0808　豊橋市八町通5-4　　TEL 0532-54-6465
愛知県海部児童相談センター
〒496-0011　津島市莪原町字郷西40　　TEL 0567-25-8118
愛知県新城設楽児童相談センター
〒441-0326　新城市字中野6-1　　TEL 05362-3-7366
名古屋市児童相談所
〒466-0827　名古屋市昭和区川名山町6-4　　TEL 052-832-6111
三重県中央児童相談所
〒514-0113　津市一身田大古曽字雁田694-1　　TEL 059-231-5666
三重県北勢児童相談所
〒510-0892　四日市市山崎町977-1　　TEL 0593-47-2030
三重県南勢志摩児童相談所
〒516-0035　伊勢市勢田町622　　TEL 0596-27-5144
三重県伊賀児童相談所
〒518-0823　上野市四十九町2802　　TEL 0595-24-8060

石川県七尾児童相談所
〒926-0031 七尾市古府町そ部8　TEL 0767-53-0811
福井県総合福祉事務所
〒910-0026 福井市光陽2-3-36　TEL 0776-24-5138
福井県敦賀児童相談所
〒914-0074 敦賀市角鹿町1-32　TEL 0770-22-0858
山梨県中央児童相談所
〒400-0005 甲府市北新1-2-12　TEL 0552-54-8617
山梨県都留児童相談所
〒402-0054 都留市田原3-3-3　TEL 0554-45-7835
長野県中央児童相談所
〒380-0922 長野市若里1570-1　TEL 026-228-0441
長野県松本児童相談所
〒390-0871 松本市桐2-4-39　TEL 0263-33-1110
長野県飯田児童相談所
〒395-0157 飯田市大瀬木1107-54　TEL 0265-25-8300
長野県諏訪児童相談所
〒392-0027 諏訪市湖岸通り1-19-13　TEL 0266-52-0056
長野県佐久児童相談所
〒385-0022 佐久市岩村田3152-1　TEL 0267-67-3437
岐阜県中央子ども相談センター
〒500-8385 岐阜市下奈良2-2-1　TEL 058-273-1111
岐阜県西濃子ども相談センター
〒503-0852 大垣市禾森町5-1458-10　TEL 0584-78-4838
岐阜県東濃子ども相談センター
〒507-0027 多治見市上野町5-68-1　TEL 0572-23-1111
岐阜県飛騨子ども相談センター
〒506-0032 高山市千島町35-2　TEL 0577-32-0594
岐阜県中濃子ども相談センター
〒500-8385 美濃加茂市古井町下古井字大脇2610-1　TEL 0574-25-3111
静岡県中央児童相談所
〒422-8031 静岡市有明町2-20　TEL 054-286-9235
静岡県西部児童相談所

全国児童相談所一覧

神奈川県相模原児童相談所
〒228-0803 相模原市相模大野6-15-37　TEL 0427-42-4698

神奈川県厚木児童相談所
〒243-0004 厚木市水引2-3-1　TEL 0462-24-1111

横浜市中央児童相談所
〒240-0001 横浜市保土ケ谷区川辺町5-10　TEL 045-331-5471

横浜市南部児童相談所
〒235-0045 横浜市磯子区洋光台3-18-29　TEL 045-831-4735

横浜市北部児童相談所
〒224-0032 横浜市都筑区茅ケ崎中央32-1　TEL 045-948-2441

川崎市中央児童相談所
〒213-0013 川崎市高津区末長276-5　TEL 044-877-8111

川崎市南部児童相談所
〒210-0804 川崎市川崎区藤崎1-6-8　TEL 044-244-7411

【中部地方】

新潟県中央児童相談所
〒950-0121 新潟県中蒲原郡亀田町向陽4-2-1　TEL 025-381-1111

新潟県長岡児童相談所
〒940-0046 長岡市四郎丸字沖田237　TEL 0258-35-8500

新潟県上越児童相談所
〒943-0807 上越市春日山町3-4-17　TEL 0255-24-3355

新潟県六日町児童相談所
〒949-6621 南魚沼郡六日町大字六日町21-20　TEL 0257-70-2424

新潟県新発田児童相談所
〒957-0016 新発田市豊町3-3-2　TEL 0254-26-9131

富山県富山児童相談所
〒930-0964 富山市東石金町4-52　TEL 076-423-4000

富山県高岡児童相談所
〒933-0045 高岡市本丸町12-12　TEL 0766-21-2124

石川県中央児童相談所
〒920-0964 金沢市本多町3-1-10　TEL 0762-23-9553

〒288-0813　銚子市台町2183　TEL 0479-23-0076
千葉県君津児童相談所
〒299-1151　君津市中野4-18-9　TEL 0439-55-3100
千葉市児童相談所
〒261-0003　千葉市美浜区高浜3-2-3　TEL 043-277-8880
東京都児童相談センター
〒162-0052　東京都新宿区戸山3-17-1　TEL 03-3208-1121
東京都墨田児童相談所
〒130-0022　東京都墨田区江東橋1-16-10　TEL 03-3632-4631
東京都品川児童相談所
〒140-0001　東京都品川区北品川3-7-21　TEL 03-3474-5442
東京都世田谷児童相談所
〒156-0054　東京都世田谷区桜丘5-28-12　TEL 03-5477-6301
東京都杉並児童相談所
〒167-0052　東京都杉並区南荻窪4-23-6　TEL 03-5370-6001
東京都北児童相談所
〒114-0002　東京都北区王子6-1-12　TEL 03-3913-5421
東京都足立児童相談所
〒123-0845　東京都足立区西新井本町3-8-4　TEL 03-3854-1181
東京都八王子児童相談所
〒193-0931　八王子市台町2-7-13　TEL 0426-24-1141
東京都立川児童相談所
〒190-0012　立川市曙町3-10-19　TEL 0425-23-1321
東京都小平児童相談所
〒187-0002　小平市花小金井6-20-1　TEL 0424-67-3711
東京都多摩児童相談所
〒206-0024　東京都多摩市諏訪2-6　TEL 0423-72-5600
神奈川県中央児童相談所
〒252-0813　藤沢市亀井野3119　TEL 0466-84-1600
神奈川県横須賀児童相談所
〒239-0807　横須賀市根岸町4-2-16　TEL 0468-36-4340
神奈川県小田原児童相談所
〒250-0013　小田原市南町2-4-47　TEL 0465-23-0388

全国児童相談所一覧

茨城県下館児童相談所
〒308-0847 下館市玉戸1336-16 TEL 0296-24-1614
栃木県中央児童相談所
〒320-0071 宇都宮市野沢町4-1 TEL 028-665-7830
栃木県県北児童相談所
〒329-2723 那須郡西那須野町南町7-20 TEL 0287-36-1058
栃木県県南児童相談所
〒328-0042 栃木市沼和田町17-22 TEL 0282-24-6121
群馬県前橋保健福祉事務所児童相談部
〒379-2166 前橋市野中町360-1 TEL 027-261-1000
群馬県高崎保健福祉事務所児童相談部
〒370-0829 高崎市高松町6 TEL 027-322-2498
群馬県太田保健福祉事務所児童相談部
〒373-0033 太田市西本町41-34 TEL 0276-31-3721
埼玉県中央児童相談所
〒362-0013 上尾市上尾村1242-1 TEL 048-775-4411
埼玉県浦和児童相談所
〒336-0003 さいたま市元町2-30-20 TEL 048-886-3341
埼玉県熊谷児童相談所
〒360-0014 熊谷市箱田5-12-1 TEL 0485-23-0967
埼玉県川越児童相談所
〒350-0838 川越市宮元町33-1 TEL 0492-24-5631
埼玉県越谷児童相談所
〒343-0033 越谷市恩間402 TEL 0489-75-7507
埼玉県所沢児童相談所
〒359-0042 所沢市並木1-9-2 TEL 0429-92-4152
千葉県中央児童相談所
〒263-0016 千葉市稲毛区天台1-10-3 TEL 043-253-4101
千葉県市川児童相談所
〒272-0023 市川市南八幡5-11-22 TEL 047-370-1077
千葉県柏児童相談所
〒277-0831 柏市根戸445-12 TEL 0471-31-7175
千葉県銚子児童相談所

山形県庄内児童相談所
〒997-0013　鶴岡市道形町49-6　TEL 0235-22-0790
福島県中央児童相談所
〒960-8002　福島市森合町10-9　TEL 0245-34-5101
福島県中央児童相談所福島相談室
〒960-8021　福島市御山町8-30　TEL 024-534-4118
福島県中央児童相談所郡山相談センター
〒963-8025　郡山市桑野2-18-15　TEL 024-938-0611
福島県中央児童相談所須賀川相談室
〒962-0834　須賀川市旭町153-1　TEL 0248-75-7823
福島県中央児童相談所白河相談室
〒961-0971　白河市字昭和町269　TEL 0248-23-1539
福島県会津児童相談所
〒965-0804　会津若松市花春町2-2　TEL 0242-27-3482
会津児童相談所田島相談室
〒967-0004　田島町大字田島字天道沢甲2542-2　TEL 0241-63-0309
会津児童相談所会津若松相談室
〒965-0873　会津若松市追手町7-40　TEL 0242-29-5279
福島県浜児童相談所
〒970-8033　いわき市自由ケ丘38-15　TEL 0246-28-3346
浜児童相談所原町相談室
〒975-0031　原町市錦町1-30　TEL 0244-26-1135

【関東地方】

茨城県福祉相談センター
〒310-0011　水戸市三の丸1-5-38　TEL 029-221-4992
茨城県福祉相談センター日立児童分室
〒317-0072　日立市弁天町3-4-7　TEL 0294-22-0294
茨城県福祉相談センター鹿行児童分室
〒311-1517　鹿島郡鉾田町鉾田1367-3　TEL 0291-33-4111
茨城県土浦児童相談所
〒300-0815　土浦市中高津2-10-50　TEL 0298-21-4595

全国児童相談所一覧

〒038-0003 青森市石江字江渡5-1　TEL 0177-81-9744
むつ児童相談所
〒035-0073 むつ市中央1-1-8　TEL 0175-23-5975
青森県弘前児童相談所
〒036-8065 弘前市西城北1-3-7　TEL 0172-32-5458
五所川原児童相談所
〒037-0046 五所川原市栄町10　TEL 0173-36-1555
青森県八戸児童相談所
〒039-1101 八戸市尻内町字鴨田7　TEL 0178-27-2271
七戸児童相談所
〒038-2571 上北郡七戸町字蛇坂55-1　TEL 0176-60-8086
岩手県福祉総合相談センター
〒020-0015 盛岡市本町通3-19-1　TEL 019-629-9600
岩手県一関児童相談所
〒021-0027 一関市竹山町5-28　TEL 0191-21-0560
岩手県宮古児童相談所
〒027-0075 宮古市和見町9-29　TEL 0193-62-4059
宮城県中央地域こどもセンター
〒980-0014 仙台市青葉区本町1-4-39　TEL 022-224-1532
宮城県中央地域こどもセンター石巻支所
〒988-0812 石巻市東中里1-4-32　TEL 0225-23-3472
宮城県古川地域こどもセンター
〒989-6161 古川市駅南2-4-3　TEL 0229-22-0030
仙台市児童相談所
〒981-0908 仙台市青葉区東照宮1-18-1　TEL 022-219-5111
秋田県中央児童相談所
〒010-1602 秋田市新屋下川原町1-1　TEL 0188-62-7311
秋田県中央児童相談所北支所
〒018-5601 大館市十二所字平内新田237-1　TEL 0186-52-3956
秋田県中央児童相談所南支所
〒013-0033 横手市旭川1-3-46　TEL 0182-32-0500
山形県中央児童相談所
〒990-0031 山形市十日町1-6-6　TEL 0236-22-2543

全国児童相談所一覧

【北海道】

北海道中央児童相談所
〒064-0944 札幌市中央区円山西町2-1-1　TEL 011-631-0301
北海道旭川児童相談所
〒070-0040 旭川市十条通11丁目　TEL 0166-23-8195
北海道旭川児童相談所稚内分室
〒097-0003 稚内市こまどり2-2-3　TEL 0162-24-1477
北海道函館児童相談所
〒040-0014 函館市中島町37-8　TEL 0138-54-4152
北海道帯広児童相談所
〒080-0802 帯広市東二条南24-14　TEL 0155-22-5100
北海道釧路児童相談所
〒085-0053 釧路市豊川町3-18　TEL 0154-23-7147
北海道北見児童相談所
〒090-0061 北見市東陵町36-3　TEL 0157-24-3498
北海道岩見沢児童相談所
〒068-0828 岩見沢市鳩が丘1-9-16　TEL 0126-22-1119
北海道室蘭児童相談所
〒050-0082 室蘭市寿町1-6-12　TEL 0143-44-4152
札幌市児童相談所
〒060-0007 札幌市中央区北七条西26丁目　TEL 011-622-8630

【東北地方】

青森県中央児童相談所

全国精神保健福祉センター一覧

〒901-1104 島尻郡南風原町宮平212　TEL 098-888-1443

http://www.med.net-kochi.gr.jp/seishin/
愛媛県精神保健福祉センター
〒790-0003　松山市三番町8-234　生活保健ビル2F　TEL 089-921-3880
http://www.pref.ehime.jp/040hokenhukushi/150seishinhoken-cnt

【九州・沖縄地方】

福岡県精神保健福祉センター
〒816-0804　春日市原町3-1-7　TEL 092-582-7500
http://www.pref.fukuoka.jp/hoken/99f050301.htm
福岡市精神保健福祉センター
〒810-0073　福岡市中央区舞鶴2-5-1　「あいれふ」6F　TEL 092-737-8825
http://www.kenkou-fukuoka.or.jp/mind/seisin.html
北九州市立精神保健福祉センター
〒802-0001　北九州市小倉北区馬借1-7-1　TEL 093-522-8729
http://www.city.kitakyushu.jp/~k2302040/kakuka
佐賀県精神保健福祉センター
〒845-0001　小城郡小城町178-9　TEL 0952-73-5060
http://www.pref.saga.jp/fukushihoken/seisin/mhc.htm
長崎県精神保健福祉センター
〒856-0825　大村市西三城町12　TEL 0957-54-9124
大分県精神保健福祉センター
〒870-1155　大分市大字玉沢字平石908　TEL 097-541-6290
http://www.pref.oita.jp/12200/kokoro
熊本県精神保健福祉センター
〒860-0844　熊本市水道町9-16　TEL 096-359-6401
http://www4.ocn.ne.jp/~kmhwc/
宮崎県精神保健福祉センター
〒880-0032　宮崎市霧島1-2　TEL 0985-27-5663
http://www.seisin.miyazaki.miyazaki.jp/
鹿児島県精神保健福祉センター
〒890-0065　鹿児島市郡元3-3-5　TEL 099-255-0617
沖縄県総合精神保健福祉センター

【中国地方】

岡山県精神保健福祉センター
〒703-8278 岡山市古京町1-1-101　TEL 086-272-8835
http://www.pref.okayama.jp/hoken/seishin/seishin.htm

広島県立総合精神保健福祉センター
〒731-4311 安芸郡坂町北新地2-3-77　TEL 082-884-1051
http://ww1.enjoy.ne.jp/~mh-hiroshima/

広島市精神保健福祉センター
〒730-0043 広島市中区富士見町11-27　TEL 082-245-7731
http://www.city.hiroshima.jp/shakai/seisin-s

鳥取県立精神保健福祉センター
〒680-0901 鳥取市江津318-1 TEL 0857-21-3031
http://www.pref.tottori.jp/fukushi/health-medical/seishinhoken_hukushi_center.htm

島根県立精神保健福祉センター
〒690-0882 松江市大輪町420　松江衛生合同庁舎内　TEL 0852-21-2885

山口県精神保健福祉センター
〒755-0241 宇部市大字東岐波東小沢4004-2　TEL 0836-58-3480

【四国地方】

香川県精神保健福祉センター
〒760-0068 高松市松島町1-17-28　香川県高松合同庁舎内
TEL 087-831-3151
http://www.hw.kagawa-swc.or.jp/~kokoro2/

徳島県精神保健福祉センター
〒770-0855 徳島市新蔵町3-80　TEL 088-625-0610
http://www1.pref.tokushima.jp/hoken/seishinhoken

高知県立精神保健福祉センター
〒780-0850 高知市丸の内2-4-1　高知県保健衛生総合庁舎内
TEL 088-823-8609

岐阜県精神保健福祉センター
〒500-8385 岐阜市下奈良2-2-1　福祉農業会館3F　TEL 058-273-1111
http://www.pref.gifu.jp/mhwc/

三重県こころの健康センター
〒514-1101 久居市明神町2501-1　TEL 059-255-2151
http://www.pref.mie.jp/KOKOROC/HP

【近畿地方】

滋賀県立精神保健総合センター
〒525-0072 草津市笠山8-4-25　TEL 077-567-5001
http://www.pref.shiga.jp/e/seishin/

京都府立精神保健福祉総合センター
〒612-8416 京都市伏見区竹田流池町120　TEL 075-641-1810
http://www.joho-kyoto.or.jp/~f-machi/100/dekakeyo/122/

京都市こころの健康増進センター
〒604-8845 京都市中央区壬生東高田町1-15　TEL 075-314-0355

奈良県精神保健福祉センター
〒633 桜井市粟殿1000　TEL 0744-43-3131

和歌山県精神保健福祉センター
〒643-8319 和歌山市手平2-1-2　県立交流プラザ和歌山ビッグ愛2F
TEL 073-435-5194

大阪府こころの健康総合センター
〒558-0056 大阪市住吉区万代東3-1-46　TEL 06-6691-2811
http://www.iph.pref.osaka.jp/kokoro

大阪市こころの健康センター
〒545-0051 大阪市阿倍野区旭町1-2-7-401　TEL 06-6636-7870

兵庫県立精神保健福祉センター
〒652-0032 神戸市兵庫区荒田町2-1-29　TEL 078-511-6581

神戸市こころの健康センター
〒652-0897 神戸市兵庫区駅南通5-1-2-300　TEL 078-672-6500
http://www.city.kobe.jp/cityoffice/18/menu03/h/c1/kobe_mentalhealth_center4.htm

神奈川県立精神保健福祉センター
〒233-0006 横浜市港南区芹が谷2-5-2　TEL 045-821-8822
http://www.pref.kanagawa.jp/osirase/15/1590
川崎市精神保健相談センター
〒210-0005 川崎市川崎区東田町8　TEL 044-201-3241

【中部地方】

新潟県精神保健福祉センター
〒951-8133 新潟市川岸町1-57-1　TEL 025-231-6111
富山県心の健康センター
〒939-8222 富山市蜷川459-1　TEL 076-428-1511
http://www.pref.toyama.jp/branches/1281/1281.htm
石川県精神保健福祉センター
〒920-0064 金沢市南新保町ル3-1　TEL 076-238-5761
福井県精神保健福祉センター
〒910-0846 福井市四津井2-12-1　TEL 0776-53-6767
http://info.pref.fukui.jp/kenkou/kenkou1.html
山梨県立精神保健福祉センター
〒400-0005 甲府市北新1-2-12　山梨県福祉プラザ3F　TEL 0552-54-8644
長野県精神保健福祉センター
〒380-0923 長野市若里1570-1　社会福祉総合センター内　TEL 026-227-1810
http://www.pref.nagano.jp/xeisei/withyou/
静岡県こころと体の相談センター
〒422-8031 静岡市有明町2-20　TEL 054-286-9207
http://www.pref.shizuoka.jp/kenhuku/kf-17
愛知県精神保健福祉センター
〒460-0001 名古屋市中区三の丸3-2-1　TEL 052-962-5377
http://www.pref.aichi.jp/seishin-c
名古屋市精神保健福祉センター
〒453-0024 名古屋市中村区名楽町4-7-18　TEL 052-483-2095
http://www.city.nagoya.jp/09minsei/mental_sc/

http://www.pref.miyagi.jp/seihocnt/
仙台市精神保健福祉総合センター（はあとぽーと仙台）
〒980-0845　仙台市青葉区荒巻三居沢1-6　　TEL 022-265-2191
http://www.city.sendai.jp/kenkou/seishinhoken/heartport
福島県精神保健福祉センター
〒960-8012　福島市御山町8-30　TEL 024-535-3556

【関東地方】

茨城県精神保健福祉センター
〒310-0852　水戸市笠原町993-2　TEL 029-243-2870
栃木県精神保健福祉センター
〒329-1104　河内郡河内町下岡本2145-13　TEL 028-673-8785
群馬県精神保健福祉センター
〒379-2166　前橋市野中町368　TEL 027-263-1166
http://www.pref.gunma.jp/c/05/seishin/top.htm
埼玉県立精神保健総合センター
〒362-0806　北足立郡伊奈町小室818-2　TEL 048-723-1111
http://www.pref.saitama.jp/A04/BL02/top.htm
千葉県精神保健福祉センター
〒260-0801　千葉市中央区仁戸名町666-2　TEL 043-263-3891
http://www.pref.chiba.jp/syozoku/c_syoufuku/cmhc/
千葉市心の健康センター
〒260-0003　千葉市美浜区高浜2-1-16　TEL 043-204-1582
東京都立精神保健福祉センター
〒110-0004　東京都台東区下谷1-1-3　TEL 03-3842-0948
http://www.kenkou.metro.tokyo.jp/seishin/sitaya/sitaya-top.html
東京都立中部総合精神保健福祉センター
〒156-0057　東京都世田谷区上北沢2-1-7　TEL 03-3302-7575
http://www.kenkou.metro.tokyo.jp/seishin/chubu/chubu.html
東京都立多摩総合精神保健福祉センター
〒206-0036　東京都多摩市中沢2-1-3　TEL 042-376-1111
http://www.kenkou.metro.tokyo.jp/seishin/tama/index.html

全国精神保健福祉センター一覧

【北海道】

北海道立精神保健福祉センター
〒003-0027 札幌市白石区本通16丁目北6-34　TEL 011-864-7121
http://www.pref.hokkaido.jp/hfukusi/hf-shfks/syofuku/doritu/dosisetu.htm＃　精神保健福祉センター
札幌市精神保健福祉総合センター
〒060-0042 札幌市中央区大通西19　TEL 011-622-2561
http://www.city.sapporo.jp/eisei/seisin/info.htm

【東北地方】

青森県立精神保健福祉センター
〒038-0031 青森市大字三内字沢部353-92　TEL 017-787-3951
http://www.pref.aomori.jp/seifuku/
秋田県精神保健福祉センター
〒019-2413 仙北郡協和町上淀川五百刈田352　TEL 018-892-3773
http://www.pref.akita.jp/seiho/menu.htm
岩手県精神保健福祉センター
〒020-0015 盛岡市本町通3-19-1　岩手県福祉総合相談センター内
TEL 019-622-6955
http://www.office.pref.iwate.jp/~hp1005/seisin/homepage/psytop.htm
山形県精神保健福祉センター
〒990-0031 山形市緑町1-9-30　TEL 023-627-1103
宮城県精神保健福祉センター
〒989-6117 古川市旭5-7-20　TEL 0229-23-0021

や悩みがある人、鬱、アルコール依存、ОＤ、対人恐怖、醜形恐怖、摂食障害、自閉症、人格障害、ＡＣ、引き籠もりの人が森林浴気分でリラックス＆リフレッシュできたら幸いだと思っています」という「ピポ」さんが主宰。掲示板、チャット。
［対象地域・年齢など］制限なし
［費用］なし

■リアルで不足な「心の隙間」を補うサイト
　　ホームページ　http://www.est.hi-ho.ne.jp/endou/
　　E-mail：endou@est.hi-ho.ne.jp
［支援内容・特徴など］心療精神科＆社会的ひきこもり経験者の「ぱぴぷーた」さんが管理＆運営する、ココロ癒し系メンタルヘルス系総合サイト。悩み相談、意見交換や「社会的ひきこもり」交流ラウンジなど。
［対象地域・年齢など］制限なし
［費用］なし

■ひきこもりの出会いサイト
　ホームページ　http://www.hikki.ee.mu/
　E-mail：image78@hotmail.com
［支援内容・特徴など］ひきこもりの人の専用の出会いサイト。ひきこもりを脱出するには、友人を作るのが一番てっとりばやい。しかし、現実に友人を作るとなるとちょっと気後れしてしまう。そして、普通の人と話すのが恐い。それなら、まずは、ネットでひきこもっている友達をつくろうという主旨でこのページを作りました。
［対象地域・年齢など］制限なし
［費用］なし

■プラットフォーム（不登校・ひきこもり関係の諸施設の実態調査）
　ホームページ　http://www.platformproject.net/
　E-mail：platform@zak.att.ne.jp
［活動内容・特徴など］日本財団による助成事業で、不登校・ひきこもり関係の諸施設（主に宿泊型施設）の実態調査を掲載している。調査項目は、団体概要にはじまり、費用、生活、施設環境、代表者・在籍生・スタッフらのインタビューと詳細にわたる。専門のリサーチスタッフが実際にその施設を訪問し、団体調査表に基づいて実地調査を行なった施設だけを掲載しており、2002年9月現在21団体を紹介。順次、調査報告を公開していく予定。

■また歩き出せる
　ホームページ　http://www.geocities.jp/kazuya1555/
　E-mail：kazuya1555@ybb.ne.jp
［支援内容・特徴など］保健所に相談に行くことで外に出るきっかけとなったという「KAZUYAさん」が開設。体験記、掲示板など。
［対象地域・年齢など］制限なし
［費用］なし

■やすらぎの森
　ホームページ　http://www2.tokai.or.jp/yasuragi/
　E-mail：musikera60@hotmail.com
［支援内容・特徴など］「社会、学校、人間関係、日常に疲れた人、ストレス

別なことではないと思うのです。「心の病気＝犯罪」という常識を破りたく思い、もっとこころの病気について知ってもらいたく思いこのサイトを開設しました。そして道に迷ってしまい悩んでこのサイトにきた方には私と共に症状がよくなることをお祈りしながら……。
［対象地域・年齢など］主に青年期（思春期以前は人格が未発達なのでそれ相応の対処が必要になると思います）。
［費用］なし

■ひきこもり研究所
　　ホームページ　http://hikiken.s8.xrea.com
　　E-mail：hikiken@2ndstyle.com
［支援内容］インターネット上に提供されているひきこもりに関する情報を幅広く提供。
［特徴など］「ひきこもる」という状態に関連する情報を独自の判断で収集し、整理したリンク集。その他、匿名悩み相談などの掲示板群、チャットなど。
［対象地域・年齢など］制限なし
［費用］なし

■ひきこもり自己中心中！
　　ホームページ　http://www.geocities.co.jp/HeartLand-Oak/6980/
　　E-mail：hikikomorida@geocities.co.jp
［支援内容・特徴など］ひきこもり中の「ip」さんが主宰。ひきこもり交流ひろば（掲示板）、日記など。
［対象地域・年齢など］制限なし
［費用］なし

■ひきこもりの為のページ
　　ホームページ　http://www.geocities.co.jp/Beautycare/6268/
　　E-mail：maruko@ylw.mmtr.or.jp
［支援内容・特徴など］「てつ」さんが主宰。「外出しにくい方の掲示板」などの多数の掲示板、オフ会情報、ひきこもり度チェック、チャットなど。
［対象地域・年齢など］制限なし
［費用］なし

［対象地域・年齢など］制限なし
［費用］なし

■飛ぶ鳥の向こうの空へ
　　ホームページ　http://members.tripod.co.jp/papitti/grid1.html
　　E-mail：papitti@lycos.jp
［支援内容・特徴など］心の病でひきこもり中という「ぱぴ」さんが、「心の病やひきこもりで悩んでいる人たちの交流の場にできればいいと思っています」と開設。掲示板、日記、チャットルームなどのほか、外に出にくい人のためにショッピングコーナーもある。
［対象地域・年齢など］制限なし
［費用］なし

■野良猫同盟
　　ホームページ　http://noranekodoumei.hoops.ne.jp/
　　（管理人は岩手県在住）
　　E-mail：nora96@sea.plala.or.jp
［支援内容・特徴など］「のらくろ」さんのひきこもり生活をありのままに綴った独白と日記、不登校の記録、のらくろの身近にいる野良猫の写真で構成されたメンタル系サイトです。メールでお話聞きます。
［対象地域・年齢など］制限なし
［費用］なし

■Heart to Hurt
　　ホームページ　http://www.geocities.co.jp/HeartLand-Himawari/7145/
　　E-mail：非公開
［支援内容・特徴など］（管理人からのメッセージ）このサイトはあくまでも、専門家ではない、患者である「れいあ」が実体験と本などで知識を得て拾い集めたものを公開しています。相談などのメールもよくいただきますが「患者」でしかないので応じかねることが多いです。また、学術書や論文集も読みますが、あえて詳しい学説例や学者名はそれほどださないでいく方向です。もっと詳しく勉強なさりたい方は、それ相応のサイトへいかれるほうがよいかもしれません。私はただ、心の病気は誰にも起こりえることであって、特

ンケートなど。
［対象地域・年齢など］制限なし
［費用］なし

■精神医療ユーザーのページ
　ホームページ　http://www.din.or.jp/~ladd/
　E-mail：ladd@din.or.jp

［支援内容・特徴など］心の病いや悩みをかかえている方々に、さまざまな情報の提供を目指すサイト。精神医療ユーザーのひとりごと、精神障害にかかわるイベントの紹介、ひきこもりをしている人・していた人をはじめ同じ悩みをかかえている人同士で話ができる掲示板など。（制作：LADD）
［対象地域・年齢など］インターネットで日本語が読めるパソコンを使える方
［費用］なし

■精神科医・斎藤環さんのページ
　ホームページ　http://www.bekkoame.ne.jp/~penta2/
　＊現在、メールでの治療に関わる相談・お問い合わせには応じておりません。メールをいただいてもお返事はいたしかねますので、ご了承下さい。

［支援内容・特徴］ひきこもりの治療に長年携わっている精神科医・斎藤環さん（本書47ページ「根気よく続ければ必ず回復できる」を参照）の著作リスト（単行本、雑誌・新聞に執筆した評論やエッセイ）、講演予定などの情報を掲載。
［対象地域・年齢］制限なし
［費用］なし

■天使の休息
　ホームページ　http://www.geocities.co.jp/Milkyway-Gemini/5320/
　E-mail：moonyuki@plum.freemail.ne.jp

［支援内容・特徴など］ひきこもりをはじめ、うつ病、対人恐怖症、視野恐怖症など、こころに傷を抱えた人たちのための出会いのサイト。メインの掲示板、オフ会に関する掲示板、友達募集の掲示板、ＨＰ宣伝の掲示板、ゲストブックの掲示板があり、参加者はさまざまな形で交流できる。

として、掲示板・チャット等において意見・情報交換を行なっています。
［対象地域・年齢など］制限なし
［費用］なし

■心のかたち　人のかたち
　ホームページ　http://www.geocities.co.jp/Bookend-Hemingway/4031/
［支援内容・特徴など］16歳でひきこもり中の「JAS」さんが管理するページ。日記、掲示板など。
［対象地域・年齢など］制限なし
［費用］なし

■ココロの休憩室
　ホームページ　http://www.aa.alpha-net.ne.jp/chubi/kokorochako.htm
　E-mail：chubi@m21.alpha-net.ne.jp
［支援内容・特徴など］管理人「とも」です。「現在は引き籠もりです。一応外には出れますが、なかなか仕事に就けないでいます。これからどう生きるのか、わかりませんが今はゆっくり自分を見つめていきたいですね」。体験記、日記、掲示板など。
［対象地域・年齢など］対象地域は特にないが北陸に住んでる方も来てほしいものです。年令は20代後半までの方。
［費用］なし

■Stay＠Home〜ひきこもり解消に向けて〜
　ホームページ　http://www7.ocn.ne.jp/~idpc/
　E-mail:非公開
［活動内容・特徴など］「『ひきこもり』になって数年経ちますが、毎日が同じようなことの繰り返しで、特に最近「この先どうなってしまうのだろう」という不安を感じることが多くなってきました。そんな中で、何とか『ひきこもり』を解消する方法はないかと思っていましたが、インターネット上でなら、同じ悩みを持っている人や『ひきこもり』を解消した人たちの経験などが聞けるのではないかと考え、利用することにしました。多くの方と交流することでひきこもりを解消するきっかけをつかみたいと思っています」という「えあぐる」さんがつくるページ。日記、掲示板、チャットルーム、ア

■癒しのガーデン
　　ホームページ　http://cat.zero.ad.jp/~zas33207/iyashi.html
　　E-mail：rei00a2b@hotmail.com
［支援内容・特徴など］「シリウス」さんが主宰する内向的、ひきこもり、不登校など心の悩みがある方のためのページ。訪問者同士の交流、励ましあっていくことを目的としている。掲示板、チャット、オフ会情報など。
［対象地域・年齢など］制限なし
［費用］なし

■Office　Potion
　　ホームページ　http://www.aurora.dti.ne.jp/~m-mizuse
　　E-Mail：mizuse@estyle.ne.jp
［支援内容・特徴など］「水瀬麻紀」さんが書いたコラムとレポートなど読み物各種を掲載したページ。心的外傷後ストレス障害（PTSD）とその後遺症に悩む自身のレポートや、ひきこもりに関する雑感など、読み物多数。最近はひきこもり体験から書いた読み物の充実に力を入れている。
［費用］なし

■オレンジミント
　　ホームページ　http://www.geocities.co.jp/Milkyway-Sirius/9720/
　　E-mail：lalavery@anet.ne.jp
［活動内容・特徴など］不登校・ひきこもり・大検・鬱などの人たちが集まるページで、「シャア・アズナブル」さんらが主宰。悩みを忘れて遊べる交流の場を目指す。また「当事者以外でもバックアップしてくださる方も大歓迎」とのこと。掲示板、チャットルーム、大検情報など。
［対象地域・年齢など］地域や年齢は特に制限なし。ただし、「初めて参加する人は、できれば自己紹介掲示板で自己紹介をしてもらいたい」とのこと。
［費用］なし

■強迫神経症のひ・ろ・ば
　　ホームページ　http://www2.wbs.ne.jp/~skysky/ocdplace/
　　E-mail：window-sky@geocities.co.jp
［支援内容・特徴など］強迫性障害（強迫神経症）を抱える人の交流を目的

ホームページなど

■あした、いいことあるかな…
　ホームページ　http://www.gin.or.jp/users/hash/iikoto/
　E-mail：leap@desu.ne.jp
[支援内容・特徴など]不登校、高校中退経験者の「ねたろーさん」がつくった、学校へ行か（け）なかったり、高校をやめた人や、その親御さんへの情報提供ページ。京阪神近郊にお住まいの方については、直接お会いしての応対も可能ですので、メール等でお気軽にお問い合わせください。
[対象地域・年齢など]制限なし
[費用]なし

■Alley　Kitties
　ホームページ　http://nya.kitty.ne.jp/alley/
　E-mail：purupuru62@hotmail.com
[活動内容・特徴など]対人緊張によるひきこもりから、回復に向けて頑張る管理人「kinoko」さんのメンタル系＋お絵描きのサイト。日記、チャットルーム、ギャラリー、友達募集など。また、機会があればオフ会等を開催したいと思っています。
[対象地域・年齢など]制限なし
[費用]なし

■癒しの隠れ家
　ホームページ　http://rei2.cside2.jp/
　E-mail：rei2@cside2.jp
[支援内容・特徴など]心に傷を持つ人達の交流や情報交換の場。掲示板やオフ会案内、ひきこもり関連情報など。
[対象地域・年齢など]制限なし
[費用]なし

［代表者］越智啓子
［スタッフ］1人
［支援内容］太平洋の広大な海と波の音が聞こえるクリニック。
［特徴］初診1時間、再診30分。ひきこもりの専門クリニックではありませんので、いろんな悩みの方が来院され、同じように対応、カウンセリングをします。ひきこもりの本人、または家族の方のたまっているストレスを解消するお手伝いと、ひきこもりの意味の解説を過去生療法も加えながらします。
　○診療は電話での予約制（2ヵ月単位で予約受付。定員になり次第、終了）。FAXやお手紙、メール、ホームページからの予約受付はできません。
　○ひきこもり状態にある子どもを持つ親（家族）のみの相談も、受け付けています。
［対象地域・年齢］問いません
［参考図書］
『生命の子守歌』越智啓子著（PHP研究所）
『生まれてきて、よかったね！』越智啓子著（サンマーク出版）

【宮崎県】

■㈲徳弘会
〒889-3204　南那珂郡南郷町大字中村字尾崎乙7051-160
TEL 0987-21-9835　FAX 0987-21-9836
E-mail：hidenobu@axel.ocn.ne.jp
[代表者] 松岡秀暢
[支援内容] ひきこもりの若者のためのホームステイ型宿舎。現在8室で6名が暮らしている。6ヵ月を1期として、この地方の山登り、海釣り、観光を通して仲間作り。2期目は、ボランティアとして農作業や町の清掃などをする。趣味をひとつでも見つけ、好みの職業に結びつけていく。また、訪問精神対話士を募集して、現在講習中で17名来ている。
[特徴] ゆるやかな規律の中で自分で自立できる心と体を作り上げる。また他人の気持ちを知ることや、労働の楽しさを知ることを大切にしている。
[対象地域・年齢] 全国
[費用] 毎月160,000円

■ＫＨＪ宮崎県「楠の会」
→【埼玉県】の「全国引きこもりＫＨＪ親の会（家族会連合会）本部」参照

【鹿児島県】

■ＫＨＪ鹿児島県「楠の会」
→【埼玉県】の「全国引きこもりＫＨＪ親の会（家族会連合会）本部」参照

【沖縄県】

■啓子メンタルクリニック
〒901-2401　中頭郡中城村字久場1985コーポ久場崎307
TEL&FAX 098-895-4146
E-mail：webmaster@keiko-mental-clinic.jp
ホームページ　http://www.keiko-mental-clinic.jp/

つながる。スタッフのサポートもある。
　○カスタムメイド・カー・スクール「アゲイン」…車の整備やボディメイクなどの実技習得を通して自信を養う。また、同じ趣味をもつ仲間たちとふれあうことで、人とのコミュニケーション能力を高める。
　○小さな森の保育園…豆腐工房と同じ敷地内にある保育園。塾生は園児たちと毎日接している。
　○寮…3名まで入寮可。
　○その他、1年を通して、山登りや川くだり、マリンスポーツ（ウィンドウサーフィン、ヨット、カヤック）をやっている。また、祭りや旅行などにも出かける（高知のよさこい祭、福岡のふくこい祭、釜山旅行など）。
　○NPO法人福岡青少年支援センター（前項参照）の本部としても活動している。
[対象地域・年齢]福岡県内中心、要望があれば県外も可能。おもに18歳以上の青少年、男女とも可（ただし、18歳未満の少年や不登校児も受け入れますので、ご相談ください）。
[費用]基本的には個々の状況により相談。入塾金、入寮金はともに600,000円（1年間）から。指導料に関しては来塾の場合は月額50,000円から。訪問の場合は状況を相談の上としています。
[参考図書]
『不登校・中退者のための新しい学びの場2001』田口教育研究所編（日本評論社）
『不登校・中退からの進路ガイド　自分の学校』Vol.2（イカロス出版）

■社団法人　家庭問題情報センター
→【東京都】の項参照

■KHJ福岡県「楠の会」
→【埼玉県】の「全国引きこもりKHJ親の会（家族会連合会）本部」参照

【熊本県】

■KHJ熊本県「楠の会」
→【埼玉県】の「全国引きこもりKHJ親の会（家族会連合会）本部」参照

む指導者を養成する場。カウンセリング理論などの講義をはじめ、全寮制フリースクール「ドリカム」などで月100時間の研修を行なう。卒業後に独立してフリースクールを開校できるようにと経営講座なども開いている。

　○会員制度…当センターをさまざまな意味で支えるための会員制度。

　・正会員：センターの理念に賛同している個人や団体が加入。相談会やネット相談会で相談を受けることができる。年会費は個人10,000円、団体20,000円。

　・賛助会員：センターの理念に賛同し、経済的に支援している個人・団体。ホームページ上に氏名・団体名を掲載できる。年会費は個人1口3,000円、団体1口10,000円。

　・特別賛助会員：財政面以外で支えている会員。

［対象地域・年齢］福岡県内中心、要望があれば県外も可能。対象年齢は特になし。

［参考図書］
『不登校・中退者のための新しい学びの場2001』田口教育研究所編（日本評論社）
『不登校・中退からの進路ガイド　自分の学校』Vol.2（イカロス出版）

■創造探検塾
　〒811-3205　宗像郡福間町大字内殿1472
　TEL&FAX 0940-42-8600　携帯090-8356-6538
　E-mail：tk8600@aol.com
　ホームページ　http://members.aol.com/TK8600/

［代表者］久野哲也
［スタッフ］4人
［支援内容］最初は週1回の家庭訪問をし、スタッフ同伴での外出をめざす。その後、寄せ豆腐の製造・販売、車の整備など仕事の経験をさせて、就労支援を行なっている。

［特徴］
　○「福来い」豆腐工房…高級寄せ豆腐を製造・販売する。商品となる豆腐を作り上げることで責任感と自信を養う。働いた時間に応じて給料ももらえるので金銭感覚が養われ、将来の経済的な自立への下準備ともなる。また、対面販売や外販を通して、自然に多くの人とふれあうことができ、自信にも

［対象地域・年齢］福岡県、山口県、佐賀県、熊本県。年令不問。
［費用］入会金15,000円、月謝25,000円。会員になると、専任指導、学習指導、フレイア、親子の絆の結び直し講座、実践的「親の集い」ゆにわの会に参加できる。
［参考図書］
『不登校・中退者のための新しい学びの場2002』田口教育研究所編（日本評論社）

■NPO法人　福岡青少年支援センター
〒811-3205　宗像郡福間町大字内殿1472　創造探検塾内
TEL&FAX 0940-42-8600　携帯090-8356-6538
E-mail：tk8600@aol.com
ホームページ　http://www.sien-net.com/
［代表者］久野哲也
［支援内容］福岡でひきこもりや不登校の相談、自立支援、フリースクールなどを行なっている民間団体がネットワークを組み、不登校やひきこもりについてインターネットでの相談などを受けている。
［特徴・費用］
　〇不登校やひきこもりについての相談会…「不登校、中退、ひきこもり、なんでも相談会」「成人のためのひきこもり相談会」などを年に3～4回、開催。参加費は無料。
　〇ネット相談室…ひきこもりや不登校などの子どもを持っている保護者や、問題を抱えている成人を対象に、Eメールでの相談に応じている。費用は無料。回答者は福岡でひきこもりや不登校の相談や自立支援を行なっている民間団体のメンバー。利用者はメール会員として登録され、不登校やひきこもりに関する情報などを掲載したメールマガジンが配信される。
　相談内容および回答は、同じ悩みを抱えている人への情報共有として、Q&Aやメールマガジンにて公開される。ただし「公開」の際には、名前や住所などの個人情報は一切公表しない。また、相談内容に応じて、内容を編集したり、非公開にすることも。
　ホームページ上に掲載されている相談の一例：「35歳ひきこもり、どうすればいいかわかりません」「本人に『ひきこもり』の自覚がないのですが」
　〇青少年支援者養成スクール…ひきこもりの若者たちの自立支援に取り組

ホームページ　http://www.interbrain.co.jp/
［代表者］中光雅紀（心理教育カウンセラー）
［スタッフ］2人、ボランティア2人
［支援内容］当事者と家族へのカウンセリングとともに、IT講習など社会参加を促す活動も行なっている。電話やEメールでの相談も随時受け付け。
［特徴］
　〇専任指導…定期的（月2〜4回）な指導を継続する。来室か訪問カウンセリングかいずれかを選択。本人がカウンセリングを受けるようになるまでは、家族へのカウンセリングを行なう。1回90分以内。
　〇個別指導…会員以外の人を対象に不定期で、申し出に応じ指導する。1回90分以内。費用は1回15,000円。
　〇学習指導…不登校期間の学習の遅れを補うための自立学習法の指導を行なう。大検の指導も行なう。1回90分以内。
　〇フレイア…週1回の集合カウンセリングの場。複数のメンバーと与えられた課題に向き合い、傾聴し、自己を表現する訓練を行なう。月1回はレクリエーションも楽しんでいる。また、月2回、PC技術習得のためのIT講習を実施。税理士や社会保険労務士の監修のもと、SOHOを視野に入れた実践的な内容を行ない、社会参加への足がかりとする。北辰会員以外の参加も受け付け。
　〇電話での相談…Eメールでの相談とともに随時受け付けている。申込や料金は不要。20分以内。
　〇親子の絆の結び直し講座…家族機能の不均衡を見極め、ひきこもりの状態を受容できる姿勢を親が養うことで、本人の意識変革を促す方法を実践的に学ぶ。少人数制の"あきらめない親"たちの学びの場。講座回数9回、開講期間6ヵ月、1クラス5世帯（10名）まで。
　〇実践的「親の集い」ゆにわの会…主体性をもって自ら動き、「強制」から「共生」への子育てを実践していく親たちのためのセルフヘルプ・グループ。
　〇ひきこもり相談…毎週月曜日10時から12時まで、福岡県大野城市総合福祉センターにて。電話にて予約が必要（0120-870-996）。会員以外の人が対象。大野城市市民以外の参加も可。費用は無料。
　〇NPO法人福岡青少年支援センター（次項参照）の南福岡事務局としても活動している。

○午前中の2時間は個別指導による教科学習。年齢レベルに応じて2クラスに分かれ、パソコンを使って、自分のペースで学ぶ。大検取得や大学進学をめざす子もいる。

○午後は徳育の時間。日本で慣習となっているものの根源である儒教を主体として、さまざまな形で子どもたちに、日本人が大事にしてきたものを伝えている。写経や坐禅（毎日30分）、下坐業（毎朝、雑巾で便器を磨く）を行なう。

○徳育の次の時間は、曜日ごとにプログラムが組まれている。月曜日は空手、火曜日は英会話、美術、水・金曜日は体育（バレーボールやサッカーなど）、木曜日は陶芸を行なう。クラブ活動の時間もあり、代表の嶋田が元プロボクサーということから、ボクシング部もある。

○朝食と昼食の調理、夕食の準備とあとかたづけ、寮の掃除は子どもたちが当番制で行なっている。部屋は1人1部屋。

○土曜日の午後と日曜日は休み。帰省は嶋田の許可を得たうえで。春・夏・冬の休み中は自宅での生活となる。

○父子ソフトボール大会、手打ちうどんづくり、海水浴、スケート教室など、学期ごとに行事も行なう。

○父母学習会は毎月第4日曜日に、母親の会も定期的に開いている。

[対象地域・年齢] 男性のみ。12歳〜20歳。入寮生：定員15人（中学生以上）、通学生：定員20人（小学生〜高校生）、サポート生：定員30人（小学生以上）
[費用]

○入寮生：入会費580,000円、年間学費192万円（年間学費は入学時納入だが、一般・高校生は6ヵ月、中学生は3ヵ月分まで分割納入できる）。

○通学生：入会金300,000円、月謝70,000円（ただし中学生は入会金300,000円、月謝60,000円。小学生は入会金200,000円、月謝30,000円）

○サポート生：入会金100,000円、月謝20,000円
＊いずれも通信制学費、合宿費、旅行費は別払い。
＊カウンセリングは初回無料、次回より1回3,000円。

■心理教育カウンセリング・ルーム「ふぉーらむ北辰」
〒816-0962　大野城市つつじヶ丘6-4-21
TEL 0120-870-996、092-915-5636
E-mail：hokushin@interbrain.co.jp

諸経費（学校教材費、給食費、PTA会費、バス通学費等）は別途必要。
　○フリースクール…長期：入会金10,000円、月額120,000円（生活費、指導料も含む）。特別プログラム費（研修旅行、スキー教室、海水浴等）は別途必要。短期：1泊4,000円（3食付き、指導料も含む）

■社団法人　家庭問題情報センター
→【東京都】の項参照

■KHJ広島県「もみじの会」
→【埼玉県】の「全国引きこもりKHJ親の会（家族会連合会）本部」参照

【香川県】

■KHJ香川県
→【埼玉県】の「全国引きこもりKHJ親の会（家族会連合会）本部」参照

■登校拒否文化医学研究所「香川親の会」
→【東京都】の「登校拒否文化医学研究所」参照

【福岡県】

■フリースクール玄海
　〒811-0203　福岡市東区塩浜1-23-20
　TEL 092-605-5077　FAX 092-605-5078
　E-mail：genkai@fat.coara.or.jp
　ホームページ　http://www.coara.or.jp/~genkai/
［代表者］嶋田聡
［スタッフ］9人
［支援内容］不登校やひきこもりの子どもたちが親元から離れて共同生活をおくることで、親への依存心をとりのぞき、精神的な自立をはかる。生活リズムの確立や仲間づくりも進める。寮での生活は国語や数学など教科の個別指導とともに、坐禅や徳育の時間も設け、思いやりの心を育てる。
［特徴］

○中国山地のほぼ中央に位置し、豊かな自然に囲まれている。春はわらびやタラノメなどの山菜採り、近くの川や池ではハヤ、鯉、ブラックバスなどの釣りもできる。夏はカブトムシやクワガタの採集、天体望遠鏡で夜空の観察。秋は紅葉が美しく、あけびや栗、きのこの採集などができる。冬は積雪量が多く、山や畑の斜面は初心者向きのスキー場となる。スイス村の畑では、いろいろな野菜や果樹やハーブを作っており、味噌やこんにゃくやパンやケーキもみんなでつくる。牛、ガチョウ、カモ、犬なども飼っている。

○「よく動き、よく食べ、よく寝る」を基本に、規則正しい生活をおくる。グループ遊びやスポーツ、スタッフとマンツーマンでの学習、共同での作業体験、木工・竹細工・焼き物・パン作りなどの創作活動などを行なう。

○1日の日課…6時：起床、6時30分〜7時：朝食、7時〜8時：家畜の世話、8時〜10時：学習、10時〜12時：農作業、12時〜13時：昼食、13時〜17時：自由・創作活動、17時〜18時：家畜の世話、18時〜19時：夕食、19時〜21時：風呂・学習・自由、21時：就寝（ただし中学生は22時）

＊山村留学の場合は、昼間は近くの小中学校に通う。

＊日曜日は聖書研究会を行なう。これは決して一宗一派を押しつけるものではなく、人間の生き方についてともに考えるもの。

○イベント…毎月1回ほど行なっている。山菜を食べる会、陶芸、そうめん流し、キャンプ、海水浴、干し柿作り、スイス村運動会、秋を楽しもう、きのこ狩り、クリスマス会、染め物など。

○スイス村会員制度…スイス村の活動を財政的に支える制度。会員：会費（1年間）1口10,000円（任意の口数）、賛助会員：会費（1年間）1口2,000円（任意の額）。会員には、不登校やひきこもりなどの教育相談に応じる。また、スイス村の活動の様子を伝える『スイス村だより』をEメールまたは、封書で郵送。会員の場合は1人1泊2食付き無料宿泊券（年1回）を進呈。申し込みは電話、FAX、Eメール、はがきなどで。

振込先：郵便振替01320-4-25931　スイス村の山村留学を支援する会　代表　嶋田智恵美

[対象地域・年齢] 入寮は随時、受け付け。家族で、あるいは本人だけで試験的に数日泊まった後、条件が合えば受け入れるケースが一般的。対象年齢は原則として小・中・高校生。

[費用]

○山村留学…入会金10,000円、月額80,000円（生活費、傷害保険も含む）。

【岡山県】

■走れ！浜ちゃん　引きこもり・不登校相談
　〒701-0302　都窪郡早島町大字若宮18-8
　TEL&FAX　086-483-0960（浜崎学習塾。電話での問い合わせは17時〜21時40分）
　E-mail：h.katsu@f2.dion.ne.jp
　ホームページ　http://www.media110.ne.jp/~hamachan/
［代表者］浜崎勝浩
［スタッフ］1人
［支援内容・特徴など］大学在学中から東京都福生市にあるタメ塾（現ＮＰＯ法人　青少年自立支援センター→66ページを参照）のスタッフとして活動していた浜崎さんが主宰している。家庭訪問、ひきこもりや不登校についての親や本人の相談、本人への働きかけ、学業や就労のサポートなどを行なっている。
［対象地域・年齢］不問
［費用］不要（県外の家庭訪問の際は交通費が必要）

■ＫＨＪ岡山県「きびの会」
　→【埼玉県】の「全国引きこもりＫＨＪ親の会（家族会連合会）本部」参照

【広島県】

■スイス村
　〒728-0501　比婆郡口和町宮内285
　TEL&FAX　08248-7-2808
　E-mail：k1010@orange.ocn.ne.jp
　ホームページ　http://www3.ocn.ne.jp/~k1010/
［代表者］木原信行
［支援内容］不登校、ひきこもり、高校中退、山村留学、自然体験をしたい子どもなどを受け入れている全寮制の教育施設。
［特徴］

業や建築業見習い研修といった職業の基礎訓練と技術の習得なども行なう。特に建築関連の就労訓練（就職の前段階で職を体験する）に力を入れてサポートをしている。入所通所いずれも受け入れ中。

その他、ボランティアが週に1〜2回、不登校などの子どもの家庭を訪問する活動や、当事者や経験者の交流会も行なっている。また、入所に向けての訪問を行なう際、当団体の対象年齢を越えている時は他団体に委託する場合もある。

相談を希望する場合は、送料・手数料として90円切手2枚と送付先（住所と氏名）を書いた紙を同封の上、郵便でお申し込みを。差し支えなければ、便箋1枚程度に相談内容を書いてお送り下さい。以上のものが届き次第、即、案内書をお送りしますので、当方のシステム及び費用をご確認の上、電話で相談希望日の予約をして下さい。

[対象地域・年齢など] 活動地域はおもに西日本。8〜25歳男女問わず。
[費用] 非公開（案内資料にて公開）

■寄宿共同生活型フリースクール「NOLA（のら）」

〒639-3322　吉野郡吉野町殿川1441-2
TEL&FAX　07463-5-7656
E-mail：info@nola1.com
ホームページ　http://www.nola1.com/

[代表者] 佐藤　透
[スタッフ] 3人、ボランティア1人
[特徴] 不登校やひきこもり青少年の社会復帰に向けた共同生活寮、および幼児の自然とのふれあいのなかで自立へ向けた子育て支援の場として、1999年奈良県吉野郡吉野町に開設。マニュアルに頼らず実体験の中から学び取り自立を支援している。
[活動内容] 農作業や動物小屋の製作、地域の奉仕作業や行事参加、ビーチボール、フリースクール対抗ソフトボール大会、スキー研修、海外研修。
[対象地域・年齢など] 地域制限なし。10〜30歳。
[費用] 入会費200,000円、月額負担金150,000円、その他（こづかい、生活費）各5,000円

ホームページ　http://www.fellows.ne.jp/~kyoguchicc/
［代表者］須田泰司
［スタッフ］6人（いずれも臨床心理士や教職免許を取得している。また、顧問として大学教授ら3人）
［支援内容・特徴・費用］不登校やひきこもり、対人恐怖などに悩む人や家族を対象に、カウンセリングや教育相談、家庭訪問などを行なっている。

○カウンセリング…1回1時間5,000円
○育児・教育相談…1回1時間3,000円
○訪問…1回1時間8,000円（別途交通費）
○家庭教師…1回1時間3,000円（別途交通費）
＊すべて電話による予約制。
＊毎週月～土曜日の9時～18時（祝・祭日は休館）。ただし、ご都合がつかなければ相談に応じます。
＊森下神経内科診療所と提携しておりますので、医療的ケアの必要にも応じられます。

［対象地域・年齢］近畿圏内。幼児・児童・青年・成人。

■神戸オレンジの会
→【埼玉県】の「全国引きこもりKHJ親の会（家族会連合会）本部」参照

【奈良県】

■NPOトトロ学園
〒635-0083　大和高田市永和町4-16
TEL 0745-53-2918　FAX 0745-23-3708
E-mail：o-totoro@mahoroba.ne.jp
ホームページ　http://www.mahoroba.ne.jp/~o-totoro/index_1.html
［代表者］小川隆司（ニックネーム：トトロ）
［スタッフ］2人、ボランティア21人
［支援内容・特徴など］中学時代、不登校の経験がある小川さんが自宅を開放し、共同生活をおくることを通じて社会的自立を支援している。共同生活においては、食事の調理や農作業（有機農法）、ボランティアによる学習指導（基本は自習、ボランティアはその補佐）、さらにはステンレスの加工作

■エスポワール（大阪）
→【埼玉県】の「全国引きこもりＫＨＪ親の会（家族会連合会）本部」参照

■登校拒否文化医学研究所「近畿親の会」
→【東京都】の「登校拒否文化医学研究所」参照

【兵庫県】

■平本医院
　〒676-0808　高砂市神爪１丁目1-20-201
　TEL 0794-34-5811　FAX 0794-34-5711
　ホームページ　http://www.holonnet.com/hiramoto/
［代表者］平本憲孝
［スタッフ］9人
［支援内容］神経科・心療内科・精神科
［特徴］
　○診療時間…月・火・木・金曜日は9時30分～12時30分、16時～18時30分。土曜日は9時30分～12時30分（水曜・土曜午後・日曜・祝日は休診）。
　○ひきこもりに関する診療…通常の精神科治療とカウンセリング、アロマテラピー。
　○ひきこもり状態にある子どもを持つ親（家族）のみの外来診療（相談）も受け付けている。
　○ひきこもりデイケア…アットスクエア（対人関係が苦手な若者の語らいの場）。第2、第4木曜日14時から16時まで。
［費用］保険診療内
［参考図書］
　『心にグーンと力をつける本』平本憲孝著（日新報道）
　『心の健康法』平本憲孝著（日新報道）

■京口カウンセリングルーム
　〒670-0851　姫路市京口町105
　TEL 0792-22-3148　FAX 0792-81-1630
　E-mail：info@kyouguchi-cc.co.jp

す。ただ、一般診察時間内では、十分なお時間はとれません（日本の保険治療の泣きどころです）。
　〇現在、小学校6年生のひきこもりの子どもへの応援メッセージを企画しています。詳しくは、飯田史彦先生（福島大学経済学部助教授）のＨＰ（ホームページ）をご覧下さい。
　http://homepage2.nifty.com/fumi-rin/
［参考図書］『生きがいの催眠療法』飯田史彦・奥山輝実著（ＰＨＰ研究所）

■三十路の会
　E-mail:misog@hyper.cx
　ホームページ　http://f1.aaacafe.ne.jp/~misog
［支援内容・特徴など］大阪市内で月1回、例会を開き、交流しているひきこもり当事者の自助グループ。「コヤマ」さんが主宰（2代目代表）。インターネット上の掲示板での交流も行なっている。
［対象地域・年齢など］年齢制限なし
［費用］例会の参加費が必要（額は不特定です）

■社団法人　家庭問題情報センター
→【東京都】の項参照

■東京メンタルヘルスアカデミー
→【千葉県】の項参照

■おとなしい内向的な人の為のサークル「たんぽぽ広場」の会（通称「たんぽぽ広場」）
→【東京都】の項参照

■大阪オレンジの会
→【埼玉県】の「全国引きこもりＫＨＪ親の会（家族会連合会）本部」参照

■大阪高槻市オレンジの会
→【埼玉県】の「全国引きこもりＫＨＪ親の会（家族会連合会）本部」参照

[対象地域・年齢］全国（電話・Eメール相談を含め）。幼児から成人。
［費用］カウンセリングは初回9,000円、次回以降6,000円
［参考図書］
『ゆっくりゆったりのびやかに』三島照雄著（法政出版）
『わかって！ぼくたちのペース』三島照雄著（三学出版）

■医療法人　愛香会　奥山医院
〒571-0058　門真市小路町14-18
TEL 06-6907-7578　FAX 06-6907-7574
E-mail：love@okuyama.or.jp
ホームページ　http://www.okuyama.or.jp/
［代表者］奥山輝実
［スタッフ］ひきこもりの診療に関わっているスタッフは1人
［支援内容］第一線病院での救急医療の経験に基づいて、とりあえず何でも診察。心療内科では催眠療法を行なっている。
［特徴］
〇催眠療法…催眠状態へと誘導し、とてもリラックスした気持ち良い気分の中で、潜在意識（心の奥）に隠されている病気・悩み・不安・恐怖心などの原因やトラウマ（心の傷）をさぐり、それらを解放する。完全予約制。月〜金曜日の13時〜15時、または15時〜17時（1日あたり2名に限定）。1回の治療あたり2時間を基本時間として、30,000円（税別）。催眠療法予約専用電話070-6274-0981（受付時間：平日9時〜20時まで）
〇当院の催眠療法は過去生退行催眠療法です。ですから、「ひきこもりの原因が最もよくわかる過去生へ」という催眠誘導を行ないます。これをご理解いただいていないと、まったく話が進みません。また、当事者（ひきこもりの患者さん）が、過去生退行催眠を受けたい、という自発的な意志が必須条件です（家族に連れられて来た、家族に言われて来た……では催眠状態は維持できません）。過去生退行催眠は、安全で有用な治療方法ではありますが、万能薬ではありません。
〇ひきこもり状態にある子どもを持つ親御さん（家族）から相談をいただいても、本人が来られていないと、投薬などの一般的治療はできません。サプリメントやバッチ・フラワーレメディ（野生の花や草木から取り出した38種類のエッセンス）をおすすめすること、専門医をご紹介することはできま

［活動日・時間］毎月の第1・3木曜日、10時30分～13時（問い合わせや受付は、電話もしくはファクスで）
［対象地域・年齢など］特になし
［費用］参加費1,000円

■NPO法人　臨床教育研究所（社団法人日本青少年育成協会付属）
　〒591-8032　堺市百舌鳥梅町3-49-23
　TEL 072-240-1901　FAX 072-240-1930
　E-mail：rinshou@gem.hi-ho.ne.jp
　ホームページ　http://www.gem.hi-ho.ne.jp/rinshou/top.htm
［代表者］三島照雄
［スタッフ］ボランティアを含め7人
［支援内容］LD（学習障害）児・者と不登校、中退生、ひきこもりの子どもたちの教育相談と学習指導。フリースクールとフリースペースも開いている。
［特徴・費用］
　○スペースゆう…通信制高校の生徒の学習サポートや中退生・不登校の子どもたちのための学習指導と社会適応能力を高めるためのフリースクール。年齢にこだわらずに気楽に過ごせる憩いの場。月～金曜日（祝日と春、夏、冬休みを除く）。参加費は教育振興費1年100,000円、授業料1年480,000円（2回での分割払い可、1回240,000円。月払いの場合は1回50,000円）。その他、イベントへの参加（遠足や美術館見学等）は実費が必要。
　○ゆったり倶楽部…ティーパーティ（室内での自由なおしゃべり）、近くの公園や緑地の散歩、博物館・美術館の見学、ビデオ鑑賞、トランプなどのゲーム、卓球・スケート・ボウリングなどのスポーツ、カラオケなど、参加者のリクエストに応じていろいろなことをやる。4名以上の参加で会は成立。毎月第4土曜日13時30分～（ただし、都合によって休みの日もあるため、前もって電話にて問い合わせを）。対象は15歳以上。会費は1人1回2,500円（野外活動に必要な入場料や交通費は実費負担）。
　○ひきこもっている若者たちが、当所の活動を支えるボランティアとして活躍できるシステムもとっている。ホームページの作成やキャンプの引率、子どもたちの学習指導など、それぞれの特技を生かして、活動に取り組んでいる。

［費用］
　○訪問カウンセリング
　入会金30,000円（入会時のみ）
　諸経費20,000円（1セッション）、カウンセリング費150,000円～200,000円（1セッション）、＊交通費は実費
　○ほっとスポット
　登録料20,000円（入会時のみ。訪問カウンセリング入会者は免除）
　授業料60,000円（3ヵ月）
　○元気になるネットスクール21
　〈自分探しコース〉
　入会金30,000円（入会時のみ）
　設備・管理運営費10,000円（約3ヵ月）
　カウンセリング費120,000円（約3ヵ月）
　〈元気になるコース〉
　設備・管理運営費20,000円（約6ヵ月分）
　カウンセリング費240,000円（約6ヵ月分）
　〈短期メールカウンセリング〉
　［1ヵ月コース］入会金3,000円、設備・管理運営費2,000円、カウンセリング費25,000円
　［2ヵ月コース］入会金3,000円、設備・管理運営費2,000円、カウンセリング費50,000円
［参考図書］
　『子どもが学校に行かなくなったら赤飯をたきなさい！』大越俊夫著（サンマーク出版）

■グループ「パッチワーク」（フェミニストカウンセリング堺）
　〒590-0077　堺市中瓦町1-1-4　辻野ビル2F
　TEL 072-224-0663　FAX 072-224-0979（電話受付時間：月～土曜日の10時～17時）
　ホームページ　http://www6.ocn.ne.jp/~fcsakai/groupW.htm
［支援内容・特徴など］ひきこもりの若者を持つ母親のための語り合いグループ。子どもへの思いや、夫をはじめ本人をとりまく他の家族との関わりの難しさなどを語り合っている。

ホームページ　http://www.heartcare.ne.jp/
東京事務局：〒102-0074　千代田区九段南2-2-4　新九段ビル2F
TEL 03-3512-0055　E-mail : hc_tokyo@heartcare.ne.jp
[代表者] 大越俊夫（師友塾塾長）
[スタッフ] 5人、登録カウンセラー25人
[支援内容] 不登校やひきこもりの若者の家庭を訪問し、カウンセリングとともに学習援助も行なう。

○訪問カウンセリング…定められた日時にカウンセラーが家庭を訪問してカウンセリング。本人の希望や状況に合わせて、勉強や外出も可能。週1回、2時間の訪問で12回（約3ヵ月）を1セッションとする。師友塾への通塾、学校復帰や高校・専門学校・大学への進学及び就職など、それぞれの目標を定め、それを具体化していく手伝いをする。師友塾高等部での高卒資格取得もサポート。

○ＯＰＥＮルーム…外出できるようになった生徒が集まり、仲間と一緒に勉強したり、遊ぶことができるスペース。週2回、月・金曜日に開放。

○ほっとスポット…スタッフに質問しながら、それぞれのペースで自習できる学習空間。週3回（1回2時間）月・火・木曜日に開講。3ヵ月を1セッションとする。

○元気になるネットスクール21…インターネットによる個人カウンセリング。メールやチャット、配信映像によるカウンセリングを行なう。最初の3ヵ月は「自分探しコース」で、担当カウンセラーと毎週2回、会話をしていき、自分を整理していく。希望により、ゲームや性格判断クイズなども行なう。次の約半年間は「元気になるコース」に進み、師友塾の27年の実績から生まれた独自カリキュラム「元気になる7段階」を中心に、配信映像によるカウンセリングを行なう。原則として13～20歳の子ども・若者が対象。短期メールカウンセリングもあり、こちらは年齢制限はない。

[特徴など] 27年前（1975年）から、約5,000人の不登校・中退生を元気によみがえらせてきたリバースアカデミー師友塾（東京校、神戸校、大阪校）が母体。ハートケアフレンドセンター（大阪）は5年前（1997年）から関西地区を中心に訪問カウンセリングを行なっている。2002年8月、ハートケアフレンドセンター東京事務局開設。関東地区での訪問カウンセリングを行なう。

[対象地域] 関東・関西地区一円
[年齢など] 12歳～30歳

受付時間：10時～18時（毎週木曜日は定休日）
［代表者］前川哲治（心理カウンセラー、アドラー心理学心理療法士）
［スタッフ］3人
［支援内容］閉じこもり（思春期以降の登校拒否を含む）を含むストレス症状全般を、当事者および両親へのカウンセリングを通して解きほぐし、自己肯定感をもてるようにする。
［特徴・費用］
　○面接カウンセリング…毎日10時～。電話で予約が必要。初回（約2時間）10,000円、2回目以降（1時間）6,000円。
　○電話カウンセリング…毎日10時～。30分（1単位）3,000円。5単位分（15,000円）ごとにまとめて申し込み。
　○当事者のグループカウンセリング…毎月第1、第3土曜日の16時～17時30分まで。参加費1,500円。
　○「閉じこもり」の講習会…初めて参加の人を対象にしたもの。毎月第2日曜日13時～15時30分。参加費1,500円、2人目からは1,000円。電話予約が必要。
　○親のつどい…毎月第4日曜日。参加費2,000円、2人目からは1,000円。
　○父親のつどい…毎月第2日曜日。参加費1,500円、2人目からは1,000円。
［対象地域・年齢］特になし。
　＊「閉じこもり」について…「人間関係に挫折し、人間恐怖（対人恐怖）的になるほど、自己防衛的に心を閉ざして人間関係を避けるようになります。しかも、否定的なことを堂々めぐり的に考え、あらゆるしんどい場面を避け、身動きできなくなり、家にこもる状態にいたります。しかし、そんな状態でも、両親が本人から見て安全な存在、味方と感じるように、接し方、生き方を変える協力をすれば、しだいに両親に心を開き、ストレスが減り、元気になってきます。このように、閉じこもり問題の核心のひとつは、『心を閉ざす』か『心を開くか』ですから、『心を閉ざして、こもること』、つまり、『閉じこもり』という言葉を、当センターでは使っています」（前川さん）。

■師友塾ハートケアフレンドセンター
〒532-0011　大阪市淀川区西中島5-2-5　中島第2ビル9F
TEL 06-6308-0540　FAX 06-6301-1220
E-mail：heartcare@heartcare.ne.jp

TEL 090-7882-3714
E-mail：ZAN01701@nifty.ne.jp
ホームページ　http://member.nifty.ne.jp/donutstalk/
［代表者］田中俊英
［支援内容］不登校や「ひきこもり」の子ども・若者たちを訪問して、訪問相談支援する活動を中心に行なっている。
［特徴・費用］
○訪問支援…相談・遊びを通しての交流、外出、他機関との連携など、子どもと「社会（対人関係）」の交流の援助。1回2時間ほど。料金は8,000～10,000円（交通費別）。
○保護者相談…情報提供、カウンセリング、進路の相談、援助方針など。1回1時間ほどで3,000円。
○若者のサークル…1ヵ月に1～2回。面談の上、参加決定。主にコミュニケーションについて語り合う。参加費は1回1,000円。
○淡路プラッツ「親の会」…大阪にあるフリースペース「淡路プラッツ」（前項参照）で行なっている親の会。毎月第2土曜の14時から。参加費2,000円。（以上の支援活動は、代表者の田中が2000年から淡路プラッツの非常勤スタッフになったことにより、そのいくつかは淡路プラッツの活動と重なっている）
○出前対話…各職場や親の会に出向き、「『待つ』というアプローチを考える」「『子どもの自己決定』を深く考えてみる」などをテーマにしたディスカッション。料金は、田中の問題提起＆対話の司会料5,000円プラス交通費。
○ミニコミ誌「キッド」の発行…基本的に月刊。2001年の主な特集は「"ひきこもり"と生活保護」「聞くこと・語ること」「斎藤環さん講演録」など。定期購読は10回分購読料3,000円を、郵便振替「00990-1-58270ドーナツトーク社」まで。
［対象地域・年齢など］13～25歳。

■ストレスカウンセリング・センター（NPO法人申請中）
〒533-0033　大阪市東淀川区東中島1-17-5　ステュディオ新大阪316号
TEL&FAX　06-6325-3341
E-mail：scc@mail.regina.ne.jp
ホームページ　http://www.regina.co.jp/~scc/

習も、毎年希望者を対象に行なっている。国内外へ旅行に出かけることもある（これまでに韓国、ニュージーランド、メキシコ、沖縄、北海道など）。

　入会金：なし。会費：月額50,000円、施設充実費：年間240,000円（月割り可）、体験入学（1ヵ月）35,000円（施設費込み）。旅行などは実費。

　○プログラム利用…居場所の利用、カヌー、ソフトボール、料理・おやつづくり、作業所見学、1日レクリエーション（温泉・映画・カラオケ等）などのプログラムに、居場所メンバー以外の人も参加できる。参加費は一律5,000円（プログラムによっては別途費用が必要な場合もある）

　○カウンセリング…保護者、当事者、サークル利用者などが対象。他団体の紹介もする。一律3,000円。

　○当事者サークル…メンバー以外の当事者も参加して、フリートークをする集まり。参加者でテーマを決めて、話し合うことも。毎月第4土曜日13時30分から。参加費は1回1,000円。

　○保護者会…メンバーの親を対象としたもの。毎月第2土曜日の午後から、プラッツの予定やメンバーの近況などをざっくばらんに話し合う。

　○親の会…メンバー以外の親も参加できるフリートーク中心の会。毎月第2土曜日、保護者会終了後（14時から）行なっている。参加費2,000円

　○訪問支援…1回2時間ほどで8,000円～10,000円（交通費別）

　○不登校の会…主に小中学生で、不登校をしている人が対象。内容はフリースペース的なもの。月1回第3土曜日の12時～16時まで。参加費は1回3,000円。＊見学のみも可（スタッフが説明する）

　○「淡路プラッツを支える会」…プラッツを維持・発展させるための組織。会員には講演会の参加費割引、プラッツの月刊通信「ゆうほどう」の送付などの特典。プラッツでのさまざまなメニューも利用できる。また、A会員はカウンセリングが無料。A会員：1口1ヵ月5,000円×12ヵ月分（毎月のお振込）、B会員：1口1年で10,000円。振込先：郵便振替00910-1-61846「淡路プラッツ」

［対象地域・年齢など］不登校、いわゆる「ひきこもり」（6ヵ月～1年以上家にひきこもっている青年）、その他、対人関係や就労について不安を抱えている人。年齢は15～35歳くらいまでの男女。

■ドーナツトーク社

　〒533-0021　大阪市東淀川区下新庄1-2-1（淡路プラッツ気付）

○ニュースタートパートナー（NSP）活動…若いスタッフによるひきこもりからの脱出支援活動。手紙を書き、電話をし、そして家庭を訪問する。3ヵ月単位でプログラムに基づいて活動している。
　○若者メンバーによるハイキングやソフトボール、サッカー大会など。
　○サポーター会議…ニュースタート事務局関西の活動を支援するとともに、会独自でも「若者の社会参加を支援するための事業」を推進している。会費は無料。
　・一般会員：事務局からの情報提供や全ての催し物に、無料で参加（実費等は別）できる。ただし、活動への参加は義務づけられていない。入会時に入会金10,000円。
　・サポーター会員：「鍋の会」の運営や、NSP活動その他に実際に携わる。事務局からの情報提供や全ての催し物に、無料で参加（実費等は別）できる。対象は例会に6回（6ヵ月）以上、参加実績のある人で、希望者はニュースタートの活動に関するレポートを提出のこと。入会時に入会金1,000円。

■淡路プラッツ

〒533-0021　大阪市東淀川区下新庄1-2-1
TEL&FAX　06-6324-7633
E-mail：awajiplatz@excite.co.jp
ホームページ　http://www.wombat.zaq.ne.jp/awajiplatz/
＊なお、ご相談は平日10時～18時（水曜休み）、土曜日11時～17時
［代表者］金城隆一
［スタッフ］3人（他にボランティアスタッフ数人）。嘱託医として精神科医1人。また、精神科医、教育相談員、福祉系大学の教員が顧問（3人）を務めている。
［支援内容］ひきこもりの若者たちが、安心して通えるフリースペース。おしゃべりなどの交流を通して、他人とのコミュニケーションを築く。さらに、遊びや旅行、就労実習などのさまざまな生活体験を積むことで、自分に合った社会参加（主として就労・就学など）をめざす。
［特徴・費用］
　○フリースペース…居場所のメンバーになると、遊びや旅行、就労実習などのさまざまな生活体験をする。北海道・三重県での協力農家先での農業実

【大阪府】

■NPO法人　ニュースタート事務局関西
〒550-0004　大阪市西区靱本町1-7-3　PAX本町ビル2階
FAX 06-6441-0483
E-mail：newstart@post.sun-inet.or.jp
ホームページ http://www5b.biglobe.ne.jp/~newstart/

[代表者] 西嶋彰
[支援内容] いっしょに鍋を囲みながらの交流などを通して、ひきこもりや不登校の若者の新しいスタートを支援している。また、訪問活動も行なっている。

[特徴]
○若者のひきこもりと大学生の不登校を考える会…毎月1回、土曜日の午後に開催している例会。

○鍋の会…鍋料理をいっしょに食べながら、ひきこもりや不登校の体験を語り合うグループセラピーの場。他人との会食の機会の少ない若者が集まって鍋を囲み、団欒の楽しさを知り、対人恐怖をぬぐい去る。そして段階的に社会性を身につける。会は毎月2回。参加希望者は事前に申し込む。参加費は無料。

○宇受賣鍋（うずめの鍋）…鍋の会の出張版。「鍋の会」をひきこもりの若者のいる家庭で行なう。鍋の会に参加したいと思っても、なかなか自宅を出ることのできない若者の家で行なうことにより、心の負担を少しでも軽くする。また、閉ざされた家族の中で親と子だけが向かい合う関係を超えて、家族を開き、助け合いと相互理解の豊かな輪を社会に広げるきっかけをつくる。

○若者の家…共同生活寮。現在、大阪府高槻市に所在。入寮希望、問い合わせは親から直接、事務局へ。本人からの問い合わせには応じない。

○ニュースタートクラブ…人とかかわりたいけど、会社やアルバイト、学校、ボランティアには参加できない。参加はできるけど、自分の居場所がないと感じている人たちの出会いの場所。女性の集いも行なっている。

○個別相談…スタッフが相談に応じている。また、主任相談員によるカウンセリングも行なっている。

［費用］
【小・中学生該当】
　○入会金60,000円　＊初年度のみ
　○設備使用料50,000円　＊年額
　○授業料37,000円（小）、40,000円（中）　＊月額
【高校生該当】
　○レギュラーコース
　入会金50,000円　設備使用料50,000円　授業料700,000円（年額）
　○サポートコース
　入会金60,000円　設備使用料50,000円　授業料37,000円（月額・月6回）
【18歳以上】
　○レギュラーコース
　入会金50,000円　設備使用料50,000円　授業料900,000円（年額）
　○サポートコース
　入会金60,000円　設備使用料50,000円　授業料50,000円（月額・月6回）
【体験入学】1日6,000円（昼食代込み）最長5日間
【訪問相談】1件に付き10,000円　自宅へ出向いての相談は1件に付き20,000円と実費交通費
【その他相談】
　○訪問指導（交通費は別途）
　入会金60,000円（初年度）
　訪問協力金50,000円（年額）
　月1回　25,000円
　月2回　35,000円
　月4回　65,000円
　○共同生活寮を併設。体験宿泊、下宿指導希望については、直接問い合わせてください。

■京都オレンジの会
→【埼玉県】の「全国引きこもりＫＨＪ親の会（家族会連合会）本部」参照

［支援内容］主に大学不登校の学生が対象ですが、大学を中退した人、卒業者あるいは大学における生活に不安や悩みを抱える人が集まり、悩みを話したり、議論をしたりしています。詳しくはＨＰをご覧ください。
　また、毎月１回、以下の日時・場所で集まっています。
　○場所：ウイングス京都内中京青年の家（京都市中京区東洞院通六角下る御射山町262）。地下鉄四条駅、阪急烏丸駅から徒歩約５分
　○日時：毎月１回、最終日曜日15時から
［費用］特に必要なし

■ＮＰＯ法人　みらいの会
　〒617-0006　向日市上植野南開45-6
　TEL 075-924-0820　FAX 075-924-0821
　E-mail：mirai01@mirainokai.org
　ホームページ　http://www.mirainokai.org/
［代表者］野田隆喜
［活動内容・特徴など］フリースペース、居場所、教育相談、訪問相談などを行なうＮＰＯ法人。子ども・若者が自らの意思で学べるよう心の成長に助力し、人生に対して前向きに考えられる姿勢になることを願い、生活習慣の体得・読み・書き・計算・日本の文化・歴史を学び・国際交流・スポーツを通し、自主独立の精神を持つ若者を育成することと、だれもが共に学ぶことのできる「寺子屋・若衆宿」の開校を目的としている。また、一人ひとりの個性にあわせての対応をしながら、日常を中心に日々の生活を大切にし、興味がわくよう、畑・スポーツ・韓国との交流・職場体験等と多岐に活動。15歳までは学校復帰を念頭に「生活・学校での基礎学力の養成」「学習の仕方」。16歳からは「社会での基礎学力」。20歳以上は「社会で生きていく力」を身につけることを指導内容としている。
　さらに、不登校、ひきこもり体験者による演劇ユニット「すみらい」による出前公演活動やサッカーチーム「ＦＣ乙訓　みらいの会」、過食・拒食の集まり「みずみらい」などの活動もある。
　平日は24時間体制で、一応目安は９～18時まで。2002年８月現在、通所12名、訪問６名、計18名が在籍している。
［対象地域］近畿を主に全国
［対象年齢］小・中・高～30歳（目安）

相談所。自分の好きな勉強や遊びをして、仲間といっしょにすごす。また、必要に応じてカウンセリングや個別学習・野外活動なども行なっている。
　＊義務教育の人の場合は、学校の出席扱いになる場合もある。
［特徴］
　〇開所日…毎週の月・火・木・金曜日の10時〜15時
　〇午前中は自由時間で、自分の好きなことをやる。午後は学習時間とし、自分の課題となる学習（やりたい勉強）をする。昼休み（昼食後）はみんなでオセロやＵＮＯ、トランプなどゲームをして遊ぶ。
　〇気候がよいときには、市営のテニスコートを借りて週１回テニス。スタッフや会員メンバーのお誕生日会や、遠足のように野外へ散策に出かけることもある。
　〇親の会…家族援助のワークショップやおしゃべり会、個別相談など、月１回の予定で行なっている。会費は年額10,000円。入会すると相談料（カウンセリング料）が無料になる。
　〇賛助会員…運営を維持するための会員。年会費１口2,000円。振込先：口座番号　00960-3-120180、加入者名　メンタル・リフレッシュ・スペースいぶき
［対象地域・年齢］通所可能な地域。小・中・高校生までが中心で、大学生くらいまでの年齢を対象にしています。
［費用］
　年会費180,000円、行事費（年額）10,000円、親の会会費（年額）10,000円（親の会のみの入会も可能）。以上の金額総計200,000円を４回払いで納入（第１回65,000円：行事費、親の会会費、会費３ヵ月分。第２〜４回45,000円：会費３ヵ月分）。
　カウンセリング料（希望者のみ）１回（約60分）5,000円
　＊入会を希望する場合は、相談面接の日を電話で予約。相談面接は月・火・木・金曜日の10時〜15時30分。

【京都府】

■みどり会
　E-mail:goronta@mvg.biglobe.ne.jp
　ホームページ　http://www5a.biglobe.ne.jp/~lmidori/

りに取り組んでいきます。
（3）その他の主な活動
　14年の経験を持つスタートラインではひきこもり状態の人々が、心身の健康を取り戻し、いきいきと充実した人生がおくれるよう各人の状態に応じ、心理カウンセリング、グループワーク等を行なうとともに、今まで不足してきた人間体験、社会体験、労働体験、自然体験等を実体験出来る場を提供し、自信回復に必要な援助を行なっています。
　・ひきこもりの本人や両親を対象にした面接相談、手紙・電話・電子メール等の通信手段を利用した相談活動。ひきこもり、不登校の青少年とかかわって14年の経験をもつ理事長とひきこもり経験者2名、専属カウンセラー2名が担当しています。面接相談料は1回10,000円。
　・ひきこもりの子を持つ親同士の交流を目的とした親の会活動
　・一緒に料理を作り、食べながら話し合い、自己を開くグループセラピーとしての「鍋の会」活動。参加費2,000円。
　・ひきこもり、不登校を経験し、自立を果たした青少年及びその両親等を招いての体験談の交流活動
　・家庭を訪問し、本人との接触を図り、話し合い、入寮を勧める家庭訪問活動
　・共同生活寮（個室13室）の運営。寮費は1ヵ月約80,000円。
［対象地域］なし
［対象年齢］中学生以上35歳まで
［費用］通園1ヵ月60,000円（職業訓練費は各コースにより異なります）

■ メンタル・リフレッシュ・スペース「いぶき」
　〒522-0063　彦根市中央町4-32
　TEL&FAX　0749-21-2303
　E-mail：mr-ibuki@muse.ocn.ne.jp
　ホームページ　http://www8.ocn.ne.jp/~ibuki/
［代表者］瀧沢美紀
［スタッフ］2人（いずれも教師経験者）。その他に精神科医、教育・心理学専門の大学教授が顧問（2人）を務めている。また、教育（心理学）研修中の現役学生も活動を手伝っている。
［支援内容］学校へ行っていない人、ひきこもっている人のための居場所・

日祭日除く）8時30分〜17時15分（12時〜13時は昼休み）
　・メール相談…さまざまな心の問題を持つ子どもたちについての相談を、専門のスタッフが受け付けている。
［費用］保険適用される
［参考図書］
『暮しと健康』1996年3月号（保健同人社）
『季刊こころの臨床a・la・carte』14巻3号、1995年9月（星和書店）

【滋賀県】

■自立応援ネットワーク「ＮＰＯ法人スタートライン」

〒526-0056　長浜市朝日町31番36号
TEL 0749-65-3812　FAX 0749-65-3856
E-mail:　t_uno26622@yahoo.co.jp
［代表者］宇野敏一
［支援内容］自立した生活をするための職業を身につけることに主眼を置いている。
（1）治療師の養成
　彼らの多くが共通して持っている優しさ、敏感な感性等の資質が活かせる職業につけるよう、必要な知識・技術の習得機会を創る活動に主眼をおいています。具体的には、「自然形体療法」という全く新しい画期的な無痛の整体治療法（全国にすでに約50個所の治療院があります）を身につけ、治療師として生きるための研修所を開設しています。第一期生3名が2002年5月に卒業しました。
　彼らは今、スタートライン内に併設されている治療所で、有料で患者さんの治療をしながら実践治療を行うインターン生活に入っています。
（2）靴職人の養成
　また、全国の自然形体の治療院や整形外科に来る外反母趾などの患者さん用として、治療効果の高い特注の靴を作る靴職人養成講座の開設に取り組んでいます。今後、全国に増え続ける自然形体療法の治療院と提携することで、仕事の確保ができる有望職域です。
　確定しているのはまだこの2種類ですが、現在4種類の職業人養成講座の準備中です。今後、さらにもっと多くの職域を作るためのネットワークづく

［スタッフ］96人
［支援内容］子どもの精神科病院。外来診察や入院の対象は、さまざまなこころの問題を持った18歳までの子ども。入院治療には80床のベッドが用意されており、このうち40床については、児童福祉法による第1種自閉症児施設（医療型児童福祉施設）としての指定も受けている。小・中学生の子どもたちは、敷地内にある津市立高茶屋小学校と津市立南郊中学校の分校へ通うことができるようになっており、入院中も学校教育を受けることができる。医師の診察、精神（心理）療法（箱庭、遊戯、絵画、言語療法、行動療法、家族療法等）、薬物療法、作業療法（レクリエーションを含む）、運動リズム指導、生活指導、ケースワークなどを行なっている。

［特徴］
　○外来診療…診察は予約制。初めての人は予約の電話が必要。初診の時間は毎週月～金曜日の9時、10時、11時（祝祭日を除く）。診察は、予診→診察→（心理テスト）の流れで行なっている。
　・予診：受診するきっかけとなった子どもの問題や悩み、これまでの育ちの経過などについて30分から1時間程度かけて聞くもの
　・心理テスト：子どもの心の発達等について客観的に判定する。
　こうした診察により、継続通院、発達障害幼児療育、思春期デイケア、カウンセリング、入院など、これからの治療方法を医師と子ども本人と家族で相談して決める。対象年齢はおおむね18歳まで。
　○ひきこもり状態にある子どもの親のみの相談も受け付けている。
　○思春期デイケア…園芸や調理、手工芸、木工、ゲームなどさまざまな活動を通して、生活のリズムをつけ、社会のルールを学び、対人関係の交流を図り、家庭、学校、地域社会へ参加できるように治療する。プログラムは自分の興味や希望で選べる。小学生から20歳までの子ども・若者が参加。時間は毎週月～金曜日の9時30分から15時30分まで。期間は原則として1年間だが、必要に応じて短縮、延長もできる。費用は再診料＋「精神科デイケア」が毎回必要。各種健康保険の適用ができる。さらに、通院医療費公費負担制度を利用すると自己負担額が軽減される。昼の給食費は別途必要。
　○子どものこころの相談室
　・相談電話…18歳までの子どもの悩みごとについての相談を電話・FAXで受けている。相談電話には、心理判定員、保健婦、医師、教員が交代で応じている。相談は無料。相談電話：TEL&FAX 059-235-5556　月～金（祝

○デイケア凪…お茶を飲んだり、ゲームをしたり、音楽を聴いたり、ゆったり過ごす場。何もしたくないときは、見学したり、横になったりもできる。昼食代が必要。毎週月・火・水・金曜日（週4日）の9時～15時。

1日の流れ：8時30分集合、9時～午前のプログラム、11時～昼食・休憩、13時～午後のプログラム、14時～ミーティング、15時～解散

○社会的ひきこもり親グループの会…社会的ひきこもりの子どもをもつ親が集まり、読書会やディスカッションをする。同じような悩みをもつ人と悩みを共有したり、話し合う場。毎週土曜日の10時～11時、場所は当クリニックにて。見学も可。

[対象地域・年齢] 地域の限定はなし、年齢はデイケアは30代ぐらいまでの人が多い。

[費用] デイケアは通院公費負担制度を利用して1日300円前後、親の会は通院公費負担制度を利用して200円前後。

[参考図書]『体にあらわれる心の病気』磯部潮著（ＰＨＰ新書）

■社団法人　家庭問題情報センター
→【東京都】の項参照

■オレンヂの会東海
→【埼玉県】の「全国引きこもりＫＨＪ親の会（家族会連合会）本部」参照

■ＫＨＪ東海なでしこの会
→【埼玉県】の「全国引きこもりＫＨＪ親の会（家族会連合会）本部」参照

【三重県】

■三重県立小児心療センター　あすなろ学園
〒514-0818　津市城山1丁目12-3
TEL 059-234-8700（代）　FAX 059-234-9361
外来診察予約専用：TEL 059-234-9700、子どものこころの相談班直通：TEL 059-234-9724
ホームページ　http://www.asunaro.pref.mie.jp/index.html#
[代表者] 西田寿美

■NPO法人　青少年自立援助センター北斗寮
　　〒443-0022　蒲郡市三谷北通5-141
　　　TEL&FAX　0533-68-8756
［理事長］竹内公一
［センター長］河野久忠
［スタッフ］常勤3人、非常勤2人、ボランティア1人
［活動内容・特徴など］不登校によるひきこもりの生活空間と相談機関のNPO法人。集団生活の中から、ひきこもっていた間に体験できなかったことを体験し、自信をつけさせ、アルバイトなどにつながるように専任のスタッフがサポートする。学習のサポート、職業実習など。電話での予約の上、来所にての相談が可能。専任のカウンセラー有り。また、家庭訪問による相談にも応じている（有料）。
［対象地域・年齢など］特になし。寮の方は女性不可。訪問相談は基本的には愛知県内。
［費用］相談料（来所）5,000円、訪問20,000円＋交通費、その他登録料有り　入寮費30,000円　月額負担金157,500円　施設費（年間）5,000円
　　通所も対応します。体験入寮なども可能です。
［参考図書］『おーい、ひきこもり』工藤定次＋スタジオポット（ポット出版）

■いそべクリニック
　　〒497-0033　海部郡蟹江町蟹江本町チノ割24-3
　　第26オーシャンプラザ3F
　　TEL 05679-4-1531　FAX 05679-4-1532
　　E-mail：isobe-clinic@medical.email.ne.jp
　　ホームページ
　　http://www.mmjp.or.jp/isobe-clinic/contents/index.html
［代表者］磯部潮
［スタッフ］12人
［支援内容］神経科・心療内科
［特徴］
　○診療時間…月・火・水・金曜日は9時〜12時と15時30分〜18時30分、木・土曜日は9時〜12時（休診日：日曜日・祝日、木曜日午後、土曜日午後）

持的」な対応ではなく、当面の目標を設定して、その目標に到達するよう努力するという「指示的」な対応が治療の基本になります。

　外来通院に加え、生活リズムを整えながらアルバイトに挑戦する学習入院療法、働きながら自活して自立をめざす親代わり療法などを状況に応じて実施します。薬物療法はあくまでも補助的なものと考えています。

　デイケアは実施しておりません。ご本人が来院できない場合は、ご家族のみの相談も可能です（費用は全額自費負担となります）。

　当院は医療機関ですから、ひきこもりへの対応は「治療」と考えています。ですから、ご本人およびご家族の治療動機が明確であるほうが、治療効果も当然高まります。参考図書をお読みいただき、基本方針をご理解いただいたうえで来院されることをおすすめします。

［対象地域・年齢］特に制限はありませんが、30歳を過ぎると治療効果は上がりにくくなります。
［費用］健康保険適用
［参考図書］
『ここまで治せる不登校・ひきこもり』久徳重和、マキノ出版
『ドクター久徳の子育て勉強会』久徳重盛、致知出版

■虹の会

　〒461-0001　名古屋市東区泉1-22-35　チサンマンション桜通久屋314号室
　TEL&FAX 052-961-3135
　E-mail：niji-kai.info@m2.pbc.ne.jp
　ホームページ　http://www43.tok2.com/home/nijinokai/
［代表者］加藤大輔
［支援内容］(1)家庭訪問（ひきこもり体験者が訪問）、(2)友達つくりの集い（週2回）、(3)社会体験学習（都度）、(4)家族個別相談（毎週土・日曜日）
［特徴］積極的かつ活発なサークル活動を通して、人とのふれあい、心の形成、ケアをし、ひきこもりから立ち直ることを目的として、社会復帰を目指す。もとひきこもりの若者がスタッフをつとめる。
［対象地域・年齢］東海（愛知、岐阜、三重）。20代中心。
［費用］入会金50,000円、月会費10,000円。家庭訪問は初回8,000円、2回目以降5,000円。家族個別相談10,000円（2時間まで）

の協力店でアルバイトすることを通して、社会参加できるようにする。
　○乗馬や牧場体験（いずれも参加費1,000円）、スキー・スノーボード旅行、公園の掃除などのボランティア活動など、さまざまな体験も行なっている。
　○寮…名古屋市内に男女それぞれの寮を設けている。食事は当番制になっているなど、子どもたちの自立を養う。寮費1ヵ月130,000円（宿泊代、食費、光熱費含む）。
　○専属の小児科医、精神科医が待機しており、緊急時には入院もできる（当日の入院も可能）。
［対象地域・年齢］特になし
［費用］入会金はなし
［参考図書］
『不登校・中退者のための新しい学びの場2002』田口教育研究所編（日本評論社）

■医療法人健育会　久徳クリニック
　〒465-0025　名古屋市名東区上社5-201
　TEL 052-703-5510　FAX 052-703-3573
　E-mai：kyutoku@pal.ne.jp
　ホームページ　http://www.pal.ne.jp/kyutoku/
＊お問い合わせは、E-mailでも結構ですが、担当者多忙のため、速やかにお返事できないこともあります。お急ぎの方は郵便、または電話でお問い合わせ下さい。
［代表者］久徳重盛
［スタッフ］ひきこもりの診療を行なっているスタッフは3人
［支援内容］人間形成医学の立場に立ち、心理的にも経済的にも自立した、健全な大人としての社会生活がおくれるようになることをめざした治療を行なっています。
［特徴］
　○診療時間…初診（要予約）の受付は、月～水・金の9時～11時、月～金の13時～15時です。
　○診療内容…ひきこもりは「生きる姿勢・ライフスタイル」に「よくない癖」がついた状態と考え、その癖の修正を試みることが治療であり、自立に向かう方法であると考えています。気長に様子を見るとか、投薬中心の「支

○ステイ・大学受験コース…通信教育を受けながら大学受験を考えている生徒、および浪人生たちの目標大学合格への個別指導を行なう。費用はステイ・大検コースに準ずる。

○寮は住宅街にあり、1人1部屋（机、エアコン、ベッド付き。バス・トイレ完備）。体を鍛えるトレーニングルームもある。

○午前、午後いずれも教科学習中心のプログラム。土曜日の午後と日曜日は休み。食事は寮母さんがつくってくれる。

○茶摘みなどのボランティア活動を行なうことも。年間行事としてピクニックやバーベキューなどもある。

［対象地域・年齢］12～22歳。2002年8月現在、募集は男女各2名ずつ。

■ＫＨＪ静岡県「いっぷく会」
→【埼玉県】の「全国引きこもりＫＨＪ親の会（家族会連合会）本部」参照

■登校拒否文化医学研究所「きつつき会」（浜松）
→【東京都】の「登校拒否文化医学研究所」参照。

【愛知県】

■ＮＰＯ法人　アイメンタルスクール
　〒461-0001　名古屋市東区泉1丁目22番地26号　三愛ビル4階
　TEL 052-951-6266
　E-mail：sugiura@aimental.com
　ホームページ　http://www.aimental.com
［代表者］杉浦昌子
［スタッフ］10人、カウンセラー3人
［支援内容］不登校、ひきこもりの訪問カウンセリングを主体に行なっている。寮施設もある。
［特徴］
　○訪問カウンセリング…親と子どもを交えた話し合いの上で、家庭を訪問し、カウンセリングを行なっている。1回1時間8,000円（交通費別。ただし、名古屋市内1,000円までは負担する）
　○社会参加…ファミリーレストランやガソリンスタンド、工場などの地域

○元気農園…作業療法の一環として農家の人たちの手を借りて、山梨で里山体験活動として、ぶどう狩りや桃狩りなど収穫作業のお手伝いなどをする。また、静岡でみかんもつくっている。ひきこもりがちの人が外に出るきっかけになるように催しを行なっている。

　○面接相談…電話かメールで予約（「入学希望者の相談」なのか、「相談のみを希望」なのかをお知らせ下さい）。相談のみの場合、費用は10,000円。
［対象地域・年齢］　4〜30歳くらいまで。
［費用］　一人一人に最善の治療教育を行なっているので、それぞれの人で対応が違ってきます。面接相談をして、そのときに、費用や方法、治療教育期間をお知らせします。

■螢生学院
　〒420-0881　静岡市北安東3-10-11
　TEL 054-209-2221　FAX 054-209-2288
　E-mail：stskrym@nyc.odn.ne.jp
　ホームページ　http://keiseigakuin.tripod.co.jp/
［代表者］栗山聡
［スタッフ］3人
［支援内容］「勉学は心のケアのための手段である」（勉学で自信がつけば、平常の行動に明るさが増し、心のケアがなされる）をモットーに、勉強を通じて不登校やひきこもり、高校中退した子どもたちの人格形成を行う全寮制の「ステイ・スクール」。24時間体制で学習指導とカウンセリングを行なっている。
［特徴・費用］
　○ステイ・サポート校コース…広域通信制高校のサポートとして通信教育、また単位制高校への通学により、高校卒業資格を取得するコース。入会費120,000円、月学費275,000円（税別。生活指導費、寮費、食費、水道光熱費も含む）。学費は1年単位。別途、通信制学費（年間25万円程度）と若干の教材費（参考書等）が必要。
　○ステイ・大検コース…大学受験資格を取得するための集中・個別教育を行なう。月学費は最高限度額477,000円（税別。生活指導費、寮費、食費、水道光熱費も含む）。学費は必ずしも1年単位ではない。そのほか、若干の教材費が必要。

〒422-8062　静岡市稲川2-2-27（教室）
TEL 054-283-8166
E-mail：mail@genki-gakuen.gr.jp
ホームページ　http://www.genki-gakuen.gr.jp/

［代表者］清水和重
［スタッフ］8人
［支援内容］不登校やひきこもりをしている若者たちが自立して、社会で活躍できるように、家庭訪問、寮での生活、健康改善、進学や資格取得のための学習サポート、屋外に出るための訓練、働けるようになるための作業療法訓練、就労支援、海外研修などを行なっている。
［特徴］
　〇安心居場所コース…専任スタッフによる家庭訪問や教室への通学、寮での生活などを通して、人付き合いの練習をする。
　〇社会適応支援コース…「安心居場所コース」の次の段階に行なう。
　・基礎学力をつけて、もう一度学んで力をつけてから社会で活躍したい人には……年齢に関係なく、高校卒業資格取得、大学入試、コンピューターに関する資格、英語検定、漢字検定、秘書検定、公務員試験、調理師試験、看護学校入試のサポートをする。
　・自活できるようになるために、仕事の基礎を身につけたい人には……
「病院インターンコース」：協力関係にある病院と連携して、社会で活躍できるよう手助けする（福祉関係の仕事を希望している人にはとてもよい環境。ヘルパー2級の資格取得のサポートもする）
「職場体験コース」：元気学園を支援してくれている協力企業の工場（印刷・パッケージ関連）で、働く際に必要な基本的なマナーや技術を身につける。研修終了後は給料がもらえるので励みと自信へつなげることができる。働く意志はあるがうまく適応できなかった人も参加している。
　＊元気学園の協力企業として、日本全国で200ヵ所以上のチェーン店をもつ会社があり、卒業生を受け入れている。その他に印刷業、建築業、飲食業、伝統工芸などの会社の受け入れも希望すれば可能である。
　〇海外研修…フィリピンで国際ＮＧＯで頑張っている日本人たちのもとで、生活や仕事を体験する。日本では体験できない環境で、自然に親しみ、家族や自分についてじっくり考えるのが目的（研修費用や日程については、時期や研修先により異なる）。

■NPO法人　北陸青少年自立援助センター　Peaceful House　はぐれ雲
〒939-2204　上新川郡大沢野町万願寺144番地
TEL 076-467-0969　FAX 076-467-3597
E-mail：farmfirm@tateyama.or.jp
［代表者］川又直
［支援内容・特徴など］小学校から成人に至るまでの男女が、農作業などをしながら共同生活をする宿泊型の施設。入寮の動機も「親から離れた生活をしてみたい」「豊かな自然の中で規則正しい生活をおくりながら自分のことを考えたい」「不登校・ひきこもりなどから脱出したい」などさまざまで、現在（2002年4月）17名（男性11名、女性6名）が共同生活をおくっている。寮生の状態や希望に応じて、地域の学校に通学する子、農作業に参加する子、アルバイトに出るなど過ごし方も多様で、ここでの生活体験を通して、自分の目標を次第に見つけ出し、自立へ向けてのサポートをする。また農作業だけではなく、自然を生かしてのスキー、海水浴、森林浴、また町の体育館を利用してのスポーツ活動なども行なっている。
　常勤スタッフ4名、ボランティア1名、生活カウンセラー1名で、24時間体制で寮生や親のケアならびに相談カウンセリングに応じている。また、隔月で一泊父母研修会も行なっている。通所生は原則的に受け入れていない。
［対象地域・年齢など］地域や年齢は特に制限なし
［費用］入会費30,000円、月額負担金148,000円、設備拡充費30,000円
［参考図書］『ドラマチック　チルドレン』乃南アサ著（新潮文庫）

■とやま大地の会
→【埼玉県】の「全国引きこもりKHJ親の会（家族会連合会）本部」参照

【石川県】

■KHJ北陸会
→【埼玉県】の「全国引きこもりKHJ親の会（家族会連合会）本部」参照

【静岡県】

■フリースクール元気学園

リングリストも開設。
　○月例会：毎月第3土曜日13時〜15時（場合により17時まで）、富山県総合福祉会館サンシップとやま研修室にて（富山市安住町5-21）。参加費600円（とびいり参加、匿名参加可）
［対象地域・年齢など］おもに富山県在住の方で、ひきこもり問題を抱えて悩んでいる家族の方。
［費用］年会費7,000円（随時入会可）。会員は月例会の参加費無料。ニューズレターも郵送される。

■麦の根

〒939-8006　富山市山室361-6
　TEL　076-493-5393（電話は金曜日の12時〜18時まで。お急ぎの方は留守番電話にメッセージをお願いします。ただし折り返しはかけられません）
　E-mail：muginone@tam.ne.jp
　ホームページ　http://www.muginone.com/
［代表者］宮川正文
［スタッフ］2人
［支援内容］不登校や閉じこもり、中退経験者などの若者たちのためのフリースペース。毎週金曜日午後3時から集まって、活動している。富山市内の不登校の子どもをもつ親の会「麦の会」のホームページの作成更新、個人ホームページの作成更新、不登校・中退に関する相談や体験を語り合うなどの交流、会報の作成、講演会やお泊り会などのイベントなど。また、富山市内で「電脳塾」というパソコン教室も開いている。
　会報「麦の根」は毎月1日発行。購読料は1年3,000円（年11回発行、8月は休み。郵便振替：00710-8-45191、口座名義：麦の根）。ただし、現在は休止中。問い合わせてください。
［対象地域・年齢］富山、北陸地方以外の参加もOK。ネットであればどこからでも。
［参考図書］
不登校に関する事例集『大人が変われば子どもも変わる　脱「不登校」〜42人の軌跡』（日本財団ボランティア支援部）。この冊子は品切れだが、以下のサイトにアクセスすれば、全文を読むことができる。
　http://lib1.nippon-foundation.or.jp/2001/0002/mokuji.htm

○活動目的
　第1段階　共同生活を行い、生活習慣の改善を図る
　第2段階　ボランティア活動等を通じて地域社会と関わりが持てるようにする
　第3段階　各自の希望に即した自立のための具体的活動を支援する
○関連施設
　学習塾（新潟県柏崎市）、海の家（新潟県刈羽郡西山町）、山の家（埼玉県都幾川村）
○相談室
　不登校、ひきこもり等、悩みを抱えた青少年やその保護者を対象に相談活動も行なっている（要予約）。
[対象地域・年齢など] 地域や年齢は特に制限なし
[費用]
　○相談／登録料5,000円、相談料1回3,000円、訪問10,000円（ほかに別途、交通費実費）
　○通所／入会金30,000円、週1回10,000円、週2回20,000円、週3回30,000円、週4回以上50,000円
　○入所／入寮費250,000円、設備費100,000円　月額負担金150,000円

■ＫＨＪにいがた「秋桜の会」
→【埼玉県】の「全国引きこもりＫＨＪ親の会（家族会連合会）本部」参照

【富山県】

■『大地の会』（社会的ひきこもり家族自助会とやま）
　TEL 090-9445-2116　FAX 076-429-5886
　E-mail:BXH01731@nifty.com
　ホームページ　http://www2.nsknet.or.jp/~mcbr/e23.html
[活動内容] ひきこもりの子どもを抱える家族が、ひきこもりを理解し、どう向き合っていけばよいかを話し合う月例会開催。同時に別室でひきこもり当人の会を開催。会員向けのニューズレターを月1回発行し、例会の結果や富山県内の活用可能な医療機関、相談機関の情報、参考になる文献などの情報を伝えている。会員交流用のメーリングリスト、ひきこもり当人用のメー

する際の交通費や入場料など。
　○フレンドラインそよ風（電話相談）…毎週月曜日と金曜日の13時30分〜16時30分。TEL 025-201-5725。参加費は無料。
　○カウンセリングルームそよ風（面接相談）…毎週月曜日と金曜日の13時30分〜14時30分、15時〜16時。面接料は1,000円。会場は〒951-8126　新潟市学校町通り3番町494-15若松荘2F。電話での予約が必要。TEL025-379-2812（午前中）蛯原さんまで。
　○フレンドルームそよ風（居場所）…月2回（第2、4木曜のいずれも13時30分〜16時30分）、子どもと青年のための居場所を開いている。現在は、数名の常連参加者とフレンド会員が同じ時間と空間を共有して楽しく過ごしている。みんなでいっしょにボウリングに出かけることも。参加費は500円（お菓子、コーヒー付き）。参加を希望する場合は入会する。
　○フレンドレター…手紙による相談活動。申し込みは手紙で代表の蛯原さんまで。参加費は無料。
　○親御さんのための相談会…第1土曜日の16時〜18時。参加費は500円、会場は新潟市総合福祉会館。
　○親御さんのための懇談会…第3金曜日の19時〜21時。参加費は500円、会場は新潟市総合福祉会館。
　○メンタルフレンド養成講座を開催。また、不登校やひきこもりをテーマにした市民向けの講演会も何度か開催している。
［対象地域・年齢］新潟県内全域。小学生〜40代まで。
［費用］入会金1,000円　年会費2,000円

■新潟青少年自立援助センター（略称：ＹＳＣＮ）

　〒943-3732　柏崎市北条2095-1
　TEL 0257-31-5010　FAX 0257-31-5011
　ホームページ　http://www.ab.aeonnet.ne.jp/%7Eyscn/
［代表者］若月正勝
［支援内容・特徴など］東京都福生市の「ＮＰＯ法人青少年自立援助センター（タメ塾）」（66ページ参照）と業務提携し、同センターの全面的なバックアップのもと、ひきこもりで自力では家から出られない青少年を社会的自立ができるように、段階的に学習や各種技術取得を支援する民間非営利団体。現在は通所ならびに入所（宿泊）合わせて十数名が在籍している。

[対象地域・年齢など] 地域や年齢は特に制限なし。参加希望者は事前にメールで連絡を。ただし自助グループのため、家族や知人、また重い精神病の人の会合への参加は受け付けていない。
[費用] 1回の会合につき100円。遊びの企画は各自の必要経費のみ。

■社団法人　家庭問題情報センター
→【東京都】の項参照

【長野県】

■長野さざんかの会
→【埼玉県】の「全国引きこもりＫＨＪ親の会（家族会連合会）本部」参照

【新潟県】

■ＮＰＯ法人　メンタルフレンドにいがた
　〒950-1115　新潟市鳥原3613
　電話連絡は以下のスタッフまで。
　蛯原勝　TEL&FAX 025-379-2812（電話は午前中）
　金子美智子　TEL 090-5766-5127（15時まで）
　市嶋彰　TEL&FAX 025-233-6236（留守録あり）
　E-mail：fwpd6496@mb.infoweb.ne.jp（蛯原さん）
　ホームページ
　http://www.mars.dti.ne.jp/~tasuke/freespace/mental.htm
[代表者] 蛯原勝
[スタッフ] 約60人（全員ボランティア）
[支援内容] 新潟県内に居住する不登校の子どもやひきこもりの青年など、心理的な問題を抱えた青少年とその家族への訪問相談や電話・手紙・面接相談、フリースペースの開催、親の会などを行なっている。
[特徴]
　○メンタルフレンド派遣…不登校やひきこもりの子ども、青年の家庭を月1～2回訪問する。1回につき2時間が目安（ただし、最初の時期は1時間前後）。費用は交通費と訪問・派遣料（1回1000円）。また、いっしょに外出

- 午後4時ごろから夕食の準備（2グループに分かれての交代制）。
- 午後6時から夕食。
- 午後7時～9時、勉強時間。
- 就寝は午後10時（ただし、必ず10時に寝なければいけないわけではない）。

○土日合宿…陶芸や炭焼きなどの体験をする。夏には川遊びも。毎月第4土日に行なう。小学4～6年生、中学生対象。
○夏期日課…夏休み中、子どもも大人もいっしょになって、川で泳いだり、カヌー遊びをしたり、山にクワガタを取りにいくなど自然の中で遊ぶ。勉強する必要のある人は勉強をするなど、各自が「自分の生活をつくっていく」。
○春の合宿や夏期・冬期勉強合宿も行なっている。
○塾長の和田さんが提唱して活動している「ＮＰＯ法人　子どもと生活文化協会（ＣＬＣＡ）」の行事（生活体験学習、植物観察会など）にも参加できる。
○面接相談

［対象地域・年齢］10代が中心だが、20代も可。
［費用］寄宿生は月額約100,000円、通塾生は月額約50,000円。
［参考図書］『「観」を育てる　行きづまらない教育』和田重宏著（地湧社）

■ステップ

E-mail：info_step@egroups.co.jp
ホームページ　http://www.geocities.co.jp/HeartLand-Ayame/9306/

［代表者］なし

［活動内容・特徴など］ひきこもりの当事者・経験者による、親睦と交流のためのサークル。2000年の7月に自助会やデイケアなどで知り合った人たちが、「近場に同じような悩みや経験を持った人どうしが集まれる場所がほしい」といった動機で立ち上げて、それ以降ほぼ月1回のペースで会合や遊びの企画を開いている。主に横浜市内で土日に活動。神奈川県のほか千葉・東京・埼玉などの周辺都県の人も参加している。会合の内容は、日頃の悩みなどを話し合ったり、テーマトークや雑談、情報交換などでおしゃべりの会に近い。そのほかにはカラオケやボーリング、お花見、サッカー観戦などの遊び企画を月1回程度行なっている。参加者は10代後半から30代後半で、ひきこもり当事者だけでなく、以前そうだったという「経験者」もいる。

［特徴など］「たまりば」は、地域や社会、そして何より一人ひとりに潜む、人と人を隔てるバリアを取り外し、多様な出会いをつくり出す場。ここでは、押しつけるようなプログラムはない。決まっているのは、月曜から金曜までの朝10時30分～夕方6時頃までに開いていること。それぞれ好きな時間に来て、思い思いに過ごしている。

　あらゆるイベント・行事・サークルは、掲示板、月1回発行の「たまげた通信」、ミーティングなどを通じて呼びかけられ、"この指とまれ"で仲間を集める。室内では、染色、ものづくり、楽器演奏など。野外では、水晶・化石探し、ムササビなどの動植物の観察などの企画が盛んに行なわれている。また、夏・秋の合宿や冬・春のスキー合宿の企画（参加自由）や毎年恒例の「たまりばフェスティバル」などが開かれている。
［対象地域・年齢など］対象地域も年齢も特に制限はない。
［費用］経済的な理由で場にこられなくなることがないように、会費は会員自らが決める任意会費制にしている。各種相談については無料。

■寄宿生活塾はじめ塾

　〒250-0045　小田原市城山1-11-7
　TEL 0465-34-6033
　FAX 0465-32-4077
　E-mail：hajimejyuku@aol.com
　ホームページ　http://homepage2.nifty.com/hajimejyuku/
［代表者］和田重宏
［スタッフ］6人
［支援内容］「生活にはあらゆる教育的要素が含まれている」という考えの上で、教科学習、遊び、生産活動などのあらゆることを、バランス良く行なう。寄宿生活、体験学習、講座（親対象）など。
［特徴］
　○塾での1日の生活（自分を取り戻してからの日課。強制はいっさいありません）
　・午前6時起床。朝食と弁当をつくる当番の人は5時に起きて準備する。
　・お経をあげる。そのあと全員で掃除、ゴミ出し。
　・学校に通学したり、塾にいる者は農作業や大工仕事、勉強などをする。
　・子どもたちが学校から帰ってくる午後3時ごろ、みんなでお茶を飲む。

■NPO法人　日本トラウマ・サバイバーズ・ユニオン（略称、JUST）
神奈川グループ
〒106-0045　港区麻布十番2-9-4　ローリエヤマモト201
TEL&FAX 03-5445-0591
E-mail：just-npo@os.rim.or.jp
ホームページ　http://www.just.or.jp/

［支援内容］いじめや児童虐待、暴力、家族関係、人間関係等の様々な要因から、心に傷を受け、現在生きにくさや苦しさを感じ、その癒しや回復を求める人々のための自助グループ。トラウマや悩みを持つ仲間とつながり、精神的な癒し、回復と自己成長を目的としている。ミーティングや親の会などを行なっている。

［特徴］
○当事者一般ミーティング…自身がトラウマを負っていると自認するサバイバーたちのミーティング。誰でも参加できるオープンのミーティングと、女性のみのミーティングがある。共にJUSTの会員でなくても参加できる。場所は横浜市市民活動支援センター（横浜市中区桜木町1-1-56　みなとみらい21クリーンセンター4・5F）。

○親の会…摂食障害、その他の問題を持つ子の親たちの会。毎週水曜日の10時～12時、ミーティングを開いている。場所は上大岡カトリックセンター（横浜市磯子区森ヶ丘2-15-20　TEL 045-842-4455）。

＊【東京都】の項にある「NPO法人　日本トラウマ・サバイバーズ・ユニオン（略称、JUST）」（62ページ）も参照。

■フリースペース・たまりば
〒213-0033　川崎市高津区下作延1938
TEL 044-833-7562　FAX 044-833-7534
ホームページ　http://www6.plala.or.jp/fs-tamariba
［代表者］西野博之
［スタッフ］9人
［設立年月］1991年
［支援内容］学校に通っていようがいまいが、障害があろうがなかろうが、年齢がいくつであろうが、どこの国籍であろうが、来たいと思う人ならだれもが集えるスペース（場）の提供。電話・来所による各種相談。

え、生きることの豊かさを問う。
　○現時点（2002年7月）では準備中ですが、相談室やフリースペース活動なども行なっていく方針です。
[対象地域・年齢] 原則的に神奈川県下の思春期の若者

■医療法人清流会　めだかメンタルクリニック

　〒223-0062　横浜市港北区日吉本町1-33-2
　TEL 045-562-7111
　ホームページ　http://rio.laplata.ne.jp/~medaka/
[代表者] 院長：上村順子
[スタッフ] 常勤11人、非常勤14人（月に1度の先生方も含んでおります）
[支援内容] 精神科、心療内科、内科（いずれも外来のみ）。児童虐待、女性の受ける暴力被害、心的外傷後ストレス障害（PTSD）、摂食障害、依存症、ひきこもりなど。
[特徴]
　○診療時間…月・水・金・土曜日は10時～18時、火・木曜日は10時～18時30分。完全予約制。
　○精神科デイケア（月～土曜日10時～16時）…塗り絵、朗読、音楽観賞、アロマセラピー、ヨガ、ダンスセラピー、編み物、みんなで歌をうたうなど、曜日や月ごとに異なり、さまざまなプログラムがあります。
　○精神科ナイトケア…エアロビクス、遊び、映画鑑賞（ビデオ・スクリーン）など。ひとりで過ごしたい方にもフリースペースがあります。
　○親の会…第2・第4土曜日16時～18時。子どものひきこもり、暴力などに悩んでいる家族の方対象。参加費は実費。
　＊デイナイトケアは当事者の参加が対象です。
　＊ひきこもり状態の子どもを持つ親（家族）のみの診察や相談は、お受けいたしておりません。
　＊初診のご予約は2～3ヵ月ぐらいお待ちいただいております。
[対象地域・年齢] 中学生以上
[費用] 保険適用（外来通院の方）
[参考図書]
　『「心の傷」を見つめて―女性精神科医のレポート』上村順子著（新日本出版社）

る。毎週水・金曜日の15時30分〜（予約が必要。このほかの日時を希望する場合は連絡を）。料金5,000円（50分）。

　○学園の見学…誰でも可。電話または電子メールで申し込む。電子メールの場合は代表者の名前、所属（保護者、中学校教員など）、見学を希望する日時と人数、および連絡先（電話番号）を記入する。

　○入学試験…作文、テスト、面接（本人・保護者）など。ただし、学力が高い生徒から合格するということはない。

　○卒業後、生徒は高校や専門学校に進学したり、あるいは就職している。
［対象地域・年齢］自宅から通学できる範囲。現在までは、横浜市内の生徒が約半数を占めている。その他、川崎市、町田市、相模原市、藤沢市、茅ヶ崎市、海老名市、大田区、品川区、中央区、国分寺市など（卒業生含む）から通学している生徒もいる。2002年4月現在、在籍生徒34名（男子21名、女子13名）。途中入学や編入希望者についても随時、相談を受け付けている。また、現在中学1・2年生でも、募集年度にかかわらず、相談に応じている。
［費用］入学考査料25,000円
［参考図書］『巣立ちへの伴走』武藤啓司編（社会評論社）

■ユースサポートネット　リロード

　〒222-0036　横浜市港北区小机町1521　リーベエビス202
　TEL 045-470-2620　FAX 045-475-4790
　E-mail：reload@yc.netyou.jp
　ホームページ　http://www.geocities.co.jp/NeverLand-Mirai/9924/

［代表者］武藤啓司
［スタッフ］6人
［支援内容］ＮＰＯ法人・フリースクール楠の木学園（民間、前項参照）と神奈川県（行政）との協働で、「引きこもり」の当事者および親・家族への支援活動を2002年1月より始めている。
［特徴］
　○「引きこもり」の本人、親・家族への効果的な支援策の構築。および支援のための調査・研究活動。
　○「引きこもり」に対応している他団体とのネットワーキングを図る。
　○「引きこもり」を現象論として捉えるのではなく、「なぜ、これだけ多くの人たちが引きこもるのか」という観点から、広く社会的背景も含めて考

■NPO法人　楠の木学園
〒222-0036　横浜市港北区小机町2482-1
TEL 045-473-7880　FAX 045-473-8225
E-mail：dk6k-mtu@asahi-net.or.jp
ホームページ　http://www.asahi-net.or.jp/~dk6k-mtu/

[代表者] 武藤啓司
[スタッフ] 講師10人、定期のボランティア5人
[支援内容] 不登校やひきこもりなど、なんらかのハンディキャップを背負った子どもたちの学びの場。学園生活を通して自分と他者への信頼感を育む。体験活動にも重きを置いている。
[特徴]
　○本科の教育内容（3年間）
（1）一般教科の授業（国語・英語・数学）…1人ひとりが適切な課題を学べるように、クラスは全学年を通して習熟度別に編成されている。基礎学習の時間（選択制）も別に設けている。
（2）芸術・表現活動の授業（音楽・和太鼓・美術・体育・演劇）…芸術活動や身体活動を通して「わだかまり」を解き、豊かな感性を育んで、心身の可能性を引き出していく。
（3）実習・体験の授業（調理・ものづくり）…実際に手足を動かしながら、正しい手順や協働のあり方を学び、「つくる」楽しさと充実感を体験する。
（4）社会性を培う授業（グループワーク・ホームルーム・クラブ活動など）…話し合いの場のなかで、自分の考えをどのように話すべきか、他者の考えをどのように聞くべきか、また、話し合いの結果をどのように実現するべきかを考え、協働の仕方を学ぶ。
（5）通信制サポート（2回生から）…高校卒業資格を希望する生徒のために、通信高校の課題をサポートする時間を設けている。
　○単科プログラム…和太鼓・体育（大道芸）・演劇など、体を動かす授業を中心にした1コマ単位の授業。隔週や月1回など自分のペースで参加できる。対象は中学1年生～20歳前後。受講料2,500円（1時間）、入学金などは必要なし。また、教科学習の単科プログラムを希望する場合も相談に応じている。
　○一般向けカウンセリング…専任カウンセラーによるもの。保護者や子ども本人、教員を対象に、現在抱えている問題を解決することを目的に援助す

時（17時以降は時間外料金となります）
　〇受付時間…10時〜17時
［特徴など］
　フリースペース「峠の茶屋」も開設しております。ひきこもりを脱出した方が主宰し、毎週金曜日の15時〜17時のあいだ「相談室」の一室を開放しています。
　ひきこもり問題を考えていくネットワーク『ヒッキーネット』を本年（2002年）4月から開始しております。これは神奈川県下の「親の会」を主体とする、地域に根ざした「ひきこもり」に関するサポートネットです。お互いの経験を話し合うことによって悩みを軽減し、また有効な援助を生み出すために、互いに支え合う者が必要だと感じたことが契機になりました。将来的には、当事者・親・援助者が広く学び合う場にしていきたいと思っております。
　なお、出張講演会もしております（県立精神保健福祉センターなど）。お問い合わせ下さい。
［対象地域・年齢など］特に制限なし（フリースペースは18歳以上を対象）。
［料金］50分12,000円（17時以降は、15,000円となります）
　　　　初回のみ8,000円です。フリースペースは原則無料です。

■グループ丘の上（ひきこもりの青年グループ）、ひきこもりの青年の親の会

　〒233-0006　横浜市港南区芹が谷2-5-2　神奈川県立精神保健福祉センター　こころの電話相談
　TEL 045-821-6060　月〜金曜日の9時〜12時、13時〜16時
　ホームページ
　http://www.pref.kanagawa.jp/osirase/15/1590/sodan.htm
［支援内容］青年グループは毎週木曜の午後（話し合い、スポーツ、外出など）、親の会は毎月第2金曜の午後（話し合い、学習会など）、神奈川県精神保健福祉センターに集まって行なっている。
［特徴など］参加希望の場合は、こころの電話相談でまず相談をしてから、面接をし、見学・参加となる。
［費用］内容によって実費負担あり

○毎月第3（または第4）土曜日、9時〜16時、根岸駅前モンビル広場においてフリーマーケットを実施しています。
○各種教室を開講しています（絵画・英会話・英語・パッチワーク・音楽・料理・おかし・書道・コラージュなど）。
○各種イベントを実施しています（クルージング、クリスマス会、パーティー、キャンプなど）。
○NPO通信「KIAORA」を隔月で発行しています。
［対象地域・年齢など］特に制限はなし
［費用］
　○相談料：無料
　○入寮費：無料、月額負担金80,000円、設備維持費50,000円／年
　○六浦共同生活舎体験合宿：2週間15,000円、1ヵ月30,000円（4週間）
　○六浦共同生活舎：フリースペース（火・土・日）利用料1日500円
　　　　　　　　　　夕食代500円、宿泊代1,500円（朝食代込み）

■文庫こころとからだの相談室

　〒236-0017　横浜市金沢区西柴3-2-1
　TEL&FAX 045-783-1000
　E-mai：bunko@gmail.plala.or.jp
　ホームページ　http://www7.plala.or.jp/bunko/
［代表］関口宏、事務局／高瀬康志
［支援内容など］
　当相談所は精神科医によるカウンセリング専門の相談機関です。相談者の尊厳とプライバシーの保護とに配慮し、心と体のお悩みに幅広く対応させていただきます。私たちは、こころとからだを互いに切り離すことのできないものだと考えています。たとえば、こころが強いストレスにさらされれば、それは様々なからだの不調として現れてきます。また、からだに不調があれば、それはかならずこころにも影響してきます。わたしたちはそのような心身相関の視点に立ち、新しい心理療法の方法論をとりいれて、そのひとそれぞれに応じた心身のケア＆サポートを提供したいと思います。
　なによりもまず、ゆっくりと時間をかけてクライアントのお話を聴きたいと思っております。
　○相談時間…毎週　水・木・金・土曜日（祝日はお休みです）、13時〜19

■ＫＨＪ西東京「ひだまり」
→【埼玉県】の「全国引きこもりＫＨＪ親の会（家族会連合会）本部」参照

■不登校、ひきこもり自助グループ　セカンドスペースの会
→【千葉県】の項参照

【神奈川県】

■ＮＰＯ法人　コロンブスアカデミー
　〒235-0007　横浜市磯子区西町12-22-401
　TEL 045-753-5216　FAX 045-751-9460
　E-mail：info@npocolumbus.or.jp
　ホームページ　http://npocolumbus.or.jp
[代表者] 金森克雄（理事長）
[活動内容・特徴など] 不登校、ひきこもり、家庭内暴力など、学校生活や地域活動になじめない子どもたちに関わって活動するＮＰＯ法人。
【活動内容】
　○子どもたちとその保護者に対する面接相談
　○社会参加の基礎訓練のための寮施設兼生活指導施設の運営
　○滞在型フリースクール六浦共同生活舎（ムツコロ）の運営
　○子どもたちの社会的自立に関する情報提供事業
　○不登校、ひきこもり、家庭内暴力に関する広報啓発活動
【具体的な活動内容】
　○電話やインターネットによる相談、面談を随時行なっています。
　○六浦共同生活舎での子どもたちとの共同生活を行なっています（長期・短期・１日体験あり）。
　○体験合宿を随時実施しています（ファイザー製薬の助成を受けて）。
　期間は２週間15,000円、１ヵ月30,000円。
　○毎月第４土曜・日曜に、さわやか体験合宿（１泊２日）を実施しています（参加費2,000円）。
　○毎週火・土・日曜日にフリースペースの開放をしています。学校週休２日制にあわせ、土・日も開いています。各種イベントも行ないます。
　○毎月１回、講習会や親子フリースペースを実施しています。

■スペース１ （20代から30代の若者達が集う場）
〒194-0041　東京都町田市玉川学園2-8-28　フリースペース「スペース１」
TEL 042-722-4720（月、木、土の午後１時～５時）
E-mail：spaceone@egroups.co.jp
ホームページ　http://space1.s17.xrea.com/

［代表者］大塚敏夫
［支援内容］ひきこもりの経験者で、未だ就労できていない人たち、あるいは就労できていても生きづらさに苦しんでいる人たちの溜まり場です。
［活動内容］英語会、パソコン勉強会、おしゃべり会を週１回、他ビーズアクセサリー作り、英会話の会なども不定期に開いている。同人誌『クラヴェリナ』の発行。何でも話し合える場所として機能していければと思います。
［対象地域・年齢など］20代から30代前半の人たちが多い。
［費用］月額500円（光熱費、茶菓代として）

■新ひきこもりについて考える会
E-mail：h-kangaerukai@freeml.com
ホームページ　http://www.geocities.co.jp/HeartLand-Apricot/3345/index.html

［代表者］なし
［支援内容］本人とその家族、関係者への情報提供、意見交換、交流など。
［活動内容］参加者は当事者・経験者、家族、援助職、学生ほか。ひきこもり問題に関心をもつ人なら誰でも。現在は２ヵ月に１回の割合で都内で会合を持っている。前身の「ひきこもりについて考える会」（ふみこさん主宰、99年８月～03年９月まで活動）との変更点は、会の運営が有志による複数分担制になったことのみ。
［対象地域・年齢など］特に制限なし
［費用］ゲストを招く場合を除いて無料

■東京メンタルヘルスアカデミー
→【千葉県】の項参照

■ＫＨＪ東京「楽の会」
→【埼玉県】の「全国引きこもりＫＨＪ親の会（家族会連合会）本部」参照

ランティアなどが主導しているサークルではなく、すべてが当事者によって企画運営されている手作りのサークルである。現在80名ほどのメンバーが在籍しており、月に一度「たんぽぽの集い」というメイン会合を東京（池袋が多い）で開催している。会議室を借りて参加者同士でおしゃべりをしたり、悩みの相互相談やグループカウンセリングのようなことも行なっている。その後は、カラオケやボーリングなどの遊びの場も持つなどして友達が少ない会員同士の交流を図っている。また「たんぽぽの集い」以外にも、女性会員限定お茶会、遊園地、ハイキング、お花見などさまざまな企画も用意している。関東（主に東京）で活動する関東本部のほかに、関西（大阪・兵庫）で活動する関西部もある。
[対象地域・年齢など] ホームページに掲載している会員規約を守れる方。地域や年齢は特に制限なし（現在16〜38歳が参加）。
[費用] 無料。入会金、月会費などは一切ありません。会議室の使用料のみ（来た人数で割るので200円位）。

■COLORS（カラーズ）
  E-mail: colors_zz@mail.goo.ne.jp
  ホームページ　http://www.geocities.co.jp/Milkyway-Cassiopeia/3966/
[代表者] なし（参加メンバーの役割分担で運営）
[活動内容・特徴など] 30歳以上のひきこもりや対人不安の人で運営する自助サークル。毎月1回日曜日（または土曜日）に都内で会合を開いている。会合ではテーマトークや雑談などが主。参加メンバーは現在ひきこもって孤立しがちな生活をおくっている人が中心で、会合に参加して同世代の他人と接する機会を持つことが会の目的。現メンバーは30〜40歳で、毎月の参加人数は8〜14名前後になる。会では、仕事が長続きせず対人関係が苦手でひきこもりがち、既存のひきこもりグループでは年齢的にハンデを感じてしまう、またこれから社会人になる方や社会経験があり現在休養されている、社会復帰のアイデアを持つ人などの参加を呼びかけている。
[対象地域・年齢など] 30歳以上。関東近県在住でなるべく月に1度の会合に参加出来る人。原則として、パソコンを持っていてホームページにアクセス出来る人。新規参加者はホームページにて申し込み。
[費用] 無料

とができる。
　○電話相談…月・火・金・土曜日の10時〜19時、木曜日の10時〜17時（水曜日、日曜日、祝日は休み）
　○面接相談…事前予約制。
　○訪問相談…事前予約制。車で30〜60分ぐらいまでの地域。
　＊相談はいずれも登録をしていただければ無料。登録をしなくても有料ではありません。
　○誰もがふらっと立ち寄れる場＝フリースペースを提供している。利用者登録をした人はいつでも自由に出入りできる。フリースペースには和室、キッチン、ソファがあり、テレビやパソコン、図書コーナーなども自由に利用できる。地域に住んでいるいろいろな方たちを招いてのコーヒートークも行なうなど、地域住民との交流も進めている。
　○生活情報の提供…フリースペースに掲示板、情報コーナー、図書コーナーを設置し、福祉制度や住居、就職、アルバイト、公共サービス、余暇活動などの情報を提供している。
　○就労についての学習会、生活講座の開催…就労や社会生活などに必要な事柄について。当事者、家族、市民を対象に行なう。また、精神保健福祉懇談会も開催している。
[対象地域・年齢] 都内在住（電話相談はどこからでもよい）。年齢に関わりなく、どなたでも。
[費用] 登録料300円、利用料1ヵ月100円。ただし、利用者個人にかかる費用（飲食費など）は自己負担。

■おとなしい内向的な人の為のサークル「たんぽぽ広場」の会
（通称「たんぽぽ広場」）
　E-mail：MTNoah@aol.com（関東本部）
　　　　　　aat53940@par.odn.ne.jp　（関西支部）
　ホームページ　http://members.aol.com/MTNoah/
[支援内容・特徴など]「たんぽぽ」さんが主宰する参加型のサークルで、性格がおとなしくて内向的な人の交流会。「内向的な人同士で交流して友達作りや癒しの場を提供する」というのが趣旨。ひきこもりに限らずおとなしい、暗い、友達ができない、人付き合いが苦手、雑談が苦手、対人恐怖症などの内向的な人全般を扱っている。また「たんぽぽ広場」は、医師、教育者、ボ

［対象地域・年齢］15歳まで
［費用］初診時のみ予約料3,000円。他はすべて保険診療です。

■青少年自立援助センター（ＹＳＣ）・タメ塾

〒197-0012　福生市加美平1-12-5
TEL 042-553-2575　FAX 042-551-6759
E-mail：ysc@interlink.or.jp
ホームページ　http://home.interlink.or.jp/~yscenter
［利用案内・費用］
　○家庭訪問…登録料50,000円、訪問費１回20,000円、交通費実費
　○入寮経費
　・初回納入703,560円（内訳：入寮金315,000円、設備費210,000円、月経費178,560円）
　・翌月以降の経費178,560円（内訳：生活指導料63,000円、部屋代45,000円、食費47,250円、光熱費12,600円、世話代10,710円、傷害保険費込み）
［参考図書］
『おーい　ひきこもり』工藤定次＋スタジオ・ポット（ポット出版）
『ひきこもり「知る語る考える」No1』（同）
『激論！　ひきこもり』工藤定次・斎藤環（同）
＊本書32ページ以下「『出す』ことが最終目的じゃない」も参照。

■ＮＰＯ法人　ＭＥＷ　ライフサポートＭＥＷ

〒180-0013　武蔵野市西久保1-6-25-401
TEL&FAX　0422-36-3830（10時～19時30分。木曜日は17時まで。水曜日、日曜日、祝日は休み）
［代表者］佐藤範子
［スタッフ］8人
［支援内容］精神障害者が地域で安心してくらせるよう、日常生活（住居、就労、食事など）の支援、相談、憩い、交流の場を提供している。精神障害がもとで、ひきこもり状態にある当事者および家族に対する電話・面接・訪問相談にも応じている。
［特徴］
　○利用は原則として登録制。登録すると、継続的に相談や支援を受けるこ

E-mail：chmeguro@m08.alpha-net.ne.jp
　　ホームページ　http://www.alpha-net.ne.jp/users2/chmeguro/
［代表者］大賀達雄
［支援内容・費用］
（1）ひきこもり当事者のミーティング（第1月曜日19時30分〜21時）、フリースペース（毎週水曜日13時〜16時）。女性のためのフリースペース（第1・第3火曜日13時〜16時）。200円。
（2）ひきこもり家族の集い（毎月第2土曜日14時から16時30分）：情報の提供および経験の交流。500円。
（3）ひきこもり当事者のための研修講座（パソコン教室）。3回で2,000円。
（4）相談（電話・面接）、家庭訪問。3,000円〜。
［特徴］精神保健の専門家（心理療法士）による支援活動や、当事者・家族など経験者によるエンパワーメントも重視。
［対象地域・年齢］特に問わない
＊精神障害者の支援団体として、スタッフの養成講座を開催。ひきこもる若者や精神障害者と健常者の交流、情報の発信、地域に開かれた拠点作りを目指す。

■メンタルクリニックあんどう
　〒183-0022　府中市宮西町4-12-11　モア府中2F
　TEL&FAX　0423-67-8055
［代表者］安藤公
［スタッフ］5人
［支援内容］精神科、神経科（児童・青年精神医学が専門領域です）。ことばの遅れ・多動などを示すお子さんの育児・療育相談、不登校・いじめなどの教育相談、拒食・過食などの食行動異常に関する相談・治療、家庭内暴力など家族関係に関する相談など。
［特徴］
　○診療時間…月・火曜日は14時〜18時、水・木・土曜日は10時〜13時、14時〜18時（日・祝祭日は休診。17時以降は予約制）。
　○初診は原則として予約制です。電話にて日時を予約してください。
　○ひきこもり状態にある子どもを持つ親（家族）のみの外来診療（相談）も、受け付けています。

［代表者］理事長　林直樹
［スタッフ］5人
［支援内容］家族間の問題や人間関係の悩み、仕事や生き方などの相談に応じています。ひきこもり者やそのご家族も来室していらっしゃいます。
［特徴・費用］
　○運営は、センターの活動の趣旨に賛同し、支援していただける個人、団体の賛助会員の方からの年会費（個人1口10,000円、団体1口50,000円）、寄付、カンパ、行政からの補助金、事業収入により、まかなっています。2002年3月現在の会員数は個人159名、団体8団体です。センターの利用は会員でなくてもできます。ヒューマンサービスセンターの活動を通して、個人、団体の助け合い、社会貢献にご参加ください。
　○面接相談…予約制による面接相談。1回2時間（10時～／13時～／15時～／18時～、ただし水・木曜日）。住所氏名を明らかにする必要はありません。相談員は4名。継続相談・担当相談員の変更はあなたの意思で決められます。経済力によって利用が左右されないよう、相談料は無料。カンパ歓迎。
　○母親の会…とじこもり、不登校、暴力、拒食、過食などの子どもを抱えて、悩んでいる母親が、親としての苦しさを吐き出し合ったり、子どもとどのように関わっていったらよいかを話し合う場です。毎月第2金曜日13時30分～17時。
　○くつろぎスペース‥毎週月曜と金曜の15時～21時。フリースペースです。何もしないでもいられるし、簡単なもの作りやおしゃべりで、くつろぐ空間です。予約も、名前を名乗る必要もなく、いつ来ても帰っても自由です。利用は無料、カンパ歓迎。材料費等は実費をいただきます。
　○からだほぐしワークショップ「休息とリラクセーション」‥3ヵ月に1度、緊張を取り、リラックスする方法を学びます。参加費1,500円（会員は1,000円）
［対象地域・年齢］特に制限はありません。
＊イベントの予定、地図等は、お電話を頂戴するか、ホームページをご参照ください。

■目黒精神保健を考える会「クラブハウスめぐろ」
〒152-0004　目黒区鷹番3-6-9　鷹番サニーハイツ201
TEL&FAX 03-5721-6191

ホームページ　http://www.just.or.jp/
［代表者］斎藤学
［支援内容］摂食障害、ひきこもり、子どもを愛せない、ＤＶ（ドメスティック・バイオレンス）、性暴力被害、売春、さまざまなアディクション、思春期問題、人間関係がうまくいかない、なんとなく生きづらい……などの悩みを抱えた人たちのためのミーティングや電話相談を行なっている。
［特徴］
○有料電話相談「Just Tel（ジャステル）」…専任のカウンセラーが継続して相談に応じる。予約制。初回相談は60分、2回目からは20分単位で相談時間を決めて利用。電話はフリーダイヤルのため通話料はかからない。登録料は10,000円（60分の初回相談料を含む）。2回目以降の相談料は相談時間20分のチケットが5枚で10,000円。20分なら1枚、40分なら2枚と利用した分だけ、カウンセラーと確認しながらチケットを切っていく。

○JUSTオープンミーティング…虐待、暴力、いじめ、対人関係で生きにくさを感じている人なら誰でも参加できる。毎週木曜日14時〜15時30分、土曜日15時30分〜17時。会場はJUSTの部屋。

○女性クローズド・オープンミーティング…女性だけの安全な雰囲気のもとで、気持ちや体験をわかちあう。毎月第1金曜日の18時15分〜19時30分。会場はJUSTの部屋。

○男性クローズド・オープンミーティング…めざすは「男のお茶会」。肩の力を抜いて、普段言えないことを話してみる。毎月2回、土曜日の18時30分〜20時（要問い合わせ）。会場は、さいとうクリニック図書室（東京都港区麻布十番2-14-6　イイダビル1Ｆ）。

○その他、摂食障害者本人の女性対象のミーティング、摂食障害の子どもをもつ親のためのミーティング、子どもを愛したいのに児童虐待を繰り返してしまう母たちのミーティング、性暴力被害者のためのミーティングも行なっている。

■ＮＰＯ法人　ヒューマンサービスセンター
〒108-0073　港区三田2-12-5　みずほ会館1Ｆ
TEL&FAX 03-5444-3566
E-mail：npohsc@human-service-center.org
ホームページ　http://www.human-service-center.org/

回、相談会は月1回、宿泊セミナーは夏に1泊で行なわれる。
　○相談的家庭教師の紹介・派遣…良き理解者、学習の援助者となる相談的家庭教師の紹介派遣。学校への復帰、新しい学校や大検の受験を目標にして、自分で勉強を始めたが、どのように勉強をしていけばいいのかわからない人などに、勉強の手伝いをしながら、本人の悩みや不安にカウンセリング的な対応をする。
　○自立サポートセンター「小日向ハウス」…ボランティアや職場見学、スポーツ、レクリエーションなど、さまざまな活動を楽しみながら体験を広げてゆき、社会参加をめざすコミュニケーションとチャレンジの場。メンバー制で、活動日は毎週火・木曜日（10時～17時）。スキーやカヌー、ハイキングなどを盛り込んだキャンプも実施。
　○社会参加準備グループ…ひきこもりから抜け出したものの、社会に出るにあたって不安がある人や、実際に働いてみたものの問題を抱えている人たちに、スタッフも加わって話し合い、解決への道を探す。
　○社会参加支援活動…再び社会に踏み出すための準備段階として、アルバイトのプログラムを提供する。
　○セルフヘルプグループ「茗荷谷クラブ」…学校や職場へ行くことに困難を感じている若い人たちに、出会いと憩いの場を提供するためのクラブ活動。音楽やスポーツ、絵画、ゲーム、話し合い等の活動から、メンバー同士あるいはスタッフとの関わりを通して、対人関係の改善をはかっていく。メンバー制で週2回（水・金曜日）、午前と午後の2時間。週1回（月曜日夜）の「マンデークラブ」も開かれている。1泊の合宿、日帰りハイキング等も随時、行なっている。
　○実践的「ひきこもり」対策講座…「ひきこもり」からの脱却を図るために、親が援助できることは何かを考えるために、毎月1回の「家族会」を行なっている。『社会的ひきこもり――終わらない思春期』（斎藤環著、PHP新書、1998年）の理論を基礎に、著者（斎藤環さん）の指導のもとに具体的対応を学び、状況の改善とあわせて、各家族の相互交流も図る。

■NPO法人　日本トラウマ・サバイバーズ・ユニオン（略称、JUST）
〒106-0045　港区麻布十番2-9-4　ローリエヤマモト201
TEL&FAX 03-5445-0591
E-mail：just-npo@os.rim.or.jp

ホームページ　http://www1.biz.biglobe.ne.jp/~skc

[支援内容] 精神科医、カウンセラー、教育関係者、ソーシャルワーカーらが集い、1985年に発足。電話相談や家族相談のほか、自立サポートセンター、相談的家庭教師の派遣、社会参加支援活動、講演会・シンポジウムの開催、各種講座の開催などを行なっている。関連団体として、北の丸クリニック（精神・神経科）や家族による支援の会があり、センターの活動を支えている。

[特徴]

○電話相談…遠方のため通院が困難であったり、本人に受診の意志がないなどの場合の、保護者のための相談を主な目標としている。特に、初期対応の方法や治療機関の知識が十分でない場合、保護者は心理的不安を増幅することが多いので、問題をこじらせる前に電話で気軽に相談を勧めている（予約制。事前に事務局に問い合わせてください）

○インターネットカウンセリング…悩みを専門家に相談したいが、実際出かけることには抵抗があるという人に、精神科医が電子メールでカウンセリングを行なっている。返事は原則として１週間以内にしている。料金は１回2,000円（返事のメール１本ごとに2,000円、１回の返事で済む場合もあれば、２回、３回とやりとりすることもある。その場合、料金も4,000円、6,000円となる）。

○癒しのメーリングリスト…心を癒したい人々が集まり、メールを交換して話し合う場。「不登校・引きこもりの部屋」「家族関係の部屋」「学生の部屋」「職場の部屋」「恋愛の部屋」など、10のメーリングリストがある。参加費は無料。

○訪問相談活動…専門のスタッフが訪問して、話し相手になりながら、生活圏や人間関係の拡大を図り、治療意欲の向上をめざす。

○メンタルヘルプ・ライン…不登校、無気力、ひきこもり、出社拒否等の問題を抱える若者が危機的な心理状態に陥ったときなどに、スタッフが相談に応じたり、必要な情報を提供する無料の相談電話（原則として、１人１回の利用でお願いします）。

○家族グループカウンセリング・家族相談会・家族宿泊セミナー…精神科医、臨床心理士などによるグループ面接相談。グループの中で各自の問題について話し合っているうちに、メンバー同士で関わり合いが生まれ、気持ちが解放されたり、深い気づきを得られる。グループカウンセリングは毎月数

［代表者］町沢静夫
［支援内容・特徴など］精神科医の町沢さんが主宰する研究所。こちらで診察は行なっていません。診療やご相談は以下の3ヵ所で行なっています。
　○式場病院（精神科、神経科、内科）
　〒272-0827　千葉県市川市国府台6-1-14
　TEL 047-372-3567　FAX 047-372-3569
　・外来担当日…土曜日、受付時間9時～16時
　・費用…保険診療
　・親のみの相談も可能
　・入院治療あり
　○医療法人社団　榎会　榎本クリニック（前項参照）
　・外来担当日…水曜日、受付時間10時～17時
　・費用…保険診療
　・親のみの相談も可能
　・各種デイケアあり
　○東京家族ラボ（池内ひろ美さんが主宰している夫婦・家族問題を考え、提言する民間の研究所。精神科医や弁護士、カウンセラーらが講演やセミナー、相談に応じている）
　〒171-0031　東京都豊島区目白3-21-6　ヴェルディエ目白102
　TEL 03-3953-3395　FAX 03-5996-3860
　ホームページ　http://www.ikeuchi.com/kazoku
　・面接は1回1時間
　・面接日は現在イレギュラーになっていますので、予約状況、料金については直接、事務局にお問い合わせ下さい。
［参考図書］
『閉じこもるフクロウ』町沢静夫著（朝日新聞社）
『ボーダーラインの心の病理』町沢静夫著（創元社）

■社団法人　青少年健康センター
　〒112-0006　文京区小日向4-5-8　三軒町ビル102
　TEL 03-3947-7636、03-3947-0760（月～金曜日の10時～17時）
　FAX 03-3947-0766
　E-mail：info-skc@mve.biglobe.ne.jp

■医療法人社団　榎会　榎本クリニック
〒171-0021　豊島区西池袋1-2-5
TEL 03-3982-5321　FAX 03-3982-5090
E-mail：gairai@t.toshima.ne.jp
ホームページ　http://member.nifty.ne.jp/enocli/index.html
[代表者] 榎本稔
[支援内容] 精神神経科、心療内科、デイケア
[特徴]
　○診療時間…月～金曜日の9時30分～12時、13時30分～17時、18時～21時。土曜日の9時30分～12時、13時30分～17時（日曜・祝日は休診）。
　○専門外来…アルコール外来、発達障害外来、児童・思春期・老人問題など。
　○ヤングデイ・ナイトケア…情緒不安定、無気力、あがり症、気が弱く自信がもてない、物事を悲観的に考えやすい、人前に出ると緊張する、友だち（話し相手）がいない、まわりの人たちとうまく付き合えない、学校（会社）へ行きたくても行けない…などで悩んでいる人たちが社会復帰をめざす集団療法の場。ひきこもりで悩んでいる方の参加も可能。
　ヒップホップダンス、料理、英会話、ボランティア、ミーティングなど曜日や時間により、さまざまなプログラムが提供されている。担当のケースワーカーや看護師がプログラム時間外に応じる個別相談や自由参加型のミーティングもある。また、家族のための家族教室・相談も行なわれている。
　デイケア…月～土曜日10時～16時、ナイトケア…月～金曜日16時～20時。
　○デイ・ナイトケアには、ミドルグループ（中高年対象）、シルバーグループ（高齢者対象）、アルコールグループ、薬物グループもある。
　○本人が受診しづらいという際には、家族や関係者に対して、専門医やスタッフがアドバイスもしている。
[対象地域・年齢] 限定せず
[費用] 各種健康保険、生活保護法が適用され、通院費公費負担制度も利用できる。

■町沢メンタルヘルス研究所
〒171-0031　豊島区目白4-13-16　目白テラスドハウス3-C
TEL 03-5996-9411　FAX 03-5996-9412

庭療法、絵画療法も行なっている。
　○その他、「もうひとりの私をゆるしてあげよう」「自律訓練法」などのセミナー（1コース3ヵ月〜半年）や、宿泊セミナー（年3回）、気功教室も行なっている。
　○併設のＮＰＯ法人ＳＥＰＹ（セピィ）倶楽部（次項参照）にて、親の会・家族の会などを開催。子どものひきこもりなどの問題で悩みを持つ親たちの話し合いの場となっている。
　○ひきこもり状態にある子どもを持つ親（家族）のみの相談も、受け付けている。
［対象地域・年齢］制限なし
［費用］カウンセリング　初回30,000円（約2時間）、2回目以降13,000円（約50分）
［参考図書］
　『不登校・中退からの進路ガイド　自分の学校』Vol.3　（イカロス出版）
　『臨床心理士に出会うには』臨床心理士会編（創元社）

■ＮＰＯ法人　ＳＥＰＹ倶楽部（セピィくらぶ）

　〒170-0005　豊島区南大塚1-49-7
　TEL 03-3942-5006　FAX 03-5940-4030
［代表者］千葉伸子
［支援内容・費用］（1）居場所の提供（会員制の喫茶室）。会員制、半年で20,000円。（2）親の会、家族の会（いずれも4,500円）、グループ討論（2,000円）、1時間瞑想の会（4,500円）。（3）親の会だより、家族の会だよりの発行（いずれも800円）。（4）自律訓練法講習会。（5）年に2、3箇所で全国親の会（無料）。（6）ハイキング、ナイトウォーク、俳句教室などの会員交流行事。（7）専門の心理相談の紹介。（8）気功教室、セミナー（AC、絵、自律訓練法、音楽）の紹介。
［特徴］ひとりひとりが自分らしい生き方を見つけることができるように支援。
［対象地域・年齢］限定せず
＊不登校、非行、ひきこもり・家庭内暴力などに象徴される子どもの心の問題解決を求めて、東京心理教育研究所に相談に訪れた親たちのボランティアによるサークル。会員数180名。

もり」について取り上げている。
［費用］相談料は各相談室で異なる。東京と大阪では60分5,000円、90分7,000円。
［参考図書］
『若者たちの社会的ひきこもり』山田博監修、㈳家庭問題情報センター編（日本加除出版）

■子ども総合ネットワーク
　〒170-0013　豊島区東池袋1-34-5　財団法人　安田生命社会事業団
　TEL 03-3986-7021　FAX 03-3590-7705
　E-mail:yasudalife@nifty.com（研修事業部長　永藤顯）
　ホームページ
　http://village.infoweb.ne.jp/~ymind/network/index.2html.html
［支援内容・特徴など］(1) 地域児童思春期ネットワーク構築、(2) 医療・教育・福祉関係機関の連携強化、(3) いじめ・ひきこもり・青少年犯罪・学級崩壊等の問題への対応、を目的に開設されたサイト。地域ごとの医療・教育・福祉関係機関の情報を提供している。掲載基準は特になし。
［対象地域］全国全都道府県
［費用］無料

■東京心理教育研究所
　〒170-0005　豊島区南大塚1-49-7
　TEL 03-3941-2005　FAX 03-3942-0130
　お問い合わせ（月〜土曜日　10時〜16時）
　業務時間（月〜日曜日　10時〜20時）
　E-mail：urako@t.toshima.ne.jp
　ホームページ　http://www.fsinet.or.jp/~ura/flame2.html
［代表者］金盛浦子
［スタッフ］10人
［支援内容］子どもからおとなまでの心の悩みの診断と治療を行なっている。
［特徴］
　○心の相談室…臨床心理士・カウンセラーによるカウンセリング。完全予約制。問い合わせ・予約は電話にて。行動療法や自律訓練法、遊戯療法、箱

○東京ファミリーカウンセリングルーム
　〒170-6005　豊島区東池袋3-1-1　サンシャイン60　5階
　社団法人家庭問題情報センター内
　TEL　03-3971-3741（月〜金曜日の10時〜17時30分）
○千葉ファミリー相談室
　〒260-0013　千葉市中央区中央4-14-1　千葉不動産ビル2階
　TEL　043-227-4716（月〜土曜日の10時〜16時）
○栃木県南相談室
　〒329-0434　河内郡南河内町祇園1-18-1　JR東北線自治医大駅前
　TEL　0285-44-5585（月・金・土曜日の13時〜17時）
○大阪ファミリー相談室
　〒540-0012　大阪市中央区谷町3-1-11大晋第2ビル2階204号室
　TEL　06-6943-6783（月・火・木曜日の10時〜16時）
○福岡ファミリー相談室（カウンセリングルーム）
　〒810-0041　福岡市中央区大名2-38　チサンマンション天神Ⅲ702号
　TEL　092-734-6573（月〜金曜日の9時30分〜17時）
○札幌、仙台、名古屋、広島の各地域に連絡室を設置。これらの地域での相談を希望する場合は東京ファミリーカウンセリングルームに照会。
　○その他、以下の場所でも相談を受け付けている。
　・千代田区六番町（四谷）主婦会館プラザエフ…毎週金曜日の10時〜16時まで夫婦・親子相談を実施。事前予約が必要。東京ファミリーカウンセリングルーム（03-3971-3741）まで。
　・横浜市愛児会館2階（〒232-0041　横浜市南区睦町1-30）…月・水曜日の午前・午後、火・金・土曜日の午前に、夫婦・親子相談を実施。事前予約が必要。東京ファミリーカウンセリングルーム（03-3971-3741）まで。
　・埼玉県川口市…市の委託を受けて、家庭問題情報センターのカウンセラーが結婚、子育て、夫婦間や親子間の悩みごとなどについて、川口市民を対象に無料相談を実施。相談を受けるには事前予約が必要。くわしくは川口市役所自治振興課市民相談コーナー（TEL 048-251-1110）まで。
　○女性のための電話相談…水・金曜日の10時〜16時。TEL 03-3971-8592（相談料無料、ただし電話料金は相談者の負担）
　○家庭問題情報誌『ふぁみりあ』の発行…希望者には無料で配布している（送付希望者は近くの相談室に電話で連絡を）。22号で「若者の社会的引きこ

暴力・ひきこもりを体験し、カウンセラーとなった。またKHJ西東京「ひだまり」(24ページ参照)の代表も務めている。
[対象地域・年齢など] 特に制限なし。
[費用] 相談(来所) 1時間6,000円、電話相談10分1,000円、訪問相談12,000円(別途交通費)、家族教室1回2,000円(1人)

■SCSカウンセリング研究所

〒170-0002　豊島区巣鴨3-4-4
TEL&FAX 03-3918-0655
E-mail: scsikeda@t.toshima.ne.jp
ホームページ　http://www.toshima.ne.jp/~scsikeda

[代表者] 池田佳世(臨床心理士)
[スタッフ] 各年代の男女あわせて10名
[支援内容・特徴など] 不登校、ひきこもりに対応、まず親のカウンセリングから始まります。講座(オヤジの会、ひきこもり母の講座、不登校親の講座)。青年の日(居場所)は週4回、午後5時から、男女の会、スポーツ、人間関係セミナーなど。月1回のグラウンドでの野球、宿泊旅行など。
[費用] 講座、青年の日の参加費1回3,000円。その他の費用は別途お問い合わせください。
[参考図書]『「困った子」ほどすばらしい』池田佳世著(ハート出版)

■社団法人　家庭問題情報センター

〒170-6005　豊島区東池袋3-1-1　サンシャイン60　5階
(サンシャイン60郵便局　私書箱1126号)
TEL 03-3971-3741　FAX 03-3971-8592
E-mail：fpic@nyc.odn.ne.jp
ホームページ　http://www1.odn.ne.jp/fpic/

[代表者] 山田博
[支援内容] 元家庭裁判所調査官たちによる、夫婦や子育て、介護など家庭問題の相談機関。ひきこもりの相談(当事者および親)にも応じている。
[特徴] 東京、千葉、栃木、大阪、福岡に相談室を設けている。いずれも相談は予約制。電話で申し込む(電子メールでの相談申し込みは行なっていない)。

た、個人別カリキュラムによる教科学習を行なっています。子どもたち個々の目的と進路を考慮し、的確な個別学習指導を行ないます。費用は月額24,000円（1回75分／月4回。税別）から。コース・目的により費用が異なる場合がありますので、当所の案内書をご参照下さい（案内書についてはお電話でお問合せ下さい）。

（3）学校が合わない、環境を変えたいという子どもたち、保護者の転入学を中心とした進路相談を受け付けています。専門職員がていねいに対応します。費用は10,000円（90分、税別）。

＊（1）〜（3）の受付時間は、いずれも10時〜19時30分（日曜・月曜・祝日は研究日のため受付はお休み）です。

（4）独自のメンタルサポートプログラム…過緊張状態から解き放つリラクゼーション講座をはじめ、さまざまなプログラムを用意しております。専門スタッフが親身に指導します。コース・目的により費用が異なる場合がありますので、当所の案内書をご参照下さい。

［対象地域・年齢］関東地区で当所に通学できる範囲に在住の小学1年生〜大学受験生

■カウンセリングルームひだまり

〒101-0051　千代田区神田神保町3-13-13　東大ビル1F
TEL&FAX　03-3238-1860
［代表者］伊藤恵造
［設立年月］1995年5月
［活動内容］カウンセリング（家族、当事者）、グループワーク（親）、来所・電話相談、訪問相談など
［特徴など］不登校、ひきこもり、家庭内暴力などの子どもを持つ親の相談を主にしている。グループワークによる「家族教室」では、原因探しではなく「これからどうしたいのか」に焦点を絞って話し合うことで、家族の問題の解決に向かう姿勢や能力を身につける。親の発言の場をつくることで、「気持ちが楽になる」「明るく元気になる」「自分のこだわっているものや癖に気づく」などの効果が見られ、「子どもへの対応が変わる」ことへの援助を行なっている。家族教室は月・土・日曜日の13時〜16時、定員15人。また、ひきこもっている当事者や訪問相談などを通じて「ひだまり」への来訪者を促すなどの活動も行なっている。代表の伊藤氏は一人息子の不登校・家庭内

団生活ができる力を育む場所です。大学生や大学院生といった若いお兄さん先生、お姉さん先生とともに学ぶ時間を取り入れ、1クラス15名程度の少人数で学びます。そうして、徐々に大人数の中でも学べるようなカリキュラムが組まれています。グループで学習や運動、コンピューター、農作物栽培など、さまざまな体験活動を行ないます。在籍校とも連携を図り、3～6ヵ月をめどに学校生活に戻れるように援助しています。毎週火～金曜日の10時～12時。費用は無料です。

○また、お子さんの問題をともに語り合い、支え合うことを目指して、体験者の場としての「親の会」を、毎週水曜日の10時～12時に開設しています。「親の会」のみの参加も可能です。費用は無料です。

[対象地域・年齢] 首都圏。小学生～高校生。対人関係に不安を抱えている18歳以上30歳程度の成人。

[参考図書]
『臨床心理士に出会うには』臨床心理士会編（創元社、2003年1月に2003年度版《改訂版》が出ます）
『不登校・中退からの進路ガイド　自分の学校』Vol.3（イカロス出版）

■日本適応指導教育研究所　勁草学舎

〒110-0015　台東区東上野3-9-5
TEL 03-3834-5576(代)　FAX 03-3834-5063
ホームページ　http://www.ikushin.co.jp/keisou/
　　　　　　　http://www.ikushin.co.jp/tekiou/

[代表者] 苅草国光
[スタッフ] 8人
[支援内容] 不登校児や高校中退生、また、家庭や学校での人間関係の歪みや崩壊から、社会や世界に対して心を閉ざしてしまった子どもたちに、生きる意欲と希望を再生させ、真の自立を支援することを第一の舎是・目的としています。

[特徴・費用]
（1）不登校、ひきこもりに悩む保護者と子どもたちの相談を受け付けています。専任カウンセラーが親身に対応します。費用10,000円（90分、税別）。家庭訪問の場合は15,000円（90分、税と交通費は別）
（2）個別指導の学力向上プログラム…子どもたちのメンタル状況をふまえ

○訪問看護…家にとじこもりがちな方、勇気がなくて病院を受診できない方、デイケアに参加したくてもひとりで行くのが不安な方のために、病院の看護婦が訪問。
［費用］各種保険の他、通院医療費公費負担制度の利用も可能。グループ活動でのお茶代やデイケアのプログラムでの実費は自己負担。

■NPO法人　東京教育・カウンセリング研究所

〒111-0053　台東区浅草橋1-22-6
TEL 03-5833-3583　FAX 03-5833-3584
E-mail：kenkyujo@kyouiku.or.jp
ホームページ　http://www.kyouiku.or.jp/

［代表者］中島章夫（理事長）、田村萬里子（代表）
［スタッフ］12人（ボランティア・スタッフを含む）
［支援内容］不登校やひきこもり、非行問題などの教育相談・カウンセリングを行なっています。都内近郊を対象に、家庭を訪問しての相談にも応じています。ひきこもりの子どもたちの援助に際しては「学力支援」と「異年齢集団での学びの場」を特色としています。
［特徴・費用］
　○カウンセリング…月曜日〜金曜日（10時〜16時）。不定期に夜間（平日17時以降）および土曜日も開設しています（これらの時間帯を希望する場合は事前にご相談ください）。カウンセリングは予約制。費用は初回5,000円（80分）、2回目以降2,000円（50分）。
　○訪問相談…ご自宅にひきこもり気味のお子さんに対してスタッフが訪問し、お子さんに直接働きかけることを目指します。訪問地域は都内近郊に限らせていただきます。費用は1回3,000円（50分）〜5,000円（80分）＋交通費。訪問相談の開始にあたっては、まずはご家族の来所をお願いしています。
　○適応指導教室…集団活動が困難な児童・生徒に対して、個別対応を原則としてカウンセリングと教科学習を並行して行ないます。最終的には集団生活が営めることを目指します。在籍校と連携をとり、授業時間が出席にカウントされるように働きかけることも可能です。原則として、毎週水〜金曜日（その他の曜日についても相談に応じます）。1回80分。費用は1ヵ月20,000円（月謝、教材費など含みます）
　○ゆるやか学級…不登校や家庭にこもりがちな子どもが、再び学校での集

［活動内容・特徴など］不登校やひきこもりなどを含め、ゆっくりと試行錯誤を重ねながら成長しようとする子ども、若者たち、そして大人たちにとってもほっとできる時間と場所をめざすフリースペース。教会のスペースを借りて、火曜日と木曜日の週2回、11時から17時まで開いている。お昼とおやつをいっしょに作って食べるほか、月例のフリーマーケットや山の廃校を利用して合宿なども開催。
［対象地域・年齢など］特に制限はなし
［費用］参加費500円（食事、おやつ付き）

■公立学校共済組合　関東中央病院
〒158-8531　世田谷区上用賀6-25-1
TEL 03-3429-1171　FAX 03-3426-0326
E-mail：kanchu@blue.ocn.ne.jp
ホームページ　http://www1.ocn.ne.jp/~kch/
［代表者］院長：前川和彦、神経精神科部長：岡田謙
［支援内容］総合病院。ひきこもりの専門外来は行なっていませんが、神経精神科での一般診療の中で相談にのっています。
［特徴など］
　○診療時間……初診再診いずれも月～金曜日の8時30分～11時。午後の診察は予約の方のみ（土・日・祝祭日、年末年始は休診）。
　○思春期デイケア…グループ活動を通して友達を作ったり、新しい体験を通してじっくり自分を見つめながら、社会生活をしていく上での自信をつけることを目指している。参加は25歳以下の青年。毎週月・水・金曜日の10時～16時に、以下のような活動を行なっている。
　・テニス、ソフトボール、バドミントン、卓球などのスポーツ
　・月1回の外出プログラム、ゲーム、納涼会、忘年会などのレクリエーション
　・料理会・美術、お菓子づくり、手芸・新聞作り、ワープロなどの創作活動
　・ミーティング、なんでもトーク、音楽鑑賞、ビデオ鑑賞など
　活動地域は世田谷区およびその周辺。見学も随時、受け付けている。
　○全開放50床の病棟があり、19歳以下の児童思春期の入院治療を積極的に行なっています。

じている。専門の相談員が家庭訪問を通して子どもと接し、学校や社会への復帰をめざす。
［特徴・費用］
　○面接・電話相談…事務所にて、ひきこもりの子どもを持つ親（子どもと同伴も可）の相談に応じている。相談料90分10,000円。また、電話相談は無料にて行なっている。
　○カウンセラーによる家庭訪問…子どもの状況に応じて、週１回〜月１回訪問している。子どもたちが興味を持っていること、例えばパソコンであれば、カウンセラーがパソコンを習うという名目で子どもと接触する。または友だちがいない子であれば、友だちレベルでの相談相手になるなど、さまざまなアプローチで子どもとコミュニケーションを交わす。相談料１時間13,000円（交通費、子どもたちと外食する場合などの飲食代は別）。
　○海外研修・留学のサポート…ニュージーランド、オーストラリア、カナダ、アメリカで語学留学をし、現地で生活することで自信をつける。乗馬などの自然体験中心の短期研修（最低２週間のもの）から、２週間以上の語学留学、現地の中学・高校に通う正規留学がある。現地では海外駐在のカウンセラーのフォローとともに、研究所のカウンセラーも電話で相談に応じたり、場合によっては現地に飛んで、悩みごとの相談に乗ることもある。また、帰国後のサポートもする。生活費や学費を含めた費用は、２週間の場合は250,000円から。１年間の場合はおよそ200〜350万円。
［対象地域・年齢］面接および電話相談は全国どこの方にも応じている。ただし、家庭訪問は首都圏および静岡県のみ。
［参考図書］
『不登校・中退者のための新しい学びの場2002』田口教育研究所編（日本評論社）
『2000年度版　中学・高校留学事典』（アルク）

■人の泉　オープンスペース"Ｂｅ！"

　〒156-0044　世田谷区赤堤1-15-13　東京新教会内
　TEL 03-5300-5581　FAX 03-5300-5583
　E-mail: openspace@be-here.gr.jp
　ホームページ　http://www.be-here.gr.jp/
［代表者］佐藤由美子

[参考図書]
『不登校　心を癒す聞き方・話し方』荒木次也著（評言社）
『引きこもり　わが子を救うために今あなたにできること』荒木次也著（評言社）

■プリメイラ思春期・こども研究所
　〒167-0051　杉並区荻窪5-30-17-1215　カウンセリングルーム・プリメイラ内
　TEL&FAX　03-5397-3433
[代表者]　裵岩奈々
[スタッフ]　4人
[支援内容・特徴]　いじめや不登校、ダイエット、ひきこもりなど、子どもや親が直面するさまざまな心理的課題や教育・健康上の問題に対してのカウンセリングや、より役立つ機関の紹介、プレイセラピー、活動集団療法（子どもワークショップ）、コミュニケーションスキルを高めるためのセミナーなどを行なっている。電話相談可能。
[対象地域・年齢]　全国可、乳幼児～成人まで。
[費用]　一般初回7,000円、2回目以降5,000円。学生は初回5,000円、2回目以降4,000円（高校中退者など親に扶養されている人の場合は、「学生」の扱い）
[参考図書]
『感じない子ども　こころを扱えない大人』裵岩奈々（集英社新書）
『シリーズ身をまもる3・いじめや仲間はずれから身をまもる』ほろいわなな著（ポプラ社）

■ジョンカ留学研究所
　〒130-0013　墨田区錦糸1-14-4-2F
　TEL 03-5819-4430　FAX 03-5819-4435
　E-mail：aso@joncca.com
　ホームページ　http://www.joncca.com/header.htm
[代表者]　阿相守彦
[スタッフ]　6人
[支援内容]　海外留学のサポートをするかたわら、ひきこもりの相談にも応

〒171-0022　豊島区南池袋3-13-9-805
TEL&FAX 03-3971-5324
E-mail：lcs@email.plala.or.jp
ホームページ　http://www6.plala.or.jp/npolcs/
［代表者］荒木仁美
［スタッフ］20人
［支援内容］不登校やひきこもりの当事者および親へのカウンセリングを行なっている。その他、クレジット・カウンセリング、シニア・ケア・カウンセリングなども行なう。
［特徴・費用など］
　○不登校・ひきこもりカウンセリング…自分の人生を深く考えるチャンスととらえ、親が子どもの能力、長所、夢を発見し、良きサポーター（支援者）となることで親子ともに自分らしい生き方を選択できるよう支援する。3ヵ月間に週1回のカウンセリングを、遠方の場合は電話または通信にて行なう。3ヵ月コース（12回のカウンセリング）60,000円（別途テキスト代として2,000円）。
　○不登校・ひきこもり支援講習会…親に子どもたちが持つ、新しい時代の価値観「より自由に、楽しく、自分らしく生きる」を深く理解してもらい、子どもの個性を尊重した対応ができるよう支援する（参加費用1,000円）。
　○子どもの理解者、支援者になるための親の会…親のためのカウンセリングに並行し、2週間に1回開催（参加自由。参加費用は1家族2,000円）。親の会では、「親が子どもの素晴らしい才能に気づく」「子どもの話をじっくり聴けるようになる」「楽しく優しい言葉を表現する」といったトレーニングを行なう。
　○不登校・ひきこもり再出発プログラム…カウンセラーと良い関係を築くことで、対人関係能力、社会性をトレーニングする。スポーツトレーニング、自信を育てるトレーニング、自転車の旅、徒歩の旅、駅伝、キャンプなどを行なう（費用はグループまたは個別、種目により異なる）。
　○男の子の不登校・ひきこもりの場合、父親の存在が大きく影響するため、父親がカウンセリングに参加されない場合はお断りすることがあります。また、病院に通院され、投薬治療が2年以上の場合もお断りすることがあります。
［対象地域・年齢］全国。5歳〜10代、20代、30代。

■ふれあい相談室（日本ＮＰＯセンター正会員）
　〒161-0034　新宿区上落合2-22-12　ウインズ落合206号
　（JR東中野駅徒歩8分、大江戸線・西武線中井駅徒歩1分、東西線落合駅徒歩5分）
　　TEL 03-5338-3390　FAX 03-5338-3391
　　E-mail：fureai5@par.odn.ne.jp
　　ホームページ　http://www2.odn.ne.jp/fureai5/index.html
[支援内容・特徴・費用など]　不登校やひきこもり・家族問題・神経症のカウンセリングを行なっている。
　○チームカウンセリング…自分の人生を深く考えるチャンスととらえ、親が子どもの能力や長所、夢を発見し、サポーター（支援者）となることで、親子ともに自分らしい生き方を選べるように支援する。日記カウンセリング・問いかけ・受容傾聴のトレーニングを親が行なう。親御さんのカウンセリングも実施。複数のカウンセラーが対応する。カウンセリング講座も有り。
　○ライフトレーニング…カウンセラーと良い関係を築くことで、対人関係能力、社会性を身につけるトレーニングをする（自己表現トレーニングや生活習慣見直しトレーニング、勉強、留学、旅行支援など）。
　＊以上の受付時間は9時〜20時。1時間7,500円。電話にて予約が必要。また、訪問カウンセリングにも応じている。クライアントの電話・メール相談無料。
　○無料相談会…毎週水曜日8時〜20時（新宿区社会福祉協議会後援）
　○ふれあいの会（父母の会）…毎月第3または第4土曜日開催、14時〜17時。会場は東京芸術劇場会議室。参加費は2,000円。
[対象地域・年齢]　首都圏。年齢に制限はありません。
[参考図書]
『最後の家族』村上龍著（幻冬舎）
『Hiki♥Com'i』第5号（子どもと教育社）

■ＮＰＯ法人　ライフカウンセリングサービス
　○本部・新宿相談室
　〒160-0023　新宿区西新宿4-32-4　ハイネスロフティ712
　TEL&FAX 03-5351-2158
　　○池袋相談室

『精神対話士ハンドブック』メンタルケア協会編（慶應義塾大学出版会）
『メンタルケア論』メンタルケア協会編（慶應義塾大学出版会、平成14年12月出版予定）

■ＮＰＯ法人　東京シューレ
　〒162-0056　新宿区若松町28-27
　TEL 03-5155-9803　FAX 03-5155-9804
　E-mail:info@shure.or.jp
　ホームページ　http://members.tripod.co.jp/kodomosocialwork/
［代表者］奥地圭子
［スタッフ］20人
［支援内容・特徴など］成人年齢のひきこもり経験者が出会っておしゃべりをしたり、共に音楽を聴いたり、といった会「土曜サロン・木曜サロン」を月２回、第１土曜の昼と第３木曜の夜に開いている（会場は東京シューレ新宿）。
　子どもの居場所・フリースクール「東京シューレ」では、20年近くにわたる親の会活動や居場所づくりを通して、多くの閉じこもり・ひきこもりの子ども・若者・親とつきあってきた経験から、ひきこもりを治療対象とすることや、他者の意向による引っ張り出しでなく、その人の存在を尊重し、当事者が望むことに協力することが大事と考えてきた。たまたま、ひきこもり経験者の人から「自分は直そうとされる必要はないけれども、家族以外の友人をつくりたいし、同じような経験をした人、している人といろいろ話をしてみたい」という話があり、こうした会を開催している。なお、ひきこもり当事者の親や家族には、毎月第３日曜日「登校拒否を考える会」への参加を呼びかけている（問合せTEL 03-5993-3135）。
［開催日時］土曜サロン　毎月第１土曜13時30分〜18時
　　　　　　木曜サロン　毎月第３木曜18時30分〜21時
［対象地域・年齢など］ひきこもりでなくても、社会の価値観になじめないとか、不登校経験者、話をする人があまり周囲にいないなどから参加してみたい場合や、10代後半の人も本人が希望すれば可。対象地域も特に制限はない。
［費用］無料。好きなCD、花、手作りのお菓子などの持ち寄り歓迎。

する。一般会員に無料で行なうもの。要予約。
　○メールによる養育相談…遠距離で面接に来られない人、毎月は必要ないが不定期に相談したい人などに対して行なう。面接終了後のフォローアップなどにも行なっている。
　○市民への講演会
　○家族問題・児童問題についての調査研究
[対象地域・年齢] 東京都・神奈川県・埼玉県・千葉県（月に１度、保護者が埼玉および東京の事務所にお越しいただける範囲）。
[費用] 入会金無料、会費１ヵ月7,000円、家庭教師派遣１時間2,500円（交通費別）。メール会員１回2,000円（2000字程度）。

■メンタルケア協会

〒150-0001　渋谷区神宮前1-6-1　原宿パレフランス549
TEL 03-3405-7270　FAX 03-3405-8580
養成講座（[組織]の項参照）お問い合わせ専用TEL 03-3405-7282
E-mail：mca@mental-care.jp
ホームページ　http://www.mental-care.jp/

[代表者] 会長　市橋保雄（慶應義塾大学病院元院長）
[スタッフ] 精神対話士　約450名（平成14年７月１日現在）
[組織] 1993年（平成５年）９月、慶應義塾大学医学部出身の医師たちが中心となって、心のケアの担い手を養成、実践する目的で設立。札幌・仙台・東京・名古屋・大阪・広島・福岡でメンタルケアのスペシャリスト養成講座を開催。養成講座の修了者は、精神対話士派遣業務参加選考試験の受験資格が得られる。
[支援内容]
　○精神対話士派遣サービス…ひきこもりがちな青少年、子どものことで悩んでいる人、高齢者、病人などを対象に、原則として週１回80分、同じ曜日の同じ時間帯に４週（４回）連続して、自宅、老人ホーム、病院など指定の場所を訪問し、真心を込めた対話を中心として、孤独感や挫折感、喪失感などをかかえる人たちの心の支援を行なう。派遣時間は、年間を通して９時から21時までの間。派遣料金25,000円（消費税込み、１ヵ月４回訪問）
[対象地域] 日本国内（交通の関係などで一部派遣できない地域があります）。
[参考図書]

E-mail：hikicomi@anet.ne.jp
　ホームページ　http://k.excite.co.jp/hp/u/hikicomi/
[支援内容・特徴] ひきこもりの人たちに向けての雑誌『Hiki♥Com'i』を発行する不登校情報センターからできた不登校、対人不安の人のためのサークル。参加希望の方はプロフィールを書いてお問い合わせください。雑誌編集、スキー、キャンプ、カラオケなどをやっています。おとなしい人、無口な人、ひきこもりの人ばかりなのでお気軽にどうぞ。
　なお、不登校情報センター／Hiki♥Com'iについては、http://homepage1.nifty.com/muraki/futoko/をご覧下さい。
[対象地域・年齢] 全世界。10代から30代の男女。
[費用] なし

■NPO法人　メンタルコミュニケーションリサーチ
　○法人事務局：横浜市、さいたま市
　○東京本部：〒142-0054　品川区西中延2-11-21-B-207
　○埼玉支部：〒360-0821　熊谷市伊勢町80-203　TEL&FAX 048-523-4232
　E-mail：mcr@npo-jp.net
　ホームページ　http://www.mcr.npo-jp.net/
[代表者] 若島孔文
[スタッフ] 30人
[支援内容] 臨床心理士の指導を受けた福祉や心理学専攻の大学生たちが、不登校、ひきこもり、家庭内暴力などの家庭を訪問し、相談や援助を行なう。臨床心理士による親への心理相談も同時に進める「家族療法」を行なっている。
[特徴]
　○「こころの家庭教師」派遣…福祉や心理学を専攻し、臨床心理士から専門的な研修を受けた学部生・院生が、子どもの「こころの家庭教師」を担当。訪問は週1回程度。また、親が行動を起こし、変わることが子どもにも良い影響をもたらすという「家族療法」の考え方から、原則として以下のような親への心理相談も義務づけている。
　○親への心理相談…月に1度、臨床心理士によるコンサルテーション（心理相談）を行ない、しつけ・教育・育児や家族の問題についてアドバイスを

しています。それぞれの子どもに対して、個別に学生サポーターが付き添い、サポートしています。

- 連絡先／トカネット事務局と同じ
- 対象年齢／小・中・高校生の年齢
- 費用／入会金20,000円。1時間につき3,000円（交通費別）。ただし、トカネット（訪問サポート）からスタートされた人は、入会金は無し。

○個人情報誌『Hiki♥Com'i（ひきコミ）』編集と文通サークル「心の手紙交流館」…個人情報誌月刊『Hiki♥Com'i』は、対人関係不安の人たちが文通友達を探す場です。文通方法は2通りあります。

① 『Hiki♥Com'i』に掲載されている文通のよびかけに、返事を書く形で文通を始める。

② 『Hiki♥Com'i』に文通をよびかける主旨の手紙を投稿し、それに応えてくれる人と文通を始める。

現在まで約600人の人が文通を始めています。文通を始めた人は、サークル「心の手紙交流館」の会員となります（会費は無し）。また、『Hiki♥Com'i』読者の交流会も月1回程度、開催しています。

『Hiki♥Com'i』は文通のよびかけの他に、不登校やひきこもりに関する各地の親の会や当事者の会など関連情報を掲載しています。発行は㈱子どもと教育社（03-3239-5511）。1冊480円（送料80円）。

○あゆみ書店…ひきこもり体験者が社会参加に向かうときの「仕事の練習の場」（TEL03-3654-0878）。原則1年間、書店員として働きます。不登校やひきこもり、および関連分野の書籍や雑誌を扱う専門書店です（フリースクールや大検予備校、心理相談など各種の案内書も置いています）。店には専門相談カウンセラーが常駐しており、不登校、高校中退、ひきこもり、問題行動などの相談ができます（相談費用は初回は無料）。また、「人生模索の会」など当事者の会への参加者で、「編集・文章の技術＆交流教室」を受講している人など数名で、「編集企画部」を構成。不登校、ひきこもりなどに関係する情報を収集し、パンフレット編集などを行なっています。

通信販売部ホームページ　http://www.futoko.co.jp/ayumi

■ファーストステップ

〒124-0024　葛飾区新小岩2-5-9　不登校情報センター内
TEL 03-3654-0181

通の関心をもとにグループづくりをする人、社会参加をめざして仕事を探す人まで、100人余りの人が入れ替わりで参加しています。毎週水曜日の午後が定例の集合日で、夜に鍋会（食事会）を行なうこともあります。その他、サブグループとして、社会参加を目指すひきこもり女性の会（毎月第1・3土曜日）、30歳前後の人の会（隔週金曜日）、ファーストステップ（ひきこもり経験者で社会参加をめざす人たちの会。隔週土曜日の夕方。次項参照）、パソコンサークル（毎週水曜日の夕方）、初参加者の会（当センターへの来所2～3ヵ月以内の人の会。毎月1回、不定期に開く）などがあります。会費はどのグループも無料です。

○IINA会（いいなかい）…ひきこもり、不登校、対人コミュニケーションで苦しむ子どもを持つ親どうしが交流し、社会的精神的支援を行なう会。毎月1回、定例交流会を開いています。また、子どもの状態と親子関係の実情に応じて、「ほとんど外出しない」「外出はする28歳以上」「外出はする27歳以下」「親とのコミュニケーションがない」「十代親の会」など、いくつかの小グループに分かれての交流会も行なっています（グループは会員の要望によって、その都度、新たにつくられています）。2002年8月現在、80家族が会員に。会費は月額1,000円（半年分前納の場合5,000円）。会員以外の人が交流会に参加する場合は参加費1,500円。

○トカネット（訪問サポート）…不登校、ひきこもりの子どもたちのところへ、学生や社会人等のサポーターが定期的に訪問し、メンタルサポート活動をしています。話し相手になったり、遊びや外出、勉強などをいっしょにやることを通して、友達のような関係をつくります。また、家族を対象にした「トカネット家族の会」や、訪問サポートについて知りたい人を対象にした「我が子に訪問サポートを考えてみる会」も行なっています。

・代表／藤原宏美
・事務局／東京都江戸川区平井3-21-18　成海ビル401　TEL&FAX 03-3636-2983
　・登録サポーター／300人（現在、そのうち70人が活動中）
　・対象年齢／6歳～40歳くらい
　・対象地域／首都圏（東京・神奈川・埼玉・千葉）
　・費用／入会金20,000円。1時間につき3,000円（交通費別）

○トカネットスクール…子どもたちと学生サポーターが、当センター内でギターやパソコン、卓球、勉強など自分たちでやりたいことを見つけて活動

「埼玉親の会」…隔月1回、川越福祉センターにて。会費2,000円。TEL 048-833-8940（猪村恵子）
「きつつき会」（浜松）…毎月第3日曜日の13時30分から、浜松福祉文化会館にて。会費は初回は無料、継続者は3ヵ月6,000円。TEL 053-592-5884（宮崎真智子）
「近畿親の会」（大阪）…毎月第2土曜日10時15分から、大阪府労働会館にて。メンタルフレンド研修会も兼ねて行なう。会費は午前2,000円、午後2,000円。TEL 090-3704-9742（高橋哲）
「香川親の会」（高松）…毎月第2日曜日13時15分から、香川県社会福祉総合センターにて研修会と並行して行なう。会費2,000円。TEL 087-746-0517（大木三枝子）
○その他、「子育て親育ちの会」「カウンセリング学習会」などの生涯学習講座や、「信頼しあえるカウンセラーを探す会」も行なっている。
[対象地域・年齢] 全国。7歳～30歳ぐらい。
[参考図書]
『子どもを救える親になる！』高橋良臣著（イカロス出版）
『登校拒否・引きこもりの二次的反応』高橋良臣著（ほんの森出版）

■不登校情報センター

〒124-0024　葛飾区新小岩2-5-9
TEL 03-3654-0181　FAX 03-3654-0979
ホームページ　http://www.futoko.co.jp/
[代表] 松田武己
[組織] ひきこもり、不登校、対人コミュニケーションを苦手とする人と、その家族を支援するNGOです。
[支援内容・特徴・費用など]
○相談室…子どもと若者の不登校、高校中退、ひきこもり、対人関係、進路と学習、問題行動などについて、教育・心理カウンセラーによる親と当人を対象とした相談カウンセリングをしています。土・日曜日を含む毎日13時～18時まで。初回の費用は無料。2回目以降は予約で、1時間程度で5,000円。忙しい人や遠方の人は電話予約をおすすめします。
○人生模索の会…不登校、ひきこもりなど対人関係に不安をもつ当事者の会です。話し相手や友人がほしいという人から、自分探しをしている人、共

10,000円。2回目以後の費用は相談者の経済事情に応じて、カウンセラーと相談して決める。
　○大須成学園…山梨県中富町の廃校になった学校を借りて、登校拒否・不登校の子どもが生活体験をしている。対人関係の改善や日常生活習慣の安定化をめざす。スキーや乗馬などの体験もする。
　○好文堂教室…ほんとうは学校に行きたい子どものための自主型教室。平日の月～金曜日の9時30分～15時30分まで、学んだり、対人関係を築いたり、やってみたいことを探して実行する居場所。学習はわからないところをスタッフ（大学の助教授や元教師や大学院生ら）から学ぶ。子どもの定員は10名。
　○乗馬体験会…ホースセラピーとして隔月、行なっている。
　○高橋ペットクリニック…閉じこもっている子どもで、動物が好きな子のために開設した往診専門のペットクリニック。子どもが自分の心の問題にはふれられたくはないが、動物の話ならしてもいいという場合にかかわりをもつ。アニマルセラピー。
　○メンタルフレンドの派遣…外出はできないが、誰か来てくれる人がいれば、会って話したり、勉強をしたいという子どものもとへ、メンタルフレンドの研修を受けた若者が訪問する。子ども本人と親が派遣を希望していることが紹介する条件。費用は交通費＋その他の実費＋幾分かのお礼（お礼に関してはメンタルフレンドと相談して決める。今日までの実績ではメンタルフレンドが大学院生の場合は1回につき2時間程度で10,000円程度、大学生の場合は6,000円程度）。
　○メンタルフレンド、ボランティア研修会…思春期・青年期の成長発達論やカウンセリング理論をH.S.サリバンらの理論に基づき学ぶ。大須成学園の生活場面で子どもとのかかわりの実践体験もする。
　関東地区…毎月第1日曜日の13時30分か14時から、渋谷にて。TEL 03-3739-1455（当研究所）
　近畿地区…毎月第2土曜日の10時15分から、大阪府労働会館にて。TEL 090-8145-3351（森田喜治）
　四国地区…毎月第2日曜日の13時15分から、香川県社会福祉総合センターにて。TEL 087-882-1527（網千代美）
　○親の会が各地で活動している。
　「かこむ会」（東京）…毎月1回、13時30分から、東京ウィメンズプラザにて。会費2,000円。TEL 03-3739-1455（当研究所）

［スタッフ］5人
［支援内容］子どもの不登校やひきこもりに悩む親のためのグループカウンセリングなどを行なっている。遠隔地の親のために会報「親子マンボウ」も発行。
［特徴］
　○ひきこもりは本人の人間関係の基本が構築されていないことが多いので、親との人間関係を見なおすことで、社会に第一歩を踏み出すよう、親子を支援する。
　○子どもの精神発達的立場から、親の理解を深めていくための勉強の場を提供。
　○子どもの不登校やひきこもりに悩む親のためのグループカウンセリングを月1～2回、東京と栃木で開催。参加費1回2,000円。
　○会報「親子マンボウ」の発行
　○参考図書として、『思春期をもつ親へのメッセージ～子育ての原点を見つめ直して』著者：塩野谷斉さん（浜松短期大学助教授）の本も取り扱っている。希望者は2,000円＋送料を同会まで。
［対象地域・年齢］特になし
［費用］無料

■登校拒否文化医学研究所

〒144-0055　大田区仲六郷3-11-6
TEL 03-3739-1455　FAX 03-3739-1422
E-mail：takahashi@as.email.ne.jp
ホームページ　http://www.asahi-net.or.jp/~pr8y-tkhs/index.htm
［代表者］高橋良臣
［スタッフ］臨床心理士4人（心の相談室スタッフ）、好文堂教室6人（非常勤）、大須成学園3人の計13人
［支援内容］不登校やひきこもりの面接相談、フリースクール、訪問活動、親の会などを行なっている。
［特徴］
　○心の相談室…登校拒否・不登校、家庭内暴力、ひきこもり、ＬＤ（学習障害）について、臨床心理士や当研究所が認めたカウンセラー、ケースワーカーが相談に応じる。完全予約制（TEL 03-3739-1455）。初回面接は一律

52,500円（全20回、消費税込み）。
　(2) 見通しの検討…当所の利用に際し、何らかの支障が出てきた場合、本人、親、カウンセラーの間で検討し、見通しをその都度見直すことがある。
＊本書39ページ以下「自分の好きなことを見つけてほしい」も参照。

■じゅんふれ
　所在地、電話がないため、問い合わせは不登校情報センターの松田さんまでお願いします（【東京】の項参照）。
　〒124-0024　東京都葛飾区新小岩2-5-9　不登校情報センター　松田武己
　TEL 03-3654-0181
　E-mail：junfure@yahoo.co.jp
（これは「じゅんふれ」のアドレスになります）
［スタッフ］15人
［支援内容・特徴など］不登校・ひきこもりの子ども、またはその家族を支援・サポートしていく学生主体のボランティア団体です。活動としては、週1回の勉強会、月1回を目安にイベントの開催、地域での交流の場をつくることなど。
［対象地域］酒々井町（千葉県）を中心に、千葉に活動の場を広げている
［費用］特に必要なし

■社団法人　家庭問題情報センター
→【東京都】の項参照

■町沢メンタルヘルス研究所
→【東京都】の項参照

【東京都】

■親子マンボウの会
　〒116-0013　荒川区西日暮里2-40-9　小山ビル701号
　TEL 03-3807-0163　FAX 03-3807-0164
　E-mail：machiko@netlaputa.ne.jp
［代表者］井澤真智子

(＊名古屋は常駐ではなく講座等のときのみ開所)
[利用案内・費用]
○カウンセリング
(1) 申し込み…予約制。"初回面接（インテイク）"を電話、もしくはE-mailにて申し込み。
(2) 料金…50分が1単位で10,500円、もしくは12,600円（消費税込み）。料金の違いは担当者によるもの。
(3) キャンセル…設定された日時（来訪日）の3日前からキャンセル料（全額）が発生するので注意。
○フレンドスペースへの参加
(1) 利用料…フレンドスペースの日常活動、イベント、サークル等への参加にあたっては、1日6,300円の利用料がかかる。来訪日にはどのイベントやサークルに参加することも可能。
(2) カウンセリングとの連動…カウンセリングを受けた日は、利用料は不要。カウンセリングの料金のみで、イベント等への参加が可能。
(3) 実費…イベント等によっては、実費がかかるものがある。
○見学
(1) 個人見学…基本的には受け付けていない。施設等を見学したい場合は、カウンセリングを受けてからになる。
(2) 団体見学…自治体、福祉機関等の団体で、当所の活動を研修として見学したい場合には、電話、もしくはE-mailにて要相談。
○フレンドスペース契約
(1) 見通し…当所の活動方針に合わせて、本人、親、カウンセラーの間で見通しを立て、本人が利用を希望し、親の心理的および経済的支持がある場合、初回3年間（更新可）のフレンドスペース契約を結ぶことができる。
(2) 料金…入会および初回契約金、その他が必要。月謝等の詳細については要問い合わせ。
○その他
(1) 親の参加の推奨…本人の利用がない場合であっても、定期的なカウンセリング、親の講座等への参加が、本人の見通しと回復につながるケースが多いということで、親を対象にしたひきこもり対応講座を開設。母親講座、父親講座とともに基礎コース、実践コースがあり、いずれも全20回が1クールとなっているが、途中のカリキュラムからでも参加は可能。受講費は

[支援内容] ひきこもり、対人不安、不登校、就職拒否などの相談に応じている。併設機関として「フレンドスペース」がある（くわしくは次項と、本書39ページ以下も参照）。

[特徴]
○カウンセリングは来談・電話・訪問が可能（訪問は応相談）。予約制（電話・ホームページ）
○その他、カウンセラーの養成や職場・学校・高齢者のメンタルヘルスにも取り組んでいる。
○ひきこもり状態にある子どもを持つ親（家族）のみの相談や親のための講座も受け付けている。
○ホームページの情報が充実で、カウンセリングQ＆Aなど様々な講座が紹介されている。

[対象地域・年齢] 全国・年齢不問
[費用] 10,500～12,600円／50分
　＊なお、訪問相談の場合は、(相談時間＋往復の交通時間)×10,000円（以上、消費税加算）＋交通費となる（たとえば、片道30分の交通時間で、1時間の相談をした場合は21,000円＋交通費となる）

[参考図書]
『ひきこもり脱出ガイド』武藤清栄、渡辺健編著（明石書店）
『言葉を聞く人　心を聴く人』武藤清栄ほか著（中央労働災害防止協会）
『教師へのメンタルサポートQ＆A』武藤清栄編著（日本文化科学社）

■フレンドスペース
　〒271-0064　松戸市本郷857-1　北松戸成川ビル3F
　TEL 047-364-7332　FAX 047-362-4065
　E-mail：info@friendspace-net.com
　ホームページ　http://www.friendspace-net.com/
　○フレンドスペース大阪センター
　〒534-0026　大阪市都島区網島町1-10　大和シャレービル2F
　TEL 06-6351-1927　FAX 06-6351-5192
　○フレンドスペース名古屋
　〒460-0008　名古屋市中区栄1-22-2　ライオンズマンション名古屋734号
　TEL&FAX 052-203-0067

■医療法人社団　爽風会佐々木病院
　〒273-0854　船橋市金杉町159-2
　TEL 047-429-3111　FAX 047-429-2324
　ホームページ　http://www.sofu.or.jp
　＊斎藤環さんの診察を希望する場合は、予約を受ける日が決まっているため電話で確認を。
［利用案内・費用］
　〈診療費〉全額自己負担の場合、1回につき5,900円（現行では本人以外は保険が使えない）
　〈デイケア参加費〉全額自己負担の場合、1日につき2,300円。精神保健福祉法32条に基づく通院医療費公費負担制度を使うと、1日につき310円。
　〈入院費〉
　○1ヵ月一律100,000円
　○部屋による差額料金…特別室（2室・バストイレ付き）1日10,000円、個室（8室）1日6,000円、4床特別室（4室）1日1,000円、その他の4床普通室は差額料金はない。
　○保証金（入院時に払い、退院時に返却される）…特別室150,000円、個室100,000円、4床特別室70,000円、4床普通室50,000円
　＊本書47ページ以下「根気よく続ければ必ず回復できる」も参照。

■東京メンタルヘルスアカデミー
　○本部　〒271-0064　松戸市上本郷2207-4　中村ビル2F
　TEL 047-366-1879　FAX 047-364-8504
　○東京センター　〒171-0033　東京都豊島区高田1-36-22　朝日第2目白台マンション705号
　TEL 03-3986-3220　FAX 03-3986-3240
　○大阪センター　〒534-0026　大阪市都島区網島町1-10　大和シャレービル2F
　TEL 06-6351-1927　FAX 06-6351-5192
　E-mail：info@tmaweb.net
　ホームページ　http://www.tmaweb.net
［代表者］武藤清栄
［スタッフ］カウンセラー44人、スタッフ6人（フレンドスペース含）

橋市・市川市）に7つの宿泊施設「若衆宿」があり、ここで共同生活をおくる。元非行少年や外国人留学生らも同居しており、さまざまなタイプの人と出会い、共同生活をすることで人間関係に慣れる。掃除や炊事は当番制。家族入居、親子入居も可能。今年から海外にも若衆宿設置の予定。

　○鍋の会…鍋を囲みながらおしゃべりをし、対人関係に慣れる場。船橋市と市川市の若衆宿で定期的に行なっている。寮に住んでいる若者だけでなく、外部からも多くの人たちが集まってくる。

　○仕事体験塾「福祉コンビニ」「喫茶『縁側』」「普段料理の店　マンマ」「ＩＴ事業部タウンタウン」等での社会体験…これらの活動に若衆宿に入った若者たちが参加し、働くことの楽しさや厳しさを学びながら、社会参加（復帰）をめざしていく。

　・「福祉コンビニ」…高齢者デイサービス、託児、何でもお手伝い屋の事業を行なっている。デイサービスは介護保険の指定事業者として行なっているもので、ケア・マネージャーや介護福祉士とともに仕事に関わっている。

　・喫茶「縁側」…「福祉コンビニ」の近くに設けられている店。若者たちが自分で料理をつくり、地域に根ざした社会（職業）体験をする。

　・普段料理の店　マンマ…「普段、家庭で出る料理」を若者たちがつくっている。スローフードを楽しむ店。

　＊仕事体験塾はおもに千葉県市川市に設けられている。

　＊費用は個々には設定しておらず、面接相談によって決定。

［対象地域］家庭訪問は全国どこでも可。

■登校拒否研究室

　〒270-0135　流山市野々下5-972-2
　TEL&FAX　0471-43-0127（赤沼外科内科医院）
　E-mail: office@toukoukyohi.com
　ホームページ　http://www.toukoukyohi.com/

［支援内容・特徴など］赤沼侃史氏（心療内科医師）が主宰。登校拒否、ひきこもり、うつ病、PTSD、パニック障害などさまざまな問題についてWeb上で、または必要な方は電話で相談（無料）を行なっている。診療の場合は予約が必要。

［対象地域・年齢など］特になし

［費用］Web、電話相談の場合は無料

○メンタルフレンドの養成講座…養成講座修了者は有償にてセカンド・スペースのメンタルフレンドとして活動が行なえる。
　○不登校・ひきこもり経験者による学校や教育機関での「いじめ防止」を訴えるキャンペーン
　○不登校・ひきこもり当事者の就労を目的とした就業支援親の会や、当事者・親・カウンセラーが同席して話し合ったり、企業に対して働きかける「親の会」があります。
[対象地域] 限定しない。
[対象年齢] 10～20代の会と、30代～の会があります。どの地域の会、どの年代の会にも参加は自由です。
[費用] 入会金20,000円、月会費10,000円で上記の「心理相談部門」を何度受けても無料です。また、活動内容の(1)～(4)のすべてのサービスを無料で受けられます。
　＊ただし学習塾に参加する場合は別途料金が必要、入会金はなし。月額はセカンドスペース入会者は25,000円、通常は35,000円。月に16時間の授業がある（1回2時間×週2回×4週＝16時間）

■NPO法人　ニュースタート事務局
　〒279-0011　浦安市美浜1-3-1006
　TEL 047-352-7398　FAX 047-355-3911
　ホームページ　http://www.new-start-jp.org/
[代表者] 二神能基
[スタッフ] 30人
[支援内容] 不登校の生徒やひきこもりの若者の「新たな出発（ニュースタート）」を支援しようと、若者の家庭訪問部隊、寮での共同生活、仕事体験塾の3つの活動を中心に行ない、ひとつのゆるやかな大家族を形成している。
[特徴・費用など]
　○レンタル活動（レンタルお姉さん・お兄さん）による家庭訪問…20～30代の若いスタッフが、不登校やひきこもり本人に手紙や電話でアプローチし、その後、週1回の割合で家庭を訪問している。部屋で雑談したり、いっしょにカラオケに行くなどしてコミュニケーションをとり、本人を家（部屋）から外に連れ出す。
　○若衆宿（ミーティング・ルーム）での共同生活…千葉県内（浦安市・船

TEL 047-322-1257
事務局：千葉本部事務局　TEL 047-322-1257
　　　　東京本部事務局　TEL 03-3594-7239
［代表者］成瀬栄子（上級教育カウンセラー）
［スタッフ］6人
［支援内容］セカンド・スペースは当事者たちからの「学校復帰・就労することを目的とした会にしたい」という要請を受けて、組織化されました。本人たちの意志を尊重した自助グループではありますが、病院・教育機関・学校・企業と連携をとりつつ活動をしています。
［活動内容］
　（1）プロの指導による油絵、イラスト、漫画、手芸など制作活動を通してコミュニケーションをとりつつ、展示販売などで収益をもたらす生産活動の日（展示販売で得たお金は本人たちのものになります）
　（2）外国人による英会話教室、企業との連携によるパソコン教室、地方公務員資格取得講座、中高生や高校中退者のための学習塾などで学ぶ資格取得・勉学の日
　（3）ソーシャル・スキル、コミュニケーション・スキルなど心理学技術を応用した対人訓練によってコミュニケーション能力を養ったり、スポーツ・ゲームを通してコミュニケーション能力を養う日
　（4）実際に社会に出る日のために、履歴書の書き方指導や電話応対訓練、面接訓練、ビジネスマナー訓練を行なったり、企業の方々の講義を受ける就労のための勉強の日
　上記4つの日を設けて、これらの課題をクリアすることを目的とした活動をしています。
［その他の活動］
　○心理相談部門…カウンセラーによる相談（1時間6,000円）。不登校・ひきこもり経験者による相談（1時間3,000円）
　○メンタルフレンドの派遣…一般社会人、学生、不登校・ひきこもり経験者による派遣
　○各種心理講座…親対象の心理ケア講座、カウンセラー志望者のためのカウンセリング入門講座、子育て中の親のための心育ちの講座
　○レターカウンセリング…手紙によるカウンセリング
　○訪問カウンセリング

→【東京都】の項参照

■社団法人　家庭問題情報センター
→【東京都】の項参照

■登校拒否文化医学研究所「埼玉親の会」
→【東京都】の「登校拒否文化医学研究所」参照

【千葉県】

■道草の家
　〒262-0023　千葉市花見川区検見川町3-334-10
　TEL&FAX 043-213-6244
　E-mail：mitikusa@cronos.ocn.ne.jp
　ホームページ：http://www9.ocn.ne.jp/~mitinoie
[代表者] 和田ミトリ
[支援内容・特徴など] ひきこもりの人のための居場所。民家を開放し、ほっとした空間で、色々な人との交流を目指している。カウンセリング（訪問も）、親の相談を受け、親の会を毎月（第2土曜、または第2日曜）開いている。青年たちが心を解放し、人と交わることができるよう、自由な会話、話し合い、遊び（ゲーム、音楽を聴いたり、楽器に触れたり、菓子作りなど）の他に、自己表現のプログラム（コラージュ、箱庭、パステル画、読書会、アサーション…言葉による自己主張、会報作りなど）も組んでいる。
　また、毎月の行事としては、名作ビデオを観る会、ハイキング、美術館めぐりなど。活動日は、月、水、金の13時30分〜17時。午前は心に関する勉強会（「リスニング（聴き方）」、「フォーカシング」、「アサーション」、「心の本を読む会」など）を開き、青年の参加もある。午後の「青年の集い」に、勉強会の参加者も、カウンセラー、スタッフと共に交わったりしている。
[対象地域・年齢など] 特に制限なし
[費用] 1回1,500円（勉強会も1,500円）

■不登校・ひきこもり自助グループ　セカンド・スペースの会
　〒272-0034　市川市市川1-3-3　フロームファスト市川1F

時30分～16時30分 まで。月・水・土の活動内容は、おしゃべり、ゲーム、音楽（聴く、弾く、歌う）、勉強、スポーツ、料理、パソコンによるインターネットなど過ごし方はさまざま。春祭、バザー、スポーツ、ハイキング（春・秋）、キャンプ（夏）などのイベントも行なわれる。また、小・中学生の不登校の子どもを持つ親の会とひきこもりの家族会が毎月１回開かれている。会の運営は、すべてボランティア活動として実施。
［対象地域・年齢など］対象地域も年齢も特に制限はない。
［費用］会員：１家族あたり年間24,000円（月2,000円）、賛助会員：年間１口5,000円
［参考図書］『子どもとゆく』173号（2002.3.1）掲載「特集・居場所が持つ力」（連絡先：子どもとゆく編集部、TEL&FAX 03-3720-8149）

■ＮＰＯ法人　ＳＯＨＯ夢工房
　〒350-0436　入間郡毛呂山町川角1391
　　TEL&FAX 049-294-6121
［代表者］吉本たか子
［支援内容］ＫＨＪ親の会の活動の一部として、社会との中間帯の工房施設を運営。個人の特性を生かした生産品を丁寧に作り上げ、個人の収入に結びつける。
［特徴］スタッフ13名でのアットホーム運営。
［対象地域・年齢］なし
［費用］10,000円より。参加希望の場所による。

■Wing Club（ウィングクラブ）
　　FAX 048-683-3756
［代表者］大河原康雄
［支援内容］ＫＨＪ親の会の活動の一部として、ひきこもりの人への訪問サポートや、自助グループ・グループホームなどの紹介。だれかが必ずあなたがくるのを待っている、そのことを知ってほしい。
［対象地域・年齢］関東。年齢は特に制限なし。
［費用］首都圏のＫＨＪの月例会にて問い合わせ。

■ＮＰＯ法人　メンタルコミュニケーションリサーチ

○不登校の学習会（「ひきこもり」も含む）…体験発表や話し合いをしている。毎月第2火曜日の13時30分～（変更の場合あり）。場所は埼玉県久喜市中央公民館（JR宇都宮線または東武伊勢崎線久喜駅西口徒歩10分弱）。参加費100円。

○教育相談（「ひきこもり」も含む）…対象は、会の冊子「エジソンになれない子どもたち－不登校は不登校で終わらない－」を読まれた方。埼玉県久喜市まで来られる方。日時に制約あり。無料。

＊冊子「エジソンになれない子どもたち－不登校は不登校で終わらない－」は、不登校を身体的視点で考えることの大切さを提唱した本です。ご希望の方は、郵便振替にて660円を送付してください（郵便振替口座00140-0-148599、こんがりトーストの会）。

［対象地域・年齢］特になし

■バクの会

〒359-1116 所沢市東町12-37 旧ひょうたん亭本館
TEL042-920-2095（活動時間のみ）
ホームページ http://www.baku.or.jp/

［代表者］滝谷美佐保
［スタッフ］10数人
［設立年月］1987年12月
［支援内容］子どもや大人が集まって、家の中で一緒に遊んだり、話をしたり、音楽を聴いたり、勉強をしたり、外に出て散歩やスポーツをしたりして、自分のやりたいことを自由にやりながら、楽しくホッとした気持で過ごす場所と時間を提供する。また、ひきこもりの人などへの相談活動も行なっている。
［特徴など］不登校の小・中・高校生を中心に、さまざまの年齢の子ども達、青年達、大人達が集まる場を通して、楽しい時を過ごしたいと願う子ども（人）たちの居場所。不登校の人、登校はしているが相談室に通っている人、これまで学校とは無縁できた人、心身の障害や病気のため他の人と接する場を持てずにきた人など、さまざまな人達が来ている。なお、会の名前は夢を食べるという中国の想像上の動物「バク」からつけられている。
［活動について］活動日は月・水・土曜日の14時～18時。水曜日10時30分からお昼にかけては、小・中学生に限っている。金曜日はお習字のみで、13

治療、カンボジアなどへの旅行療法などを通して、ひきこもりや不登校の子どもたちの治療をしている。治療のプログラムは以下のように進めている。
（1）両親との面談。費用は無料（ただし、訪問の場合は交通費が必要）。
（2）塾長と専任カウンセラー（女性）による家庭訪問。家庭教師というスタンスで、必ずしも勉強だけでなく、いっしょに雑談をしたり、ゲームもやる。訪問は週1回1.5時間。費用は週1回×4週（月4回）で24,000円。
（3）旅行療法（ショック療法）及び体験学習。海外の違った環境に身を置くことで、自分を見つめなおす機会とする。塾長や専任カウンセラーと子どものあくまでも1対1で旅行する（生徒複数の参加ではない）。これまでにカンボジアやタイ、インド、西欧などを訪れている。費用は実費のみ。
（4）帰国後は子どもたちの希望に応じて、サポートをつづける。当塾（個別指導による通信制高校・大学・大学受験の学習のサポート）への参加も可能。当塾の入塾金100,000円、学費550,000円（1年間）。
　＊なお、当塾では埼玉県教育局、㈶日本漢字能力検定協会などから研究受託している。また、小中学生は当塾への通学が、学校の出席日数として認定されており、塾長には教育に関係した著書が多数ある。
[対象地域・年齢] 7～35歳
[参考図書]
『やっぱり大検だ。』鈴木邦成著（インターメディア出版）
『大検から私の大学合格作戦'03』エール出版社編（エール出版社）

■子どもの未来を考える「こんがりトーストの会」
　〒346-0007　久喜市北2-20-20
　TEL&FAX　0480-25-0876
　E-mail：kongari@zmail.plala.or.jp
　ホームページ　http://www3.plala.or.jp/kongari/
[代表者] 宗守優子
[相談スタッフ] 1人
[支援内容] かつて小学校の教員を務め、わが子の登園拒否や不登校・不眠症など様々な経験をもつ宗守さんが立ち上げた、子どもの未来を見据え、今を考えるサークル。個に応じた学習の仕方や不眠の治療法など、きめ細かなアドバイスが得られる。
[特徴・費用]

KHJ香川県
　〒761-0113　香川県高松市屋島西町2483-1　ダイヤパレス屋島101
　TEL&FAX 087-841-7037
［代表者］松崎邦治

KHJ福岡県「楠の会」
　〒815-0034　福岡県福岡市南区南大橋1-17-2
　TEL 090-8222-7403
［代表者］吉村文恵

KHJ熊本県「楠の会」
　〒860-0072　熊本県熊本市花園7-2435-12
　TEL&FAX 096-324-3068
［代表者］武井敬蔵

KHJ宮崎県「楠の会」
　〒880-0944　宮崎県宮崎市江南町4-9-9
　FAX 0985-53-2666
［代表者］植田美紀子

KHJ鹿児島県「楠の会」
　〒891-0133　鹿児島県鹿児島市平川町1103-9
　TEL&FAX 099-261-6857
［代表者］浜畑麗子

■畠杏林私塾
　〒344-0011　春日部市藤塚250-58
　TEL 048-738-0701
　E-mail：bg2065@ni.bekkoame.ne.jp
　ホームページ　http://www.ni.bekkoame.ne.jp/bg2065/
［代表者］畠秀和（塾長）
［スタッフ］7人
［支援内容・特徴・費用など］塾長と専任カウンセラー（女性）による訪問

京都オレンジの会
〒601-8328　京都府京都市南区吉祥院九条町15-1　西大道ガーデンハイツ1104
［代表者］稲垣緑

大阪オレンジの会
〒614-8376　京都府八幡市男山竹園5-114-403
［代表者］和田順子

大阪高槻市オレンジの会
〒569-0814　大阪府高槻市富田町3-18-17　丸矢ハイツ
［代表者］岸本昌三

エスポワール（大阪）
〒614-8366　京都府八幡市男山泉5-17
［代表者］木原聆子
［対象年齢］当事者30歳以上

神戸オレンジの会
〒652-0805　兵庫県神戸市兵庫区羽坂通4-2-22
TEL&FAX　078-515-8060
［代表者］松井勝也

ＫＨＪ岡山県「きびの会」
〒701-0804　岡山県都窪郡早島町早島1160-1
TEL&FAX　086-482-3707
［代表者］佐々木正俊

ＫＨＪ広島県「もみじの会」
〒730-0847　広島県広島市中区舟入南1-4-41　楽々ゼミナール内
TEL&FAX　082-234-1004
［代表者］（事務局長）岩崎雅夫

TEL&FAX 03-3238-4177
［代表者］伊藤恵造

長野さざんかの会
〒381-0104　長野県長野市若穂牛島980-22
［代表者］池田由美子

ＫＨＪにいがた「秋桜の会」
〒955-0823　新潟県三条市東本成寺14-4
TEL 090-4525-9112
［代表者］岸本則明

とやま大地の会
〒930-0046　富山県富山市堤通1-3-14　富山ＹＭＣＡ内
TEL&FAX 076-429-5886

ＫＨＪ北陸会
〒929-1215　石川県河北郡高松町高松717
［代表者］栗田いね子

ＫＨＪ静岡県「いっぷく会」
〒426-0025　藤枝市藤枝3-9-7
TEL 090-5036-2552　FAX 054-641-8429
［代表者］神田恵美子

オレンヂの会東海
TEL&FAX 058-243-1056（TELは夜間）
［代表者］亀山

ＫＨＪ東海なでしこの会
〒483-8337　愛知県江南市藤ヶ丘4-1-1　江南団地78-106
FAX 0587-52-4511
［代表者］伊藤進

KHJ青森県「アップルの会」
　〒039-0208　青森県三戸郡階上町蒼前西5-9-1634　サンハウス内
　TEL&FAX　0178-88-5297
［代表者］（事務局長）川村克彦

東北若者を援助する会
　〒027-0051　岩手県宮古市南町7-11
　TEL　0193-62-5899　FAX　0193-63-8530
［代表者］藤田健
＊東北各県のサークルを案内。

KHJ宮城県「タオ」
　〒981-0205　宮城県宮城郡松島町幡谷曲田13
　TEL　090-1931-0746（秋山）
［代表者］佐藤傑、秋山学

山形県「サークルあすなろ」
　〒992-0026　山形県米沢市東3-6-31
　TEL　0238-23-4909　FAX　0238-23-4903
［代表者］伊藤正俊

KHJ福島県
　〒963-8813　福島県郡山市芳賀2-21-10
　TEL　024-944-0750　FAX　024-943-1686
［代表者］矢吹孝志

KHJ東東京「楽の会」
　〒170-0002　東京都豊島区巣鴨3-4-4
　TEL&FAX　03-3918-0655
［代表者］池田佳世

KHJ西東京「ひだまり」
　〒101-0051　東京都千代田区神田神保町3-13-13　東大ビル1F

（1）月に1度の月例会。親が孤立感から脱却し癒されることで、子どものつらい気持ちに対応できる余裕が生まれる（心おきない話し合い、仲間との連帯）。
（2）問題に対する情報の交換。月例会での専門家の講演や体験者の話を聞くことによって、精神科医、カウンセラー、薬、グループホーム、訪問カウンセリングなどの情報が得られる。
（3）先輩会員のたくさんの例を知る場。月例会や専門家を交えて行なう家族教室などによって、さまざまな事例を学び、今後の自分たちの対応・心構えを作ってゆく。
（4）情報の収集と検証。医療機関、各種行政、専門家、マスコミなどからの情報を広く集め、会員にとって意味のあるものを選び、提供。
（5）世間へのアピール。ひきこもりの深刻化・長期化を防ぐためには、家族の早い段階での対応が大切なため、世間に警鐘を鳴らすべくアピールしている。
（6）全国の同じ主旨の元に立ち上がったKHJ親の会と連携を取り交流するほか、親の会を全都道府県に立ち上げるために運動。現在各地に27会あり。
（7）行政の支援やそのための制度化を求めて、国や地方自治体への要望活動。
（8）当事者たちの居場所作りや家族教室の運営。グループホーム、就労訓練施設、KHJセンター設立への活動と模索。
（9）社会的理解を得るために、セミナーの開催、各種メディアへの対応。
(10) 機関紙「旅立ち」の発行。
［特徴］同じ境遇の親同士の心おきない話し合いの場。自分たちだけがひきこもりの子どものことで苦しんでいるのではない、仲間がいるのだという実感を持ってほしい。
［対象地域・年齢］埼玉県周辺。主に成人した当事者とその家族。
［費用］入会金1,000円、資料費フルセット3,000円、年会費3,000円（機関紙代も含む）、月例会500〜1,000円。
　＊本書24ページ以下「家族だけで抱えこむのはやめよう」も参照。
　＊以下で紹介する全国のKHJ親の会の支援内容・特徴・年齢・費用は、上記の本部とほぼ同じ内容となります。また、対象地域は各会の周辺です。

・「ひきこもりの子を持つ親の会」は親どうしが悩みを共有したり、情報を交換したり、対応を学び合う場です（月1回）。
　＊例）本人が診療を受ける場合…診察、カウンセリング、グループワーク（パステル画、ギタークラブなど）、デイナイトケア（状況に応じて徐々に導入）
・「グループワーク」として行なっているパステル画やギタークラブは現在、ひきこもりの本人の参加が主になっています。他のグループワークも興味や状況に応じて、出られそうなものは参加を勧めます。
・「デイナイトケア」はひきこもりのみを対象としたものではないので、本人の状況を見ながら、徐々に導入していきます。
［対象地域・年齢］特に制限はありません
［費用］健康保険適用

■ぱいでぃあ広場

〒336-0017　さいたま市南浦和3-5-8　岡田ビル
TEL&FAX 048-813-6177
E-mail：nicolas@os.rim.or.jp
ホームページ　http://www.os.rim.or.jp/~nicolas/（リンクのページ参照）
メーリングリスト　http://www.freeml.com/ml_info.php?ml=babapapa
［代表者］馬場章
［支援内容］基本的にひきこもり当事者の居場所・交流の場。本人が出てこられない場合には、親御さんも参加できる。カウンセリング、当事者の話し合い、学習会などの他、スポーツやカラオケなども行なう。
［特徴］同じ思いの人と交流し、学び、社会参加の力を養っていく居場所。
［対象地域］主に埼玉県全域。10代、20代、30代
［費用］1回500円

■全国引きこもりKHJ親の会（家族会連合会）本部

〒339-0057　岩槻市本町1-3-3　らうんじ内
FAX 048-758-5705
ホームページ　http://www.khj-h.com
［代表者］奥山雅久
［支援内容］

回)、31,000円(約90分×月2回)、45,000円(約90分×月3回)
・戸外・文化活動費:本人と相談のうえ、必要な場合、2人分の費用。その場合は出張費も(埼玉県と東京都での活動は5,000円。その他の地域での活動は10,000円。宿泊の場合は一泊につき5,000円を加算)。
・交通費:JR大宮駅より交通機関を利用する場合、実費を月ごとに。
・出張費:JR大宮駅より交通機関を利用する地域へ訪問指導する場合、1回の訪問につき1km=60円(鉄道・地図で算出。1km未満は切り捨て)。往復の交通費で算出。月ごとの支払い。
・教材費:受験指導などを行なう場合、1科目につき10,000円。

■ひがメンタルクリニック
〒330-0803　さいたま市高鼻町1-305
TEL 048-641-2133　FAX 048-641-6673
[代表者] 比嘉千賀
[スタッフ] 医師3人、心理職8人。精神科ソーシャルワーカー2人がケースに応じて対応。なお、ひきこもりの専従スタッフはいません。
[支援内容] 精神科外来診療
[特徴]
○診療時間…月〜金曜日は9時〜18時。土曜日は9時〜13時。
○ひきこもり状態にある子どもを持つ親のみの外来診療も、受け付けております。まずは親が相談に来ることを勧めます。親が安定し、理解し、変わることで本人の多くが診察やカウンセリングにつながります。
○ごく少数例、家庭訪問面接を実施し、良い結果を得ましたが、スタッフの体制上、今後実施していくのは困難と思われます。
○当院の診療スタイルとしては、(1) 診察(医師)、(2) カウンセリング(心理職、精神科ソーシャルワーカー)、(3) グループ(教育プログラム、治療グループ、その他グループワーク)、(4) デイナイトケアの4種を組み合わせ、家族や本人の状況に合わせて対応しています。
＊例) 家族が診療を受ける場合…診察、カウンセリング、教育プログラム(家族関係や本人理解を学ぶための学習会)、治療グループ(ひきこもりの子を持つ親の会)
・「教育プログラム」は依存症や家族問題の学習会ですが、ひきこもりの理解にも役立つので参加を勧めています(週1回、全6回)。

見学なども行なっている。自らもひきこもり、不登校の経験がある広岡さんが主宰。
[特徴]
　〇家庭訪問…「自立に向けての就学・就職」を目的とした援助・指導を行なう。1対1の指導（公共の施設などを利用しての指導も可）。学歴や資格を必要とする者には、年齢・興味・性格などを考慮した進路をともに考え、必要に応じて受験指導や資格取得指導も行なっている。
　〇社会参加への意欲を育てるために、福祉施設・作業所などでのボランティア体験やアルバイト体験、学校見学や体験入学も勧めている。
　〇戸外活動…富士登山、バンジージャンプ、沖縄旅行、スカイダイビング、飲み会など。
　〇文化活動…ベースやドラムなど楽器マスター、ライブ・映画観賞、学校見学など。
　〇いずれも活動は、基本的に個別に行なっている。ただし、本人の状態や段階によって少人数で行なうことも。
　〇問い合わせ、かんたんな相談事を希望する場合は、郵便にて受け付けている。1,000円分の郵便為替を同封のうえ、問い合わせ・相談事を記して送る。
[対象地域・年齢]　全国。定員は7人（男女）。ひきこもり・不登校状態にある中学生以上の人。保護者の意志確認または面談による本人の意志確認を得て入会。随時、受け付けている。
[費用]
　〇入会を希望する場合
　・封書で3,000円分の郵便為替と、本人の現在の状況と連絡先・連絡希望日時を記した手紙を送る（希望日時は2週間ほどの猶予を含めて指定する）。
　・折り返し連絡後、訪問相談。費用は10,000円（JR大宮駅より交通機関を利用する地域の場合は交通費と出張費を加算）。
　・入会の前に、体験指導（本人を対象とした初回訪問）を行なう場合は、1回につき費用は20,000円（交通機関を利用する場合は交通費と出張費を加算）。
　〇入会後の費用
　・入会金（初回のみ）：60,000円（25歳以下）、80,000円（26歳以上）
　・指導料（月ごとに）：回数によって異なる。16,000円（約90分×月1

［代表者］田上洋子
［スタッフ］7人
［支援内容］神経科診療。ひきこもりの子どもたちのためのデイケア施設（居場所）も提供している。
［特徴］
　○診療受付時間…月、火、水、金曜日の午前中。ただし、午後は予約が必要。
　○親のみの相談（外来診療）も可能です。
　○デイスペース…子どもたちはここで「何もしない自由」「何でもできる自由」がある。ルールはひとつだけ、他人を攻撃しないこと。トランプやゲーム、色遊び、学習、お茶飲み、ハーブティー作り、ガーデニングなどを行なっている。小・中学生はデイスペースに出席した日を学校の出席とみなされる。子育て中のお母さん支援のため、赤ちゃんも参加されることもあります。年齢の制限はありません。
［費用］健康保険を使って3割負担。精神障害者通院医療費公費負担制度を使って、0.5割もしくは0割にできます（1日310円以下）。

【栃木県】

■社団法人　家庭問題情報センター
→【東京】の項参照

【埼玉県】

■訪問自立サポート事務局
　〒331-0852　さいたま市桜木町2-351　田中ビル3F
　TEL 048-649-8448　FAX 048-647-8776
　＊在籍者への対応を第一にしているため、電話での問い合わせや相談は受け付けていない。資料請求や問い合わせなどは手紙で。
［代表者］広岡充
［スタッフ］2人
［支援内容］ひきこもり、不登校からの立ち直りと社会参加を援助している。家庭訪問による指導や援助とともに、ボランティアやアルバイト体験、学校

の運営もしている。
[特徴] 3万平方メートルを超える敷地内には明るい寮の他に、入浴施設やキャンプ場、森や散策路、菜園や野外ステージ、木工芸のできる野外研修棟などがある。
[対象地域・年齢] 主に関東、東北、新潟地域。10歳から30歳くらい（身の回りの世話のできる人）
[費用] 学園：入園金120,000円。全寮制：135,000円／月。通所：2,500円／日。体験入所：5,500円／日。来所カウンセリング：11,800円（90分）、訪問カウンセリング：11,800円（90分）＋交通費
＊「学生はせいぜいやっても16年です。それから先はいやでも社会人として生きることになります。そのためには自らを育む本当の勉強を目指してほしい」と矢吹代表。

■福島県ひきこもり自助会
  E-mail: chix@geocities.co.jp
  ホームページ　http://www.geocities.co.jp/HeartLand-Namiki/5109/
[支援内容・特徴など] ひきこもりの当事者である、「ちえぞう」さんがつくった自助グループ。掲示板（女性専用の掲示板もある）やチャットで交流している。また、会員はときおり集まって交流している。
[対象地域・年齢など] 福島県在住のひきこもりの当事者、またはかつてひきこもった経験があり理解のできる方、内向的な性格に悩む方が対象。年齢性別などは問わない。また、ホームページには全国からの参加を歓迎。
[費用] 特に必要なし

■ＫＨＪ福島県
→【埼玉県】の「全国引きこもりＫＨＪ親の会（家族会連合会）本部」参照

【茨城県】

■神経科クリニックこどもの園
  〒300-1211　牛久市柏田町1030
  TEL 0298-74-8351　FAX 0298-74-8352
  ホームページ　http://member.nifty.ne.jp/Kodomonosono/

ども・若者たちが共同生活を行ない、自立への力を養う。蔵王の恵まれた自然のなかで、子どもらしさ・人間らしさを取り戻すために、体力・生活力・精神力づくりを中心とした農作業や山菜採り、動植物の世話、学習活動などを行なっている。また、社会勉強（自立支援）を兼ねて「エコー山荘」（岩川氏経営）の手伝いをすることもある。

　常勤スタッフ6名、ボランティア1名、生活カウンセラー1名が在籍生のサポートにあたる。また年4回、原則両親参加の保護者会も行なっている。
［参考図書］
『蔵王だより1』『蔵王だより2』蔵王いこいの里編著（光陽出版社）
［対象地域・年齢など］地域や年齢は特に制限なし。
［費用］入会金150,000円、月額負担金140,000円、賛助会費30,000円（年額1口）、実習費60,000円（年額）、スキー実習費160,000〜250,000円（11月頃）

■山形県「サークルあすなろ」
→【埼玉県】の「全国引きこもりＫＨＪ親の会（家族会連合会）本部」参照

【福島県】

■マインドヘルスパーソナリティセンター付属うつみね健康学園
　〒963-1244　郡山市田村町栃本字水沢527
　TEL 024-975-2088　FAX 024-985-1007
　E-mail：info@mhpc.jp
　ホームページ　http://www.mhpc.jp/
［代表者］矢吹孝志
［支援内容］文部省下における学校スタイルはとっておらず、心と体の健康を科学するフリースペース＆フリースクール。社会活動・経済活動を営むために基本的になにが必要かを学ぶ。全寮制（「ふれあい遊学舎」）、通所制、体験入学制を選択し、自己テーマ研修（自分のための勉強や生活）と対人コミュニケーションの技術の習得、円滑な生活リズムの維持を目指す。野外活動やスポーツをはじめ、ピアカウンセリング、フリートーキングを通じ、社会的自立を支援。来所相談、訪問サポートシステム有り。無料の電話相談有り。登校拒否やひきこもり体験者が共同経営する会社「うつみねファーム」

○隣接する心療クリニックの医療スタッフのケアが必要に応じて受けられる。
○自在館は20名の宿泊が可能：個室（4.5畳）12室、2人部屋（9畳）4室。3〜4名使用の浴室2室。談話室にはパソコン2台設置（インターネットも可能）
○敷地内に家畜の飼育コーナーを設置予定。また、近隣の田畑、町営キャンプ場、体育館、テニスコートなどの自然環境や施設を野外活動に活用している。
○日曜・祝祭日はプログラム活動はなく、塾生が自主活動を行なう。また、12月31日〜1月3日は休館。

［対象地域・年齢］
○宿泊生（合宿全日制のプログラム）…親元を離れても基本的な生活力のある中学生以上。
○通塾生（9時〜16時のプログラム）…小学生以上の学齢から受け入れが可能。
※ただし、どちらの場合も家族カウンセリングに協力できるご家族であることが必須。活動内容は参加者の年齢などから、長信田の森心療クリニックで行なっているデイケア・プログラムと一部協同となる場合もあります。

［費用］
○入塾金…宿泊生15,000円（3ヵ月間有効）、通塾生10,000円
○利用料金（前納制）…宿泊生：週額35,000円（施設使用料・生活指導料・食事代3食含む）、通塾生：1日2,600円（施設使用料・生活指導料・昼食代含む）

【山形県】

■蔵王いこいの里
　〒993-3114　上山市永野字蔵王山2561-1
　TEL 023-679-2214　FAX 023-673-2610
［代表者］岩川松鶴
［支援内容・特徴など］虚弱児、登校拒否、いじめ、非行、社会不適応（薬物依存、対人恐怖症、とじこもり、働き続けられないetc.)、そして山村生活体験希望者など、小学生から高校生、または30歳代にいたるさまざまな子

〇外来の診療時間：月〜土曜日の9時〜17時（日曜・祝祭日は休診）
　〇デイケア・プログラム…さまざまな体験プログラム（以下を参照）を通して、自分を見つめ直す治療活動を行なっている。自然体験（稲作、畑作、造園、じゅんさい採り、山林間伐。犬、ヤギ、ニワトリなどの動物飼育）、ものづくり体験（木工、陶芸など）、創作表現活動（演劇、絵画、コラージュ、音楽、作詞など）、キャンプ、スキー、バーベキューなどのレクリエーションセラピー。そのほか、集団精神療法の活動も行なう。
活動日は月〜土曜日の10時〜16時（日・祝祭日は休み）
［対象地域・年齢］問いませんが青少年が多い
［費用］各種健康保険が使える。
　〇デイケア・プログラム：健康保険適応で1日1,800円程度
　〇また、医療保険外のご相談料は厚生労働省で制定する診療報酬点数に準じて、以下の料金となる。
　保険外の「カウンセリング」1時間以内：8,000円
　保険外の「集団精神療法」（家族教室）：4,000円
　保険外の「訪問カウンセリング」（遠隔地の場合は別途交通費が必要）：8,000円

■生活塾自在館
　〒018-2303　山本郡山本町森岳字石倉沢1-2
　TEL 0185-72-4133　FAX 0185-72-4134
　E-mail：jizaikan@nagashidanomori.com
　ホームページ　http://www.nagashidanomori.com/
［代表者］水野淳一郎（精神保健福祉士）
［スタッフ］6人（クリニックと兼担）
［支援内容］長信田の森心療クリニック（前項参照）が運営している合宿体験型フリースクール。ひきこもり、不登校の若者たちが自然環境の中での動植物の育成や農業体験、音楽や絵画、新聞などものづくり、各種施設へのボランティア活動、また、商店や農家に週に1〜3日、出向いて仕事を手伝うことなどを通して、人のつきあい方や自らの力で生きるこころと身体を育てる。
［特徴］
　〇教員資格をもったスタッフによる生活体験教育活動。

こま高原自然学校にて保護者および本人と面接し、運営内容を理解して合意したうえで、随時入校を受け入れ。在校期間を定めずにいつ来ても、いつ帰ってもOK（ただし、ゴールデンウィークや夏休み、冬休み、春休みといった長期期間中は閉校）。
［費用］
　○長期寄宿の自然体験学校（不登校・ひきこもり）：1日あたり2,500円（食費1日3食、宿泊施設使用費、保険料を含む）
　○寄宿通学制度「耕英寮」（山村留学）
　＊2002年度から山村留学も受け入れている。山村留学とは、親元から離れ、当校で共同生活をおくり、地元の学校に通学する寄宿通学制度。
　入寮金100,000円（入寮時の負担金）
　1ヵ月90,000円（食費・施設使用費・通学送迎・保険料を含む）

■社団法人　家庭問題情報センター
→【東京都】の項参照

■KHJ宮城県「タオ」
→【埼玉県】の「全国引きこもりKHJ親の会（家族会連合会）本部」参照

【秋田県】

■長信田の森心療クリニック
　〒018-2303　山本郡山本町森岳字石倉沢1-2
　TEL 0185-72-4133　FAX 0185-72-4134
　E-mail：clinic@nagashidanomori.com
（ただしメールによるカウンセリングはお断りしています）
　ホームページ　http://www.nagashidanomori.com/
［代表者］児玉隆治（精神科医）
［スタッフ］10人
［支援内容］精神科、心療内科、カウンセリングを専門とした医院。外来診療として、不登校・ひきこもり・家庭内暴力などを抱えている当事者およびそのご家族の方も受け付けている。
［特徴］

況に応じて）
　○ひきこもり、不登校、中退、就職拒否を考える親の会の実施（月2回、第2、第4土曜日）
　○利用（希望）者の情報交換の場として、また市民への情報提供として会報『いっぽいっぽ』を月1回発行。
　○勉強したい人、高校や大検を受験したい人へのサポートもします。
　○その他、一人一人の希望や状況を聞き、それに応じたサポート。
［特徴］子どもや青年に限らず、あらゆる人の「心の拠り所」を目指している。スタッフやメンタルフレンドには現在カウンセリングに携わっている人や勉強中の人も。どんなことでも、気軽に相談を。顧問には専門家のカウンセラーや精神科医もいるので、必要に応じて援助が受けられる。家庭訪問・カウンセリング（家族も含む）等も含め、その人に応じたサポート。まずは電話を。
［対象地域・年齢］特に制限はなし
［費用］フリースペースは1日1,000円、1ヵ月10,000円（入会金は不要）。見学は無料。相談は初回無料で2回目より1時間2,000円。家庭訪問は相談。

■くりこま高原自然学校

　〒989-5371　栗原郡栗駒町沼倉耕英中57-1
　TEL 0228-46-2626　FAX 0228-46-2627
　E-mail：kurikoma@ma.neweb.ne.jp
　ホームページ　http://www1.neweb.ne.jp/wa/kurikoma/
［代表者］佐々木豊志
［スタッフ］常勤職員4人・実習生2人・ヘルパー1人（2002年4月現在）
［支援内容］不登校・ひきこもりの子どもや若者のための長期寄宿自然体験学校。自然体験活動や地域交流活動、仲間との共同生活を通して、自らの生活をつくりあげる体験を支援している。また、不安や悩みを抱える親への教育支援も行なっている。
［特徴など］子どもや若者たちが自らの生活を自発的におくることができるようになることが目標。薪運びや掃除、洗濯、家畜の世話、雪下ろし、手打ちそば体験などの生活体験と同時に、乗馬や雪合戦、雪山登山など、くりこま高原の自然とふれあう体験も行なう。
［対象地域・年齢］定員は8名程度。不登校・ひきこもりに悩む方で、くり

対して自分たちの気持ちをつづった本。課外塾を開くもとになった、きっかけの一つのものです。

■ＮＰＯ法人　わたげの会
　〒982-0817　仙台市太白区八本松1-12-12
　TEL&FAX　022-246-8457
　E-mail：watage@hkg.odn.ne.jp
［代表者］秋田敦子
［支援内容］
　○不登校・ひきこもりの青少年の居場所として開放。やり残しややりきれなかったこと、やるべきだったことをもう一度再現することを重視。
　○ボランティア活動として、デイサービスセンターや老人施設や障害者施設訪問。
　○資格取得講座開講。ホームヘルパー２級やパソコンなど。
　○学習サポート校開設。
　○わたげ寮開設。
　○有償ボランティア「ねこの手」活動。
［特徴］集う青少年の年齢の幅をあえて持たせ、また地域のお年寄りや障害者なども集うことで、人とかかわる安心感を感じていく場所である。
［対象地域・年齢］問わない。本人が気に入ることが大切。現在は12歳から36歳まで県内外から集まっている。
［費用］本人が居場所として通うことから、１ヵ月10,000円の利用料。その他ホームステイあり。

■フリースペースいっぽいっぽ
　〒984-0816　仙台市若林区河原町１丁目7-20
　TEL&FAX　022-711-4218
　ホームページ　http://users.hoops.ne.jp/isoterai/ippoippo/index.html
［代表者］高橋俊也
［支援内容］
　○フリースペースの開放（年齢制限なし、月～金曜日の10時～17時、土、日、祝日、年末年始、お盆は休み）
　○ひきこもり、不登校、中退、就職拒否などに関わる相談（家庭訪問も状

【宮城県】

■フリースクール「森遊」課外塾

〒980-0822　仙台市青葉区立町2-7　パレス立町203　有限会社ナンモ企画内
　TEL 022-267-6320　FAX 022-267-6308
　E-mail：nanmokikaku@yahoo.co.jp

［代表者］伊藤由美子
［スタッフ］2人。講師はあらゆる分野から20名以上お願いしております。
［支援内容・特徴など］不登校・ひきこもり・通信教育を受けている子どもたちの居場所として、13～20歳までの子どもを対象に、一般常識やマナー、規則、集団の中での自分のあり方、親を思いやる気持ち、人を思いやる気持ち、人情、日常知識などを身につけるためのきっかけをつくるミーティングや講義などを毎日1～2時間程度行なっている。開塾は月～金曜日で、9時30分～17時30分の週5日間。
［対象地域・年齢］特にこだわらないけれど、13歳以上という意味はある。
　＊13歳以上について…私どもは4年前（1998年）よりストリートマガジン『JUICY』なるものを出版しておりました（東北4県の書店、東京・渋谷の書店ブックファーストでも販売。現在は休刊しております。計20号発行）。その雑誌がきっかけで若者たちが事務所に集まってくるようになりました。今までつきあってもらった若者は2300～2400人に達しました。その若者たちのほとんどが13歳以上でしたので、慣れていることもあり、13歳～ということにしました。
［費用］
　　○15歳まで…月30,000円、入塾金60,000円
　　○18歳まで…月35,000円、入塾金70,000円
　　○18歳以上…月40,000円、入塾金80,000円
その他、積立金が毎月一律2,500円（積立金は年1～2回の旅行等で使用し、残金については全額戻します）。
［参考図書］
　『裏JUICY（ジューシー）「子の心親知らず」』（全176ページ、ナンモ企画）。自傷行為、鬱病、不登校、ひきこもり等々の若者たち20数名が、大人たちに

[対象地域・年齢など] 特に制限なし
[費用] 特に必要なし

■社団法人　家庭問題情報センター
→【東京都】の項参照

【青森県】

■ＫＨＪ青森県「アップルの会」
→【埼玉県】の「全国引きこもりＫＨＪ親の会（家族会連合会）本部」参照

【岩手県】

■ＮＰＯ法人　岩手県不登校を考える父母会　青少年自立支援センター
　ポランの広場
　〒020-0873　盛岡市松尾町19-8
　TEL 019-605-8632　FAX 019-605-8633
[代表者] 畠山俊樹
[支援内容] 1987年、不登校の子を抱えた親が集まってできた会。悩む親子の相談を受け、時には家庭訪問も。2001年４月に、会員の希望もあって事務所兼相談場所兼居場所としてポランの広場を開設。火曜日、金曜日に相談を受け、他に親たちの集いを月に２、３回開催。ひきこもりの若者たちも集めて月１、２回自主的な活動を促している。県内の関係団体とも連携。
[特徴] 不登校の親たちが始めた会であり、不登校をわが子が克服した親や教師ＯＢなどが相談に当たる。県内11箇所にそれぞれ父母会を作り、活動。最近はひきこもりの相談が７割を占めている。
[対象地域・年齢] 県内外（秋田、青森からも相談者あり）。小学生から40代までさまざま。
[費用] 相談者、初回時に3,000円のみ。

■東北若者を援助する会
→【埼玉県】の「全国引きこもりＫＨＪ親の会（家族会連合会）本部」参照

○朝食は午前9時～9時半頃までに準備する（それ以前に食べたい人は8時頃から食べる）。
○仁木町の岩田椎茸園で働く訓練生およびアルバイト生は、午前中の約2時間、作業に参加する（アルバイト時間給500円）。
○昼食は午後1時頃をめどに準備。
○午後の時間は原則自由。ただし、水・土曜日の午後2時頃から約2時間、数学や国語その他なんでもありの楽しく勉強する自由教室（無料）がある。土曜日には「合気道教室」が開かれる。また、ビバハウスや余市教育福祉村のためのボランティア活動にも参加できる。
○夕食は午後7時ごろに準備。毎回2名の担当者を決めて、午後5時半頃から準備を開始する。日曜日の夜は1週間の全員のスケジュールの確認や食事当番を相談して決めるためのミーティングを行なう。
○就寝時間は自由。ただし平日および日曜日は午後10時までに、土曜日は午後11時までに各自の個室に入ること。
［対象地域・年齢］全国・16～33歳（現利用者）
［費用］入所費：100,000円、入所時に支払う（分割可）
　　　　利用料：月額65,000円（食事込み）、個室電気料（小メーター）、暖房費（10～4月）
［参考図書］
『月刊社会教育』2001年2月号（国土社）、「十代の挫折にどう応えるか－笑顔を絶やさず生きる喜びを－青少年の自立を目指すビバハウスの取り組みから」
『しんぶん赤旗日曜版』2002年3月3日付「人間賛歌シリーズ」～引きこもり、不登校－自立願って－夫婦先生「ビバ（万歳）ハウス」～

■あるがまま
　　E-mail：takao114@jcom.home.ne.jp
［活動内容・特徴など］経験者の高尾晋氏が主宰する札幌を中心に活動するサークル。毎月の第2、第4土曜日の夜7時ごろから、障害者の共同作業所のスペースを借りて、みんなで雑談をして過ごす。特に決まりごとはなく、時間も無制限。最後の人が帰るのは、いつも午前零時すぎに。ひきこもりの経験のない人も含めて、毎回10～20人ぐらいが参加している。年齢は20代～30代が中心。

○朝6時から牛の世話（乳搾りや餌やり、放牧など）を始め、午前と午後はおもに畑仕事（ブルーベリーや白菜、トマトなどを栽培）や近所の農家の手伝いなど。午前中には「朝のミーティング」と称して、ディスカッションや学びの時を持っている。夜は町のコーラスグループの活動に参加したり、映画鑑賞など曜日によってさまざまな活動にとりくむ。食事と掃除は当番制。自分の部屋は自分で掃除する。
　○木工、ハンドベル、リコーダー、陶芸などを選択できるクラス活動もある。また、通信制高校に籍を置いていたり、大検受験をめざす塾生たちは、農作業を終えた夜、自主的に学習している。
　○雪上運動会や山菜取り、カヌー教室など季節に応じたイベントもある。
　○8月は夏休み、12月は冬休みで、子どもは全員帰宅する。
［対象地域・年齢］15歳〜
［費用］月額90,000円。1年分（10ヵ月分）を2期に分納。

■ＮＰＯ法人　余市教育福祉村　青少年自立支援センター
　ビバの会　グループホーム　ビバハウス
　〒046-0002　余市郡余市町登町636
　TEL 0135-22-0016　FAX 0135-23-4285
　E-mail：vivahouse@mail.goo.ne.jp
　ホームページ　http://users.hoops.ne.jp/vivahouse/home.htm
［代表者］安達俊子
［スタッフ］3人（常勤）
［支援内容］「ひきこもり」状態にある青少年を、共同生活を通して、社会的自立を促す。利用者は共同の食事作りや農作業・椎茸栽培、除雪のアルバイト・ペンションの手伝いなどの労働、合気道やダンス、卓球などのスポーツを通じて社会への適合力の増進に努めている。2002年7月現在、16〜33歳の男女9名が共同生活している。試験入所も可能。教育相談も受け付けている。
［特徴］ビバハウスは利用者とスタッフが共同生活をする中で、互いに理解し・支えあい、励ましあいながら人間関係を作り、町内外の事業者に訓練生として受け入れの協力を得たり、学習やスポーツにとりくみながら、社会的自立をめざしているという点が特徴となっている。
【1日の生活】
　○起床時間は自由。

するので、共同作業や集団生活等を通して、各々に必要と思うものをそのつど指導していく。
［特徴］
　○自分たちの畑を中心に作業をし、援農、水道検針、温泉清掃、雪かきなどを行なう。作業内容にもよるが、できる限り有償とする。午後はスポーツをすることもある。夕食後は自由時間。大学進学などをめざす寮生には、個別に勉強のサポートをする。
　○農繁期を除いて、日曜日を休みとする。休日は各自自由に過ごす。釣りや一泊旅行、ボランティア活動などイベントを行なうこともある。
　○地域とのふれあいを大切にしているので、お祭り等の行事には積極的に参加している。
　○自分たちの畑ではトマトなどを栽培している。また、2002年8月現在、チーズ工場を建設中。自立に向けた就業訓練の場として活用する予定。
　○不登校やひきこもり等の相談も受け付けている。1時間5,000円。
　○活動はＮＰＯ法人青少年自立援助センター（【東京】の項の66ページおよび本書32ページ以下を参照）と連携して進めている。
［対象地域・年齢］入寮生は定員10名、男性のみ。
［費用］
　○通所生…入会金22,000円、月額：週1日通所の場合10,000円、週2日20,000円、週3日30,000円、週4日以上42,000円
　○入寮生…入寮費300,000円、月額150,000円、寒冷期灯油費40,000円（年間）

■瀬棚フォルケホイスコーレ
　〒049-4827　瀬棚郡瀬棚町共和925
　TEL&FAX 01378-7-2064
［代表者］河村正人
［スタッフ］スタッフ4人、ボランティア3人
［支援内容］牛の飼育、歌や楽器を使った自己解放、自然の中での仲間との共同生活、地域の人たちとのふれ合いを通じて、塾生たちが自分のやりたいことを見つけ、生き生きと生活ができるように支援する。
［特徴］
　○全寮制。スタッフの家族もいっしょに生活している。

ください。
[参考図書]
『不登校・引きこもりから奇跡の大逆転』池上公介著（角川書店北海道）
『食卓が原点　実践池上式手づくり教育論』池上公介著（家の光協会）

■海の会

〒047-0002　小樽市潮見台1-6-19　鈴木方
TEL 0134-32-7347
E-mail：syym717@aurora.ocn.ne.jp
ホームページ　http://www4.ocn.ne.jp/~uminokai

[代表者] 鈴木祐子
[スタッフ] 世話人5人、協力者33人（大学教授・臨床心理士・養護教諭・元教員・一般市民ら）
[支援内容・特徴など] 北海道小樽市を拠点に、不登校やひきこもりの子どもと子どもを抱える家庭への支援活動として、交流会などを行なっている。

○毎週第4金曜日に例会を開催。それぞれの体験談を語り、励まし合うなど交流の場としている。場所は小樽聖十字教会や小樽市民センターなど。

○会報の発行と発信、講演会・演奏会・交流会・子どもフリーマーケット・バザーなどの開催、不登校の子どもたちに絵はがきを送る、不登校の子どもを抱える家庭へのボランティアの派遣など。

○対象者総数：65世帯、75人（成人含む）。対象者構成：小学生15人、中学生17人、高校生6人、大学生5人など。対象者地域別内訳：小樽36人、札幌23人、他16人（道外含む）。

[費用] 年会費3,000円、例会参加費500円

■北海道青少年自立援助センター

〒098-1331　上川郡下川町一の橋268
TEL&FAX 01655-6-2023
E-mail：simokawaryou@aurora.ocn.ne.jp

[代表者] 菊地伸二
[スタッフ] 2人
[支援内容] まずは規則正しい生活リズムをつかみ、農作業等を通して体力をつける。将来的には自分の生活は自分で支えるようになれることを目標と

『私がひきこもった理由』ブックマン社（2000年）に紹介されている。

■池上学院
〒062-0904　札幌市豊平区豊平4条3丁目3-10
　TEL 011-811-5266　FAX 011-811-1355
　ホームページ http://www.ikegamigakuin.co.jp/
［代表者］池上公介
［支援内容］小・中学校で不登校になっている子ども、高校中退者、高校浪人生らを対象に、復学や高校・大学への進学、大検取得などをサポートする学びの場。
［特徴］
　○池上オープンスクール…小・中学校でさまざまな理由で不登校になっている子どもたちの学びの場。面談の上、個人に合わせたカリキュラムを作成し、個別指導を行なう。出席日数は各所属の中学の日数として認められる。
　○高校受験科…中学3年生、中学浪人生、高校中退者のための高校再受験予備校。面談の上、高校入試に必要な科目を個人の学力に合わせたカリキュラムを作成。午前は一斉授業、午後は個別指導。
　○札幌高等学院…中学校卒業者（新卒見込み、過年度卒業者可）、高校在席経験者を対象にした全日制・通信制サポート校。3年間で必要な教科を修得し、高校卒業の資格を得る。
　○大検コース…中卒者、高校中退者ほかを対象にした、個別指導による大検予備校。授業は週5日で、必要な教科のみ選択。午後の部は12時30分〜15時30分、夜間の部は17時〜21時。
　○大学受験科…高校浪人生および大検取得者が大学合格をめざすコース。個別特訓。
　○夜間個別指導科…小学生以上。月〜金曜日は17時〜21時、土曜日は15時〜21時。実力と希望に合わせて、教科、時間数、曜日を選択できる。
　＊いずれも年間行事として入学式や父母会、三者面談などがある。遠足や球技大会、スキー教室を行なうコースも。
　○池上学生会館…札幌高等学院のキャンパスのすぐそばにあり、毎日の通学に非常に便利です（朝・夕2食付）。
［費用］池上オープンスクールと夜間個別指導科は月額、その他のコースは年額（分割もありで授業料を設定しています。くわしくはお電話でおたずね

【北海道】

■レター・ポスト・フレンド相談ネットワーク
〒064-0824　札幌市中央区北4条西26-3-2
TEL 090-3890-7048
E-mail : cdm80910@par.odn.ne.jp （事務局）

[代表者] 田中敦
[スタッフ] 7人
[支援内容] 不登校やいじめなどの経験者やカウンセラーらが、不登校やひきこもりに悩み苦しんでいる若者と、その家族への心理・社会的相談援助活動を行なっている。コミュニケーションをとることが不得手な若者のために、電話や面接だけでなく、手紙のやりとりによる相談も行なっている。
[特徴]
　○手紙（電子メール）による相談…相談料は無料です。
　　・通常のお手紙の場合：相談者は返信用に80円切手を必ず同封のこと。
　　・電子メールの場合：アドレス　retapost@yahoo.co.jp までお送りください。
　○ひきこもりホットライン…本人だけでなく保護者からの相談にも応じている。受付時間は原則として毎週月〜金曜日の9時〜19時（在席時のみ受付）。年1回のイベントも行なっている。TEL 090-3890-7048。
　○先生のための談話室…「先生」と呼ばれる専門職の方の悩みをサポートする。先生の不登校ひきこもり、職場内の人間関係などの悩みに応えている。
　○その他…会報「ひきこもり通信」（年6回、隔月1回発行）年購読料1,000円。事務局に申し込めば郵送する。
[対象地域・年齢] 手紙（電子メール）の相談利用に際しての地域や年齢制限はない。北海道から九州までの、10代から40代までの幅広い年齢層のひきこもり当事者とそのご家族の相談に応じてきた。面接・訪問相談は地域が限定され、北海道内という現状である。
[費用] 電話および手紙（電子メール）のご利用は無料であるが、希望に応じて、面接・訪問相談を実施しており、こちらは有料になる。面接相談料は90分で2,000円。訪問相談の場合は、別途交通費実費分がかかる。
[参考図書] 大きく取り上げられたことはない。ただ団体の情報としては、

「本人以外の相談」「訪問相談」の可否
・支援（活動）形態
　相談・カウンセリング、宿泊施設、フリースペース、医療、親の会、自助グループなど
・支援（活動）内容・目的
「どこまでサポート（支援）」してくれるのか
「（ひきこもりを）なおす・治療する」「自立」「回復」などの概念・考え方
・スタッフ、利用時間など
・料金
　電話相談や訪問相談、施設利用、就労支援など詳細に要確認

　各団体の掲載順は、それぞれの団体の所在地（連絡先）もしくは活動場所をもとに、郵便局発行の『ぽすたるガイド』記載の都道府県市町村の順番を原則にした。そのあとに、①所在地（連絡先）がE-mailとホームページのみの団体、②複数の都道府県に事務所などがあり、くわしい情報は他県の項を参照する団体を掲載している。
　しかし、所在地（連絡先）が同じであったり、活動を運営し合うなど、相互に密接な関係のある団体については、先の「原則」にあてはまらなくても、隣接して掲載している。
　また、【ホームページなど】の団体・個人については五十音順に掲載している。
「名称」欄にある「ＮＰＯ法人」とは、特定非営利活動法人のことをさす。
　文中、ゴシック体のページ数字は横組の「情報編」を、明朝体は縦組の本文ページをさす。

ひきこもり支援団体ガイド

　本章では、北は北海道から九州・沖縄までひきこもり当事者や家族に対する支援活動を行なっている約140の団体・個人を紹介している。
　ひとくちに「ひきこもり支援」といっても、ひきこもりが多種多様であるようにその支援内容・活動もまた、さまざまである。そこで、ここでは医療機関から民間支援団体・個人、親の会、自助グループ、インターネットによる情報提供まで、あらゆる形態の「支援」を地域別に掲載した（公的機関については128ページ以下を参照）。
　掲載したデータは、編著者グループが作成した項目に合わせて、各団体から原稿を提供いただいた場合もあるし、こちらで原稿をまとめさせていただいたものもある。しかし、データ内容はあくまでも各団体や機関・個人からの自己申告によるものであることを最初に断っておきたい。また、読者が本書を手にした時点で、すでに掲載データが更新されている場合もある（組織形態、支援内容の変化、事務所の移転など）。
　したがって掲載先にアクセスする場合は、本書の情報だけで選ぶのではなく、ご自身で内容を確認のうえ、自己責任のうえで選択していただきたい。

　なお、掲載データにある以下のようなポイントを確認することで、その団体や機関の特色がある程度は把握できると思う（データをまとめる際もこれらを念頭に置いて編集している）。ひきこもり本人や家族の状態や希望を考慮しながら、アクセスの際の参考にしてもらいたい。

・利用地域
　利用者の便宜を考えて都道府県別に掲載はしているが、［支援（活動）内容］を見ていただければわかるように、実際に地域を超えた活動を行なっているところも少なくない。
・本人が来所できない場合に

【情報編】

ひきこもり支援団体ガイド……………2
全国精神保健福祉センター一覧…………128
全国児童相談所一覧………………………135
ひきこもり関連ブックガイド……………149

編著者について

森口秀志（もりぐち・ひでし）

一九六〇年東京生まれ。フリーライター、エディター。教育・音楽・若者文化・在日外国人などをテーマに取材・執筆・編集活動を続けている。大型インタヴュー集『在日外国人』『教師』『これがボランティアだ！』をはじめ、『上々颱風主義』（いずれも晶文社）など編著書多数。

奈浦なほ（なうら・なほ）

一九六〇年東京生まれ。フリーライター。子ども、女性問題を中心に執筆。育児雑誌や教育雑誌などの取材記事の他、絵本やエッセイなどを手がける。主な著書に『冒険育児』（情報センター出版局）、『ママのだいへんしん』『子どもと暮らすインテリア術』（共著　筑摩書房）など。現在、季刊誌『るーぷる』（子ども劇場全国センター）にエッセイを連載中。

川口和正（かわぐち・かずまさ）

一九六四年愛知県生まれ。フリーライター、エディター。子ども・教育・近現代の社会史や生活史などをテーマに取材、執筆。人物インタヴューも数多く手がける。著書に『世界ふくそうの歴史』（全5巻、高橋晴子監修、リブリオ出版）、共著に『教師』『これがボランティアだ！』（いずれも晶文社）など。

ひきこもり支援ガイド

二〇〇二年一〇月一〇日初版
二〇〇五年 三月 五 日六刷

編著者　森口秀志　奈浦なほ　川口和正
発行者　株式会社晶文社
東京都千代田区外神田二－一－一二
電話東京三二五五局四五〇一（代表）・四五〇三（編集）
URL http://www.shobunsha.co.jp

© 2002 MORIGUCHI Hideshi
　　　　NAURA Naho
　　　　KAWAGUCHI Kazumasa

ダイトー印刷・三高堂製本

Printed in Japan

R 本書の内容の一部あるいは全部を無断で複写複製（コピー）することは、著作権法上での例外を除き禁じられています。本書からの複写を希望される場合は、日本複写権センター（〇三－三四〇一－二三八二）までご連絡ください。

〈検印廃止〉落丁・乱丁本はお取替えいたします。

晶文社の大型インタヴュー集

教師　森口秀志編
いじめ。不登校。学級崩壊。体罰……。いま学校で子どもたちに何が起こっているのか？ 最前線にたつ教師は何を考え、何をしているのか？ 全国の小・中・高校の現役教師87人のホンネに迫る。「教師自身の言葉で語った優れたインタヴュー集」（芹沢俊介氏評）

「在日」外国人　江崎泰子・森口秀志編
ビジネスマンから農村の花嫁まで、35ヵ国100人が語る「日本と私」。「国際化が進行中の日本にはこんな問題点があったのか、と認識をあらたに」（日本経済新聞評）をはじめ、「タイムリーな企画」「型破りのインタヴュー集」として各紙誌に絶賛。

これがボランティアだ！　森口秀志編
人はなぜボランティアをするのか？ 介護、子育て、福祉、環境、まちづくり……、もう行政や企業にまかせておけない。仲間との出会い。生きがい。感動。10代から80代まで、ゆたかな生きかたをみつけた54人が語る大型インタヴュー集。

「在外」日本人　柳原和子
板前、ビジネスマン、大統領顧問……40ヵ国65都市で聞き取った日本人108人の仕事と人生。戦後50年、私たちの時代を地球規模で描く空前のインタヴュー・ノンフィクション。「広い世界に目を開かせてくれる貴重な証言」（朝日新聞・天声人語）など諸紙誌絶賛。

がん患者学　長期生存をとげた患者に学ぶ　柳原和子
患者たちは生きるために何をしてきたのか？ 代替医療は有効か。医療の限界は越えられるのか。ノンフィクション作家が自らのがん体験を克明に記録し、長期生存者たちの生きる知恵に深く学び、患者のこころで専門家にきいた。大反響の「がんの本」決定版。

日本人の老後　グループなごん編
老後を自分らしく生きるために、どこで、誰と、どう暮らすか。心と体。家族との関係。趣味や仕事。介護することされること。死について。人々の生の声で、これからの老後のあり方を浮かび上がらせる、かつてない大型インタヴュー集。

幸福な定年後　足立紀尚
新しい仕事に挑戦する。好きなことに熱中する。職人になる。商売をはじめる。日本を飛びだす。……「幸福な定年後」をおくる47人が定年後をどう生きるかを語る。すでに定年を迎えた人、これから迎える人におくる、元気の出る大型インタヴュー集。